经济管理类创新融合精品教材
"互联网+"教育改革新理念教材

连锁经营管理

黄东梅◎主编

中国商业出版社

图书在版编目（CIP）数据

连锁经营管理 / 黄东梅主编. -- 北京：中国商业出版社，2025. 6. -- ISBN 978-7-5208-3352-3

Ⅰ. F717.6

中国国家版本馆 CIP 数据核字第 2025CY2625 号

责任编辑：郑　静

中国商业出版社出版发行

（www.zgsycb.com　100053　北京广安门内报国寺 1 号）

总编室：010-63180647　编辑室：010-83123574

发行部：010-83120835/8286

新华书店经销

唐山唐文印刷有限公司印刷

*

880 毫米 ×1230 毫米　16 开　16 印张　375 千字

2025 年 6 月第 1 版　2025 年 6 月第 1 次印刷

定价：48.90 元

*　*　*　*

（如有印装质量问题可更换）

Preface 前言

在当今社会，连锁经营模式已经成为一种被广泛采用的商业管理方式。它不仅帮助企业实现了高效运营和市场扩展，还为消费者提供了稳定且高质量的产品和服务。无论是日常生活中常见的肯德基、麦当劳等快餐品牌，还是沃尔玛、苏宁电器这样的大型零售商，以及张仲景大药房、如家快捷酒店等行业内的专业服务提供商，连锁经营实体几乎无处不在，深刻地影响着我们的生活。

近年来，国家对连锁经营行业的重视程度不断提高，出台了一系列政策措施以促进该行业的健康发展，提升服务质量，保护消费者权益，并积极推动行业的数字化转型与可持续发展。连锁经营管理对于个人的职业生涯具有重要意义，它不仅是企业发展的推动力，也是社会经济繁荣的重要组成部分。中国连锁经营协会发布的《连锁经营及互联网消费领域标准化发展规划（2024—2028 年）》，明确指出要推进连锁经营及互联网消费领域的标准化建设，这标志着连锁经营已经成为时代进步和社会发展的必然趋势。

本书共分为十章，分别是连锁经营概述、连锁经营业态、连锁经营组织结构、连锁经营开店管理、连锁经营商品管理、连锁企业营销管理、连锁企业配送管理、连锁企业人力资源管理、连锁企业信息管理系统和连锁经营企业发展展望。掌握连锁经营管理的知识，是适应现代社会需求的具体体现，也是响应时代号召的必然要求。

本书设置了以下几个特色模块。

本章概述：提供每章内容的概览，帮助学生理解整体结构。

学习目标：明确应该掌握的知识点和技能，确保学习方向清晰明确。

思政目标：结合社会主义核心价值观，培养学生的社会责任感、职业道德和创新能力，使他们在未来的职业生涯中能够成为有担当的企业公民。

思维导图：帮助学生梳理章节内容，构建完整的知识体系，便于记忆和复习。

知识之窗：帮助学生深化对核心内容的理解，拓宽视野，培养批判性思维和创新能力。

本章小结：帮助学生回顾和强化所学内容，为后续学习提供桥梁。

思考练习：鼓励学生独立思考，锻炼逻辑思维能力和批判性思维能力。

拓展训练：提供一些开放式的任务，培养学生的实际工作能力和团队协作精神。

希望本书能够成为您学习连锁经营管理的理想伴侣，助您在这个充满机遇与挑战的时代取得更大的成功。

本书在编写过程中参考、借鉴了部分相关书籍和资料，在此向原作者表示衷心的感谢！由于时间仓促，加之知识水平有限，书中难免存在疏漏和不足之处，敬请广大师生批评指正。

作　者

2025 年 2 月

Contents
目录

Finance

1

第一章 连锁经营概述

本章概述

本章主要介绍了连锁经营的基本理论，详细解释了连锁经营的三种主要经营模式，并对其优势及面临的诸多风险进行了探讨。同时，回顾了我国连锁经营从初步探索阶段到当前多样化发展的历程，旨在帮助学生深入了解这一领域。

学习目标

知识目标

（1）理解连锁经营的基本概念。

（2）掌握连锁经营的基本模式。

（3）熟悉连锁经营的优势与风险。

（4）了解我国连锁经营的发展历程。

能力目标

（1）能够设计合适的连锁扩展策略。

（2）能够评估连锁经营项目的可行性。

（3）能够制订有效的连锁经营管理方案。

（4）能够优化供应链管理和成本控制。

素质目标

（1）激发学生对未来商业发展的想象力。

（2）让学生体验团队合作是成功实现连锁经营目标的关键。

（3）培养学生快速识别市场环境、权衡利弊并作出合理决策的能力。

（4）帮助学生理解不同文化背景下的消费需求和商业规则。

思政目标

（1）引导学生树立正确的商业伦理观，做负责任的企业公民。

（2）使学生认识到商业活动对于社会和谐稳定的重要贡献。

（3）了解连锁企业在环境保护方面的责任，培养学生关注生态可持续性的意识。

（4）结合中国连锁经营的成就与挑战，激发学生的民族自豪感和使命感。

思维导图

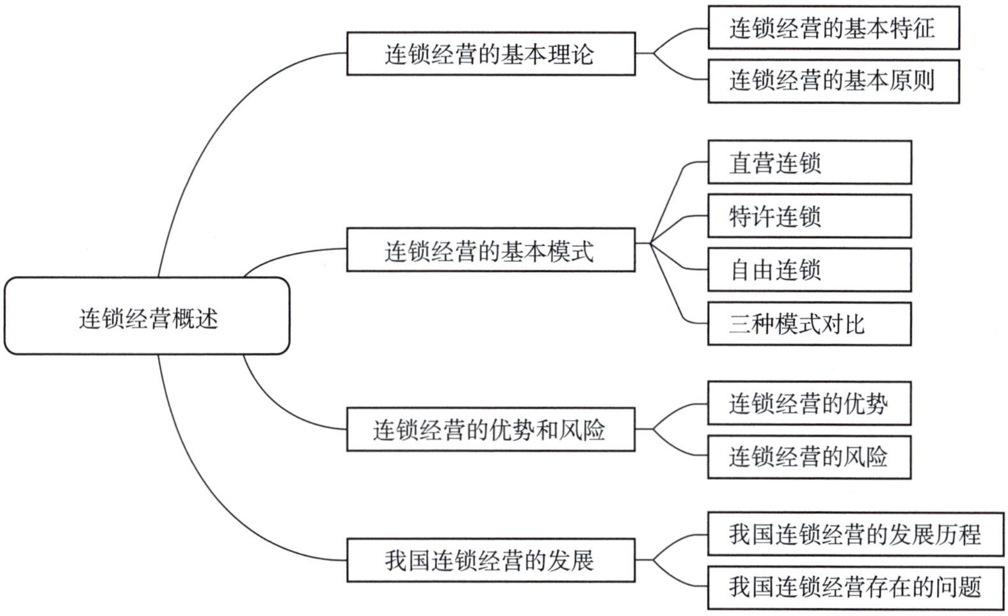

第一节 连锁经营的基本理论

连锁经营作为一种商业组织形式和经营制度，是指经营同类商品或服务的若干个企业，以一定的形式组成一个联合体，在整体规划下进行专业化分工，实施集中化管理，把独立的经营活动组合成整体的规模经营，从而实现规模效益。

一、连锁经营的基本特征

连锁经营的核心在于将众多独立且分散的零售店铺整合，构建起一个覆盖面很广的大规模销售体系。这一模式是现代工业发展至一定阶段的产物，其本质在于将社会大生产中的分工理论应用于商业领域，实现各店铺间明确的职能分工与相互协作，从而产生规模效应，共同增强企业的市场竞争力。

作为一种现代化的经营模式，连锁经营具有经营规模化、经营统一化、经营专一化的基本特征。

（一）经营规模化

连锁经营企业首先表现为多店铺体系，这是一种规模化、集团化的商业经营方式，由核心企业及其下属的多个经营相同业态的分店构成，采用群体门市。由于连锁经营企业实行联购分销，总部负责采购进货，各分店负责商品的销售，庞大的经营规模可以最大限度地降低进货成本，占据销售市场，创造巨大的经济效益。

连锁经营的规模化具体表现为采购的规模化，物流的规模化，市场营销的规模化，研究、开发、培训的规模化。

（二）经营统一化

在我国商业模式的演变中，连锁经营展现出日益强大的生命力，这与其独特的内涵密不可分。相较于其他零售模式，连锁经营具备五个显著特征，即统一的企业识别系统（CIS）、统一的商品分类、统一的运营手册、统一的营销策略、统一的采购与配送流程。只有具备这五个特征，连锁经营才能真正彰显其独特性，并充分发挥连锁店的潜在魅力。

（三）经营专一化

现代连锁经营专注于特定领域，并坚守其既定方向，持续在该领域内推进流程再造以及精细化、集约化改进。正如世界上众多优秀的企业一样，其基本业务结构能够简洁明了地阐述其业务范围，拥有明确不变的价值主张。

二、连锁经营的基本原则

连锁企业的原则主要包括企业经营的通用原则和连锁经营的行业原则。

（一）企业经营的通用原则

企业经营的通用原则是所有企业都必须遵循的原则，它是一切原则的基础。具体而言，它涵盖了以下几个方面。

1. 诚信原则

诚信是企业经营的根本，也是连锁经营的核心。企业的诚信状况直接关系其合作伙伴所面临的风险程度，因此，在市场经济体系中，缺乏诚信的企业难以稳固其地位。在企业内部，诚信体现为管理层与员工之间的团结协作，即领导者对员工的关爱、员工的敬业精神以及良好的企业文化与团队协作精神。在企业外部，诚信则体现为领导者的言行一致，恪守与各方签订的商业合同，确保货物与款项的及时交付。诚信原则是企业道德的重要组成部分。

2. 效益原则

连锁经营的效益原则主要从经济效益、社会效益、环境效益三个方面来考虑。

（1）连锁经营的经济效益。连锁经营的经济效益主要是指连锁企业经营的首要目标是追求利润最大化、加速资金周转、减少库存、节约成本、提高效率，进而使企业持续扩张，同时带动相关合作企业互利互惠，共同发展。

（2）连锁经营的社会效益。连锁经营的社会效益主要包括以下三方面。

①为居民和单位提供物美价廉的商品，满足群众日常文化生活需求，方便群众生活；

②发展经济，促进社会向前发展，向国家缴纳税费等；

③提供就业机会，为政府分忧解忧，维护社会安定。

（3）连锁经营的环境效益。连锁经营的环境效益主要是指连锁企业在经营过程中尽可能减少对环境的污染，确保企业周边环境清新怡人、无噪声、无异味以及垃圾的及时和高效处理，这些举措都是对环境的积极贡献。

3. 效率原则

注重效率，提高效率，已经成为经济社会发展过程中不可抗拒的普遍原则。企业经营的核心在于通过连锁机制和连锁单元充分发挥其核心能力，尽可能地减少或避免资源浪费，有效地将某些外部交易转化为内部化操作，从而实现企业经济运行效率的提高。换言之，连锁经营通过提高效率增强了竞争力，因此，它是提高连锁企业资源配置效率的有效方式。

4. 守法原则

作为企业公民，必须遵纪守法。合法经营才是正当经营，合法经营所得才是正当经营所得。这里的法律，不仅是指我国的经济法，还包括民法、商法以及众多的交易惯例等。连锁企业应当正确处理国家、企业、员工与消费者之间的关系。

（二）连锁经营的行业原则

连锁经营的行业原则是指连锁企业必须遵守的经营规范、要求、秘诀等。我们以世界连锁巨头——麦当劳为例来总结连锁经营的行业原则。

麦当劳的经营秉承“QSCV 四原则”。

1. 品质第一的 Quality 原则

Q（Quality）代表品质，麦当劳设有一系列严格的标准和程序，以保证其提供的食品不仅美味可口，而且安全健康，从而为全球数亿顾客提供一致且令人满意的用餐体验，具体内容如下。

（1）肉类。麦当劳对肉类供应商有着严格的筛选标准，要求供应商提供符合特定质量指标的原料。如羊肉的脂肪含量不允许超过 19%，肉饼原料不能含有任何动物内脏，牛肉、鸡肉等其他肉类也有相应的质量标准。

（2）蔬菜和配料。所有蔬菜必须新鲜，且经过严格的清洗和处理，确保无农药残留和其他污染物。调味料和酱汁也选用高品质成分，不含人工色素或防腐剂。

（3）肉饼规格。麦当劳的肉饼有精确的尺寸和重量要求，直径为 98.5 毫米，厚度为 5.65 毫米，重 47.32 克。这种标准化有助于保持全球范围内一致的产品体验。

（4）烹饪时间与温度。麦当劳对每种产品的烹饪时间和温度都有明确规定，以确保最佳口感和食品安全。如肉饼煎出后 10 分钟内必须售出，否则将不再销售；薯条炸出后 7 分钟内必须售出，过期则废弃处理。这不仅保证了食品的新鲜度，还减少了细菌繁殖的风险。

（5）低脂、低糖选项。为了满足不同顾客的需求，麦当劳推出了多种低脂、低糖的产品选项，如沙拉、水果杯等，并不断研发新的健康菜品。

……

2. 服务至上的 Service 原则

S（Service）代表服务，麦当劳通过一系列精心的服务，努力为每一位顾客提供愉悦的用餐体验，具体内容如下。

（1）舒适环境。麦当劳致力于创造一个温馨、干净且舒适的用餐环境，包括现代化的装修、充足的照明、舒适的座椅以及儿童游乐区等设施，让顾客可以享受愉快的时光。

（2）营业时间灵活性。大多数麦当劳餐厅提供长时间甚至 24 小时的服务，以适应不同顾客群体的需求，无论是早起的上班族还是深夜觅食的夜猫子，都能找到合适的用餐时间。

（3）员工培训。麦当劳非常重视员工的培训和发展，确保每一位员工都能展现出专业的服务态度。通过系统的培训课程，不仅能帮助员工掌握高效的工作技能，还能学会如何与顾客建立良好的沟通关系，始终保持微笑和热情。

（4）个性化服务。除了常规的快餐服务外，麦当劳还提供了个性化的选择来满足特殊需求。如根据顾客的要求定制餐点；为小朋友举办生日会，提供专属装饰和服务；对于团体或企业客户，则有专门的团队负责协调大型订餐事宜，甚至提供上门送餐服务。

（5）食品安全与质量控制。作为全球知名的餐饮连锁品牌，麦当劳始终将食品安全放在首位。从食材采购到加工制作，每一步都有严格的质量监控体系，确保顾客能够享受到安全、美味的食物。

……

3. 清洁卫生的 Cleanliness 原则

C（Cleanliness）代表清洁，麦当劳设定了极为严格的标准，以确保餐厅环境的整洁、卫生和舒适。这些规定不仅体现了创始人雷·克罗克对细节的关注，也反映了麦当劳品牌对顾客体验的高度重视，具体内容如下。

（1）个人卫生。所有工作人员必须保持良好的个人卫生，不得留长发或胡须。男性员工需定期修剪头发，女性员工则要求使用发网，以防止头发掉入食物中。

（2）制服标准。员工必须穿着统一的白色衬衫、制服裤，并佩戴白色纸帽。制服应始终保持干净、整洁，无皱褶或污渍。鞋子也需符合公司规定的款式和颜色，确保整体形象专业。

（3）限制销售物品。为了保持餐厅的专注性和专业性，麦当劳明确规定餐馆内不得出售香烟、报纸等非食品类商品。这一政策有助于营造一个纯粹的用餐环境，避免不必要的干扰和混乱。

（4）桌面清理。一旦顾客离开座位，工作人员必须立即清理桌面，擦拭干净并重新摆放餐具。这样可以确保下一个顾客能够享受到整洁的用餐空间。

（5）地面清洁。员工需要时刻注意地面的清洁，及时拾起顾客脚下的纸片、杂物或其他垃圾，保持地面干净无阻，尤其是儿童游乐区，更要特别关注安全和卫生。

（6）日常维护。玻璃窗必须每天擦拭干净，确保透明无尘；垃圾桶应每天刷洗，保持内外清洁；所有的不锈钢器皿（如托盘、餐具等）必须随时保持清洁，无水渍、指纹或油污。

……

4. 物有所值的 Value 原则

V（Value）代表价格，麦当劳始终坚持“物有所值”的原则，致力于为顾客提供经济实惠、性价比高的产品和服务。这一理念不仅体现在其定价策略上，还贯穿于整个运营模式中，确保每位顾客都能以合理的价格享受到优质的产品、服务和舒适的用餐环境，具体内容如下。

（1）亲民价格。麦当劳通过优化成本结构和规模效应，确保其产品价格保持在大多数消费者能接受的范围内。无论是汉堡、薯条还是饮料，麦当劳都力求提供具有竞争力的价格，使顾客能够在有限的预算内享受美味。

（2）多样化选择。为了满足不同消费层次的需求，麦当劳提供了多种价格区间的产品选择。从经济实惠的小份套餐到稍微高档的特色餐点，顾客可以根据自己的预算和口味自由选择。

（3）每日特惠。麦当劳经常推出各种优惠活动，如早餐特价、午餐限时优惠、晚间折扣等，帮助顾客节省开支。这些促销活动不仅吸引了更多回头客，也增强了顾客的品牌忠诚度。

（4）清晰标价。麦当劳在其菜单上明确标注每款产品的价格，避免隐藏费用或模糊定价，确保顾客在点餐前就能清楚了解所需支付的金额。这种透明的定价方式增强了顾客的信任感。

（5）组合套餐。麦当劳推出了多种组合套餐，通常比单独购买单品更划算，如汉堡、薯条和饮料的组合套餐往往比分别购买这三样单品便宜，既方便又实惠。

……

上述 QSCV 四项原则，是麦当劳快餐连锁店的经营核心，代表了其服务品质、商品品质以及价格体系的标准。其创始人雷·克罗克的那句名言“照我的方法做，不然你只有离开麦当劳”，任何不符合公司原则的员工，直接被解雇；经理若未能恪守原则，被解除职务；分店若违反规定，吊销其营业执照。这不仅是对员工的要求，更是对整个品牌文化的深刻体现。正是这种对细节的极致追求，使得麦当劳在全球范围内始终保持领先地位。麦当劳以标志性的金色“M”字招牌，向顾客展示其欢迎之意，并持续监督及检查其服务质量的执行情况。无论是在繁华的城市中心，还是偏远的小镇，麦当劳都以其优质的产品、精心的服务、整洁舒适的环境、合理的定价，成为全球数亿顾客信赖的选择。

以上四项基本原则对一个合格的连锁经营企业而言是缺一不可的，不同行业在这四项原则上有着不同的体现。QSCV 原则是连锁经营制胜的关键，要知道，再好的地理位置，再低的价格，如果违背了这四项原则也终将走向失败。

知识之窗

沃尔玛的企业文化

沃尔玛作为全球最大的连锁零售商之一，专注于开好每一家店，服务好每一位顾客，严格履行公司使命。沃尔玛的企业文化深深植根于创始人山姆·沃尔顿的理念和价值观，即“顾客至上、尊重个人、追求卓越、诚信责任、团队合作、服务社区和创新适应”，这七个核心价值观不仅指导着公司的日常运营，也成为沃尔玛在全球范围内取得成功的重要基石。

一、顾客至上

沃尔玛始终将顾客放在首位，致力于为顾客提供“天天低价”的商品和服务。这一理念不仅体现在价格上，还包括优质的购物体验、便捷的服务和广泛的商品选择。

二、尊重个人

沃尔玛强调尊重每一位员工，视他们为企业最重要的资产。企业鼓励员工提出创新想法，并为他们提供成长和发展的机会。沃尔玛内部常用“同事”一词来称呼员工，体现了对所有人的平等对待。

三、追求卓越

沃尔玛不断追求卓越的运营效率和客户满意度。企业通过技术创新、供应链优化和严格的成本控制，确保在激烈的市场竞争中保持领先地位。同时，沃尔玛也注重持续改进，鼓励员工在日常工作中寻找提高效率和质量的方法。

四、诚信与责任感

诚信是沃尔玛的核心价值观之一。企业在经营过程中始终坚持诚实守信，遵守法律法规，履行社会责任。沃尔玛还积极参与社区建设，支持慈善事业，努力成为一个负责任的企业公民。

五、团队合作

沃尔玛相信团队的力量。无论是总部还是门店，企业都鼓励员工之间的协作与沟通，共同为实现企业的目标而努力。沃尔玛的企业文化强调集体智慧和共同努力，认为只有通过团队合作，才能取得更大的成功。

六、服务社区

沃尔玛不仅是一家商业企业，更是一个积极回馈社会的社区伙伴。企业通过各种方式支持当地社区的发展，如捐赠物资、参与志愿服务、举办公益活动等。沃尔玛在全球范围内设立了多个基金会，专注于教育、健康、环保等领域，帮助改善人们的生活质量。

七、创新与适应变化

沃尔玛始终保持对市场的敏感度，积极拥抱变化和创新。企业不断探索新的商业模式和技术应用，以满足消费者日益多样化的需求。近年来，沃尔玛加大了在电子商务、移动支付、智能物流等领域的投入，推动了零售行业的数字化转型。

参考部分资料，自行撰写。

第二节 连锁经营的基本模式

连锁经营，以资产和合同为联结纽带，可细分为三种基本模式，即直营连锁、特许连锁和自由连锁。这些模式在诸多方面展现出共性，也在其他方面存在显著差异。当前，这三种模式已成为全球大多数连锁经营企业的主要运营模式。

一、直营连锁

（一）直营连锁的含义

直营连锁，又称正规连锁，是连锁企业总部通过独资、控股或并购、合并等途径拓展门店，以增强自身实力与规模的一种方式。连锁企业的所有门店在总部的直接领导下实行统一经营，总部对各门店进行人员、财务、物资以及商业、物流、信息流等方面集中管理。

（二）直营连锁的特征（见表 1–1）

表 1–1　直营连锁的特征

特征	具体内容	补充说明
所有权的集中统一	各个成员店之间以资本为主要联结纽带；所有门店属于一个公司、一个联合组织或一个人，由同一个投资主体投资开办；各分店不具有法人资格	强调直营连锁企业中资本的集中性，所有门店都隶属于同一个投资主体，且不具备独立的法律地位，这是其与特许连锁和自由连锁的最大区别
管理权的高度集中统一	所有权、经营权、监督权完全集中在总部；总部负责连锁企业的人事、财务、投资、分配、采购、促销、物流、商流、信息等方面的统一管理与经营；门店必须按总部指令行事；总部设置分工明确、专业精细的内部管理机构及与各门店的层级管理制度、各类责任制度、工效挂钩的分配制度和规范的门店管理制度，确保总部与各职能部门和门店的统一运作	总部对所有门店的经营管理拥有绝对控制权，确保了政策和标准的一致性，同时也便于快速响应市场变化和实施战略调整
财务制度的集中统一	各门店的店长是连锁企业的雇员而不是所有者；店长无权决定门店的利润分配；整个连锁企业实行统一的核算制度；各门店的工资和奖金由总部依据连锁企业制定的标准来决定	财务管理和利润分配由总部统一处理，避免了各门店之间的财务差异，保证了资金的有效利用和透明度
人力资源开发与管理的集中统一	各门店的所有员工均由总部统一招募；各门店的经理人员也由总部委派。他们是公司的雇员而不是公司的所有者	通过总部统一招聘和委派管理人员，确保员工的专业素质和服务水平的一致性，也有助于培养忠诚度和团队精神

这种集中化的管理模式使得直营连锁企业能够在全球范围内保持高度一致的品牌形象和服务质量，同时也提高了运营效率和管理水平。

二、特许连锁

（一）特许连锁的含义

特许连锁，又称合同连锁、加盟连锁或契约连锁，是一种基于契约的连锁企业经营模式。通常情况下，连锁企业总部与加盟店订立合同，授予其特别权利使用自身的商标、服务标识、商号以及其他总部独有的经营技术，以统一的形象开展商品销售和劳务服务。各加盟店保有其店铺的所有权，然而经营权则集中于总部，加盟店需按照销售额或毛利的一定比例向总部支付相应的报酬。

（二）特许连锁的特征（见表 1–2）

表 1–2　特许连锁的特征

特征	具体内容	补充说明
所有权的分散与经营权的集中	各加盟者对其各自的门店拥有所有权；经营权高度集中于总部；各门店店长是加盟者，不受聘于总部，加盟店甚至有部分用工权和进货权；加盟店具有独立的企业法人资格和人事、财务权；加盟者必须按特许合同的规定严格执行生产经营任务，没有独立的生产经营权	强调特许连锁中所有权和经营权的分离，尽管加盟者拥有门店的所有权，但必须遵循总部的经营指导，确保品牌的一致性和质量

续表

特征	具体内容	补充说明
特许连锁的核心是特许权的转让	总部作为转让方，必须具备独有的物质技术或知识产权（如产品、服务、营业技术、商标、商号等）；总部向加盟者提供一整套经营系统，包括信息、知识、技术和经营指导；授予加盟者在一定地区的垄断使用权，如店名、商标、商号、服务标记等；总部在开店过程中不断给予经营指导	总部通过转让其特有的知识产权和技术，帮助加盟者快速进入市场并获得成功。这不仅降低了加盟者的创业风险，也为总部带来了额外的收入来源
特许授权经济合同是维系特许连锁经营的纽带	特许授权经济合同通常由总部制定，加盟者只能接受既定的合同内容才能加盟；加盟者必须按总部提供的标准进行生产经营，并遵守总部的经营管理方法；加盟者需按合同规定向总部交纳特许金额，包括首次加盟费、特许商品销售额款项或利润提成费等；总部承诺相应的授权责任与义务，如提供技术指导、独有商品、原材料、商标使用权、员工培训等	特许合同是双方合作的基础，明确了各自的权利和义务。总部通过合同确保加盟者遵守标准，而加盟者则获得了品牌的使用权和技术支持
总部与加盟店的关系是纵向关系	总部与加盟店通过一对一特许合同形成经营关系；总部与加盟店之间是纵向关系，各加盟店之间不存在横向联系；总部对加盟店进行直接管理和指导，确保各门店按照统一标准运营	总部与各加盟店之间是垂直管理，总部负责监督和指导，确保所有门店符合品牌要求。各加盟店之间相互独立，不存在横向的合作或竞争关系

这种特许经营模式使得总部能够迅速扩展其业务网络，同时保持品牌的统一性和服务质量。对加盟者来说，特许经营提供了一个相对低风险的创业机会，借助知名品牌的影响力和成熟的经营系统，更容易取得成功。

三、自由连锁

（一）自由连锁的含义

自由连锁经营是指通过签订连锁经营合同，总部与具有独立法人资格的门店进行合作，各门店在总部的指导下进行集中采购、统一经销的商业模式。依据自由原则，自由连锁体系内的各门店享有自由加入或退出该体系的权利。

（二）自由连锁的特征（见表 1–3）

表 1–3　自由连锁的特征

特征	具体内容	补充说明
加盟店拥有独立的所有权、经营权和财务核算权	自由连锁拥有众多分散的零售商加盟成员，这些零售商一般是小型且独立的，门店的资产归门店经营者所有，各门店独立核算、自负盈亏、人事安排自主；在经营品种、经营方式、经营策略上有很大的自主权；每年只需按销售额或毛利额的一定比例向总部上交加盟金、管理费等	强调自由连锁中加盟店的高度自主性，尽管加入了连锁系统，但仍保持独立的经营权和财务核算权，适合那些希望保留自主经营灵活性的小型零售商

续表

特征	具体内容	补充说明
拥有一个或几个核心企业作为总部组织	自由连锁的总部拥有一个或几个核心企业作为强有力的总部组织；该总部组织通常是已存在的企业，有的单独设置，有的由核心主导企业兼行总部职能；总部可以是批发企业，也可以是大型零售企业	总部通常由一个或多个核心企业组成，这些企业可能是现有的批发商或大型零售商。总部的主要作用是提供支持和服务，而不是直接控制加盟店的日常运营
协商签订的合同是维系各方经济关系的纽带	总部与各加盟的成员店通过合同联结在一起；合同由各成员通过民主协商签订，而非特许连锁那样的定式合同；合同的约束力较弱，规定的加盟时间一般以一年为单位；加盟店可随意退出自由连锁组织，合同并未规定对随时退出的成员店的具体惩罚细则	自由连锁的合同是由各成员协商签订，有较大的灵活性和民主性。合同的约束力相对较弱，加盟者可根据自身情况选择是否继续加盟，这使得自由连锁更加灵活，但也可能导致稳定性较差
自由连锁的核心是共同进货	共同进货是中小企业成为自由连锁店的最大诱因；中小型商业企业通过共同进货可以获得低廉的商品进货价格，类似于大型超级市场和百货商场；自由连锁门店是总部强有力的分销渠道，形成重要的“联购分销”机制	共同进货是自由连锁的一大优势，通过集体采购，中小型企业可获得更低的进货成本，增强竞争力。这也为总部提供了一个稳定的分销渠道，形成了互利共赢的合作模式

这种自由连锁模式在保持品牌统一性和资源共享的同时，给予了加盟者更多的自主权，特别适合中小型零售商，帮助它们在竞争激烈的市场环境中获得更好的发展机会。

四、三种模式对比

（一）直营连锁、特许连锁与自由连锁经营模式的共同点

1. 总部和门店

不同的连锁经营模式都由总部和门店构成，总部统一对各个组织机构进行管理。总部与分店之间分工明确、相互配合。其中，总部作为统一组织机构，其功能在于盈利模式的维护和推广、品牌的建立和管理、人员的招聘和培训、商品的采购和调配、商品的定价和促销，各个连锁门店的功能在于具体实施总部的政策和完成销售目标。

2. 运营手册

为确保总部制定的各项规定能在各个连锁企业中得到有效执行，必须为不同的连锁经营模式制定标准化的操作手册。

3. 盈利模式

无论采取何种连锁经营模式，只有成熟的盈利模式才能促进发展，并吸引潜在的加盟者。

（二）直营连锁、特许连锁与自由连锁经营模式的不同点

1. 所有权不同

在直营连锁体系中，无论分店数量如何，所有门店均隶属于同一所有者，且不具备企业法人地

位。各门店的店长由总部直接任命，负责管理。相对而言，自由连锁与特许连锁的各个成员店均为独立法人实体，拥有自主管理人事与财务的权力。

2. 内部关系不同

直营连锁体系中的各个连锁店构成总公司的重要组成部分，与总公司维持着紧密的联系，然而其自主性相对有限。自由连锁体系中不存在总公司与分公司的明确界限，其内部结构较为宽松，各连锁店享有较大的自主权。不同企业之间通过互利合作的方式，旨在共同构建竞争优势。特许连锁则涉及不同零售企业间的特许经营权交易，这种交易关系通常具有明确的时限。在特定期限内，总部与门店之间保持较为紧密的联系，但一旦特许协议终止，双方的内部联系也随之结束。

3. 产生的原因不同

直营连锁经营模式往往是一些大企业或中小企业为了进一步扩张和发展而采用的一种渠道策略，旨在减少商品流通的中间环节，从而降低成本，形成自己的竞争优势，以更快、更大范围地占领市场。特许连锁产生的原因首先是特许人拥有了独特的知识产权，具备了很好的盈利模式；其次是加盟者也可通过这种盈利模式赚钱。自由连锁的产生是若干中小商店为了与大型连锁店竞争抗衡而采取的措施，其本质是小商店与大型商业集团的较量。

第三节 连锁经营的优势和风险

连锁经营模式涵盖了连锁超市、连锁便利店、连锁专营店以及连锁百货商场等多种主要业态。相较于传统商业模式，连锁经营展现出无可比拟的优势，这些优势主要体现在规模优势、效益优势和竞争优势这三个方面。然而，该模式同样伴随着显著的风险，这些风险主要源自经营者自身、市场环境以及连锁总部的管理。

一、连锁经营的优势

在经济发达的西方国家，连锁经营已经成为流通产业中的一种重要模式。若将股份制现代企业制度视为资本市场上的一个标杆，则连锁经营无疑是流通领域的一个典范。连锁经营的业务范围已迅速扩展至零售业、餐饮业及服务业等多个领域，并被众多国家采纳，在全球范围内取得了显著成就，这充分证明了连锁经营模式相较于传统商业模式具有显著的优势，主要体现在以下三个方面。

（一）连锁经营的规模优势

现代工业生产的基本规律表明，当生产和经营活动达到一定规模时，企业能够降低成本，提升效益。连锁经营的本质在于将社会大生产和专业分工的原则应用于流通领域，通过“规模化、标准化、统一化、单纯化”实现经济效益的提升和流通成本的降低。连锁经营作为一种现代的经营和组织方式，通过服务的标准化、经营的专业化、管理的现代化来实现规模效益。连锁经营之所以能够迅速发展，正是因为其所创造的规模优势，这是单独的商店所无法比拟的。其规模优势主要体现在以下几点。

1. 塑造企业形象

在塑造企业形象方面，连锁经营企业大规模的分店体系有助于在消费者心目中塑造鲜明的企业形象。这是因为连锁经营企业规模化的连锁门店无论设立在什么地方，都被要求采用与连锁总部一致的商店名称和标志，都要按照总部的风格进行统一的规划、设计和装修，店面的装饰、装潢、色彩以及店内的经营设备、货架布局、商品陈列、橱窗布置、货品标签、员工服饰等细节也都完全统一。这样，大量完全相同的店面和标志所形成的独特而统一的企业形象，在不同地方不断加强对消费者的刺激，因此，它在强化消费者对企业的认知方面具有传统经营形式中的单店经营所不可比拟的优势。消费者对连锁经营企业的印象会因为在不同地方多次看到相同的形象而不断深刻。

2. 大批、低价的购买优势

连锁经营统一设置其经营的商品以及固定设备、流动资产，巨大的购买规模使大型连锁企业可以从厂家直接进货，减少流通环节，使流通环节的部分利润转移到企业内部。大批量进货还能使连锁店从生产厂家获得广告费用折扣、优质商品、延期付款、及时送货等种种好处，这些都有利于降低企业的经营成本。因而，连锁店大批量进货的成本远远低于单个商店小批量多次进货的成本。

3. 企业大规模快速发展

连锁店得以自由地拓展分支机构，将众多分散的经营实体整合成一个有机整体，实现统一的管理与运营。通过这种方式，企业能够迅速扩大规模，实施规模化经营策略，从而增强其市场竞争力。连锁店通过开设分支机构实现的规模扩张速度是单一店铺无法比拟的。

4. 节省大量广告费用

连锁店的广告开支可由众多分支机构共同承担，从而在总销售额中降低广告成本。此外，分支机构遍布各地，广告随着媒介传播至各分支机构，其效益得以覆盖广泛区域。如麦当劳的连锁分支机构遍布世界各地，无论顾客身在何处，都能频繁地见到其标志性标识，这种持续的视觉印象对顾客的消费行为产生了显著影响。

5. 节约大量流通费用

连锁店利用了现代科学技术，完善了专业分工，通过配送中心科学、合理地组织商流，将批发和零售有机融合，从而使商品在流通过程中基本实现了“最少的环节、最短的距离、最低的费用、最高的效率”，节约了大量的流通费用。

（二）连锁经营的效益优势

连锁经营之所以能够取得显著的经济效益，与其本质、特点及运作模式紧密相关。该模式借鉴了现代化工业大生产的经验，实现了商业活动的标准化、专业化、统一化，这些因素共同构成了规模效益产生的关键基础。一方面，先进的营销技术得以在众多店铺中广泛推广，从而实现技术共享的效益；另一方面，投资成本与风险可在众多店铺间分散，进而降低商品成本。连锁经营是一种兼收并蓄的形态，具有其他经营形态没有的优越性，具体表现为以下几点。

1. 经营技术开发的专业化有利于提高店铺经营水平

在连锁体系中，总部与店铺构成了两个不同的层级。总部承担着研究企业经营策略的重要职责，涵盖货架布局、商品展示、店铺外观设计和经营品类调整等方面，旨在为店铺提供直接的经营指导，这就使店铺得以摆脱传统零售业依赖经验操作的局限，转而依靠科学的方法来提升效益。连锁总部所开发的经营策略能够被广泛应用于各个店铺，从而普遍提升各店铺的经营水平，实现技术共享的效益，并分摊技术开发的成本，这是单个企业难以独立完成的。

2. 标准化经营有利于改善服务、扩大销售

在商业连锁经营模式中，商店的开发、设计以及标准化的设备、陈列、产品、操作程序、技术管理、广告设计等环节，均集中于总部进行统筹。总部承担连锁店的选址任务，并在开店前对员工进行培训，提供全面的商业服务方案。同时，总部持续对各连锁店执行监督、指导、交流和培训工作，确保各连锁店在产品、服务、店名及外观等方面保持一致性，满足消费者对标准化产品和服务质量的期望，实现吸引顾客、扩大销售的目标。标准化经营对于塑造店铺形象具有至关重要的作用。

3. 物流中心承担部分批发职能使批发环节的部分利润转至企业内部

零售环节的利润很大程度上取决于商品所经过的流通环节数量。一般而言，流通环节越少，商业流通费用越低，零售环节所能获得的销售利润也就越多。连锁企业一般都设有物流中心，专门为店铺进行商品配送。这些商品一部分直接从工厂进货，减少了流通环节；同时还有一部分商品从供应商处取得时是原材料或半成品，需要物流中心进行加工、包装、分类等装配作业，增加了商品的附加值，从而将一部分利润转移过来。

4. 集中化的经营管理有利于降低企业经营成本

连锁经营的行业特性使得各分店在某些共同活动上，如采购、储运、广告宣传、会计核算等方面，能够实现集中化管理，由总部统一执行。众多分店能够共享统一的经营设施和管理架构，避免各自设立复杂的管理机构和配备人员。这一举措带来的益处主要体现在两个方面：首先，从整体上降低了企业的管理成本。其次，集中化操作也显著降低了经营成本。如在进货环节，由于多个分店的存在，创造了大量销售的条件，使得总部能够通过大规模采购从制造商处获得更优惠的批发价格。最后，由于总部负责配送，各分店所需的库存空间和存货量均得以减少，从而能够增加销售面积，降低资金占用。

5. 连锁经营有利于减少商业投资风险

连锁企业经营多个店铺，即使个别店铺经营上失败也不会影响整体的经济效益，因为某一决策的失误所造成的损失可以由许多店铺共同分摊，这大大降低了商业投资的风险。对购买特许经营权

的被特许人而言，加盟一个特许连锁店，可以利用一个已得到实践检验的成功的商业交易方式获得特许人的指导和帮忙，比起其单独开店，成功的概率大大提高了，极大地减少了行业新人面临的各种风险。因此，有句话说，特许经营是进入商界的“安全通道”。

6. 连锁经营有利于提高零售商业地位，指导生产、组织适销对路的商品

连锁经营店自产生和发展以来，对生产领域的促进作用日益增强，具体表现如下。

（1）连锁店联合起来大批量购买，保证了生产过程的连续性，生产厂商减少了生产费用。

（2）连锁店一头是消费者，另一头是厂家，便于向厂家及时反馈消费者信息，指导厂家生产适销对路的商品。

（3）连锁店的形成增加了社会产品的总量。因为零售费用的降低相对扩大了消费者的购买力，购买力的增加反过来刺激了生产的发展，也增加了商店的销售额。

此外，连锁经营网点多、辐射范围广、市场占有率高，能够迅速且大规模地集中资金、实现投资的灵活转移、取得市场机会效益等，这些都是连锁经营取得良好效益的重要原因。

（三）连锁经营的竞争优势

连锁经营模式有效化解了大规模销售与消费者分散需求之间的矛盾，代表了零售组织形式的重大变革，被誉为零售业的第三次革命。连锁经营通过标准化、简单化、专业化原则提高经营效率，实现规模效益，有着其他零售组织形式无法比拟的竞争优势，具体表现为以下几点。

1. 快速聚集资本有利于抓住市场机会

连锁经营模式，尤其是特许经营方式，能够迅速将众多分散的资本聚集，形成强大的整体力量。在相同的市场竞争环境下，这一模式有助于及时把握市场机会，进行投资、采购以及新产品的研发，从而为企业带来显著的经济效益和成长机遇。

2. 组织化程度高增强了市场竞争力

连锁经营作为一种组织化程度较高的商业运作模式，集生产、加工、零售、批发于一体。其结构环节精简，调节机制灵活，反应速度快捷；通过连锁体系的销售网络和渠道与消费者建立联系，能够迅速、精确地掌握市场动态，快速将生产厂商的产品推向市场，从而扩大市场占有率，提升自身的市场竞争力。

3. 经营费用低

连锁经营总部实行统一采购策略，凭借庞大的进货量，能够获得显著的价格优惠。通常情况下，连锁经营是直接向供应商采购，减少了采购成本和运输开支。总部统一的存货管理和物流配送中心的运作模式，相较于独立店铺，连锁经营能够大幅节省仓储费用。在广告宣传方面，由连锁总部统一规划和执行，既展现了统一的宣传效果，又有效降低了广告支出。此外，连锁经营的标准化和模式化操作流程，以及统一的店铺布局，提高了管理效率，降低了管理成本。

4. 产品销售能力强

由于连锁店中的商品或服务较其他商业模式所提供的商品或服务更具价格优势，而且集中采购

又使商品的品质有所保证，所以对顾客有很强的吸引力。连锁店铺位置分散、运输方便、配送快捷，而且多个分散的连锁分店构成一个有序的服务网络，能从售前、售中、售后全方位给消费者提供快捷、优质的服务，具有服务优势。这些都使连锁店具有强大的销售能力。

5. 实现规模经济

连锁经营的出现解决了大规模销售与单个中小零售商要求维持其经营独立性之间的矛盾，使得连锁总部和连锁分店都能享有规模经济带来的经济利益，同时对连锁分店的独立经营又不构成威胁。

正是由于连锁经营具备上述优势，使其具备了强大的竞争力，并展现出巨大的发展潜力，从而在全球范围内持续保持其繁荣态势。

二、连锁经营的风险

（一）连锁经营的风险分析

尽管连锁经营具备显著的优势，但也伴随着一定的风险。这一经营模式在全球范围内迅速发展，然而它也如同一把双刃剑。如果未能将连锁经营的组织形式与经营者的实力、资金状况以及市场环境等多方面因素相融合，其潜在的优势将难以得到充分发挥。因此，对于连锁经营所蕴含的风险，必须持有清晰的认识，避免盲目投入，以免遭受重大损失。

1. 由经营者带来的风险

连锁经营作为一种现代化的经营形式和组织形式，要求经营者必须具备相应的素质和能力。连锁总部提供给各分店的经营诀窍和经营模式并不能保证成功，这只不过是提供了一个基本的业务工具，经营成功最主要的还是要靠各分店经营者的经营才能。而决策的失败意味着经营成果的丧失，由此带来一定的风险，这就是由经营者带来的风险。

2. 由市场带来的风险

由于市场变幻莫测，消费者的需求呈现多层次、多样化的趋势，连锁经营者面对的是不确定因素的增加和更加激烈的市场竞争，这些风险是由市场本身带来的。

3. 总部指导不力、信息传递、广告宣传出现偏差等带来的风险

连锁经营总部支援、指导不力，特别是信息传递、后勤支援、广告宣传等出现偏差或力度减弱，会给企业带来意外的风险，使整个连锁企业遭受重大损失。

（二）连锁经营的风险规避

对连锁经营中存在的风险进行风险规避的主要方法有自我评估、行业评估、连锁集团的评估、消费者评估等。

1. 自我评估

（1）是否要选择连锁经营？对此，必须评估品牌实力，审视是否拥有独特技术、专利技术或管

理技术，考察是否具备开展连锁经营的人才储备以及是否拥有充足的资金支持。

（2）是否适合成为加盟者？对于特许连锁经营，参加一个加盟体系之前，一定要明确地认识自我的需求及发展方向，确认能否融入某个连锁体系，因为加盟是一种事业而非一份工作，加盟给予的是经营传承而非成功的保证。

2. 行业评估

必须深入研究所选行业的未来发展趋势：是否属于流行性行业、具备发展潜力的新兴行业，或是类似于餐饮业和日常消费品零售业这样的稳定行业。

3. 连锁集团的评估

这里的连锁集团评估应专门针对特许连锁中的主导企业进行，因为直营连锁的决策完全由总部作出，分店仅负责执行。特许连锁店需要对集团总部进行详尽考察。考察的范畴涵盖主导企业的经验、门店开设时间、门店数量、专业水平、企业文化、人才储备、资金实力、服务状况、社会声誉、经济效益、产品生命周期、店铺存活率等。

4. 消费者评估

对消费者评估实际上就等同于对市场进行深入分析。评估工作包含两个主要方面。

首先是对目标地区消费者群体的全面评估，其内容涵盖人口数量、年龄分布、收入水平、消费意愿、生活模式、家庭构成、教育背景、社会地位、消费习惯、消费偏好等要素。

其次是开展消费者比较评估，旨在明确样本店铺的繁荣能否转化为自身店铺的成功。通过比较研究，揭示不同市场的特性差异，从而发挥自身优势，规避劣势，或根据具体情况制定针对性策略，以准确把握消费者的消费行为。

由于连锁经营企业通常地域分布广泛且分散，因此，消费者评估就显得尤为关键。

第四节 我国连锁经营的发展

20 世纪 90 年代，连锁经营模式开始在我国进行初步探索。经过了探索阶段和成长阶段，国内的连锁经营迅速成长，呈现出繁荣发展的态势，并持续对国内经济作出贡献。然而，在这一蓬勃发展的过程中，国内连锁经营也暴露出一些问题。

一、我国连锁经营的发展历程

我国的连锁经营大体可分为初始期、探索期和成长期三个时期。

（一）初始期（20 世纪 90 年代初期至中期）

我国出现最早的连锁企业是 1986 年由天津立达集团公司创办的天津立达国际商场，但由于百货店是当时零售商业的主导形式，其利润和成长性都非常好，因此，连锁还只是个别现象，没有普遍意义。连锁经营在我国的真正发展是在 20 世纪 90 年代。1990 年，广东省东莞市烟酒公司创办了“佳美”连锁超级商场；1991 年，上海市出现了第一家连锁企业——联华超市商业公司；两年后，上海另一家大型连锁公司华联超市公司的 6 家分店同时开业；1992 年 1 月，北京西城区副食品公司创办了“希福”连锁店，到 1994 年，分店发展到 30 家以上，年销售额达 1.25 亿元。随后，“希福”连锁店加盟“好邻居”，开创了我国连锁企业间的兼并先河。

1993 年初，粮食企业加快改革步伐，也开始了连锁经营的试点。到 1995 年 6 月，粮食部门在国内 12 个大中城市开办的各种形式连锁店 1166 家，为粮食系统全面推广连锁经营做好了前期准备。在餐饮行业，我国第一家快餐连锁企业是 1991 年由上海新亚集团创办的上海新亚快餐食品股份有限公司，该企业是我国第一家上市的连锁公司。同期，一些名牌老店也加入连锁行列，如“全聚德”烤鸭店、“狗不理”包子店、“荣华鸡”快餐店等。国际上知名的连锁集团也大举进入中国市场，在北京、上海、广州等大城市相继出现了“麦当劳”“肯德基”“加州牛肉面”等洋快餐的连锁店，这些连锁店的出现及初期运作的极大成功，带动了我国各地特别是沿海开放城市的商业、服务业连锁经营的全面推广。

（二）探索期（20 世纪 90 年代中期至 21 世纪初期）

1995 年 3 月，国务院在上海召开了全国部分省市连锁商业座谈会，会议指出：连锁经营是我国流通领域的一场革命，发展连锁经营在我国社会主义市场经济体制下具有重要意义和广阔前景。同年 6 月，原国内贸易部在成立了全国连锁店指导小组的基础上，颁布了全国连锁经营发展规划，加大政府扶持力度和宏观指导，这标志着我国连锁经营的发展进入了一个新的阶段。这一时期，连锁经营的发展呈现出以下特点。

一是与百姓日常消费密切相关的零售业态，如超级市场、便民店，连锁已成为主导形式。1998 年，我国超市、便利店、仓储商场的销售额为 600 亿元，占连锁企业交易额的 60% 以上，全国上千家连锁公司、数万个连锁网点，多数为超市和便民店这类连锁企业。

二是作为零售企业机制转换的重要形式，全国粮食系统全面推广连锁经营，并取得了显著成效。以上海为例，1990—1992 年，全市粮油销售亏损 2500 多万元，国有粮食商业市场占有率仅为 35%，到 1995 年 6 月，上海市 800 家粮食零售网点已全部转为便民连锁店，商品销售额平均增长 50% 以上，为 1992 年的 26 倍，国有商业市场占有率平均上升到 90%。

（三）成长期（21 世纪初期至今）

1. 连锁业态规模扩大，连锁业种增多

连锁经营不仅出现在传统的餐饮、零售店，还发展到许多新兴的业态形式上，如折扣店、货仓销售、邮购、专卖店等，有些很有声势，如连邦软件专卖店，5 年间在全国 145 座城市开了 256 家专

卖店，1998 年销售额为 3.5 亿元。连锁业种扩大表现为由零售业、餐饮业扩大到服务业、修理业、咨询业、旅店业，并显示出方兴未艾的发展势头。

2. 连锁企业成长迅速，由企业规模优势转向产业规模优势

如上海的“联华”超市连锁公司已发展为分店在 600 家以上、年销售额 70 亿元的大型连锁集团；“华联”的店铺规模也在 500 家以上、销售额达 40 亿元。

3. 连锁经营向多样化发展

连锁经营有三种形式，即直营连锁、特许连锁和自由连锁。在我国连锁经营的发展初期，90% 以上是直营连锁，但随着这种经营方式的日益推广，特许连锁发展迅速，显现出更大的灵活性和优越性。根据发达国家连锁经营发展的经验，特许连锁是最有发展潜力的形式，一般要占到全部连锁企业的 2/3 以上。

4. 连锁经营的创新发展

连锁企业经过多年来的发展与创新，各种新型业态、经营模式和经营理念不断涌现，学术界对未来零售业的创新发展提出了许多新看法，认为第四次零售革命已经发生。

二、我国连锁经营存在的问题

经过多年的发展，我国的连锁经营虽然取得了一定成果，但也存在诸多不足，主要表现在以下几个方面。

（一）认识误区

一方面，理论界一些学者及新闻媒体认为我国连锁经营的效益上不去，主要原因是规模小、速度慢，所以一味地强调追求连锁经营的规模，而忽视了连锁经营的内在要求。

另一方面，一些连锁企业对连锁经营的本质不甚了解，重数量轻质量，不顾条件盲目发展，以为连锁经营靠多发展店铺就能见效益，所以一味开店，一开就是四五家甚至数十家。其结果是，由于人才、资金、技术、管理等各方面的问题没有得到很好解决，最终难逃失败的厄运。

（二）体制制约

连锁企业为实现规模效益，必须发展分店，按市场规律优化设置。但受现行体制的制约，连锁企业难以跨区域发展，以纳税为例，按照连锁经营统一核算的要求，连锁企业的所得税都在总部统一缴纳。但统一在总部纳税，就意味着地方政府无法从外地企业在当地开办的连锁店获得所得税收入。因此，对外来连锁企业采取抵制或不支持的态度，给连锁企业跨地区发展造成障碍。

（三）利润手段单一，运营成本高

目前，连锁零售企业的盈利模式主要有三种：①靠进销差价盈利；②向供应商收费；③优化供应链，降低物流成本。国内众多连锁零售企业在学习国外先进经验时，确实更多地关注了如何向供应商要价，但在管理核心内容的学习和应用上相对滞后。这种现象导致企业将从供应商处获取费用作

为主要利润来源，而未能通过提升自身的管理水平来提高效率和利润率。同时，国内企业过度依赖银行贷款，加上自身利润过低，难以支付银行贷款本息，这种高负债、低利润的经营方式势必阻碍其未来发展。

过高的运营成本归因于：①外部因素，我国物流费用占 GDP 的比重高达 16.7%，而发达国家仅为这一数字的一半左右（约 8%）。这表明我国的物流效率相对较低，运输、仓储等环节的成本较高。②内部因素，国内连锁零售企业的销售成本和管理成本平均达到 30%，而沃尔玛仅为 16%，这反映了国内企业在运营管理上的效率低下。③外商竞争，外资零售企业如沃尔玛等，凭借其全球化的供应链网络和规模化采购，能以更低的成本获取商品，并通过高效的物流和库存管理系统实现快速周转，降低运营成本。由于成本控制得当，外资零售企业可采取更具竞争力的定价策略，吸引大量消费者，进一步提高市场占有率。

（四）配送中心发展良莠不齐

配送中心在连锁经营体系中扮演着至关重要的角色，负责为连锁企业的各个分店提供商品的采购、存储、分配、集运、运输以及送货信息的处理等关键业务。连锁经营的蓬勃发展离不开配送中心的有效运作。由于我国连锁经营配送中心的发展水平参差不齐，这在一定程度上限制了它的进一步扩张。

1. 配送规模大小不一，尚未形成规模优势

不同企业的配送中心规模差异较大，缺乏统一规划和标准化管理。一些小型连锁企业由于资金和技术限制，无法建立大规模的配送中心，导致配送效率低下。尽管连锁经营的优势在于统一进货以降低成本，获取规模效益，但许多国内连锁企业在实际操作中并未充分利用这一优势。配送中心的规模较小，难以实现高效的集中采购和配送，导致物流成本居高不下。此外，在城市配送的最后一段（“最后 3 公里”），由于交通拥堵、停车难、配送点分散等问题，配送效率大打折扣，增加了时间和人力成本。这不仅影响了顾客的购物体验，也增加了企业的运营成本。

2. 人力依赖严重，库存管理混乱

大部分配送中心仍然依靠人工进行打码、拣货、配货等操作，效率低下且容易出错。这不仅增加了人力成本，还影响了配送的准确性和及时性。由于缺乏先进的信息技术支持，许多配送中心无法实现精细化的库存管理，经常出现商品断档或库存积压的现象。这不仅浪费了仓储空间，还增加了资金占用成本。此外，由于信息传递不及时、数据更新滞后，配送中心难以准确掌握门店的需求，导致要货和送货的准确性下降，影响了客户的购物体验和满意度。配送不及时、商品缺货等问题直接影响了顾客的购物体验，降低了顾客的满意度和忠诚度。长此以往，可能会导致顾客流失，影响企业的市场竞争力。

（五）资金和技术的制约

在互联网时代，发展连锁经营是企业实现从劳动密集型向技术密集型转型的过程，这意味着企

业不仅需要根据传统经营过程中的硬件条件进行改造，还必须根据网络时代的要求进行资源配置，这包括条形码管理、销售信息系统、电子订货系统以及通信网络技术的应用等，这些都需要显著的经济投入。

（六）管理基础薄弱

1. 人才缺乏

连锁经营企业普遍面临缺乏精通现代连锁经营管理知识的中高级管理人才的问题。部分经营管理人员素质不足，缺少市场竞争的紧迫感，仍旧采用陈旧的商业管理手段，导致公司政策难以贯彻执行，制度无法得到妥善实施。此外，公司经营策略和战略缺乏有效的内部沟通，员工的思想意识亦未能与连锁经营的发展同步。管理人才的匮乏成为众多连锁经营企业遭遇挫折的关键因素。以郑州亚细亚商业集团为例，该集团曾在全国引起广泛关注，短时间内迅速开设了十余家大型商场。然而，由于人才培养未能与企业发展同步，导致在北京开设分店时，甚至将无实际管理经验的迎宾小姐提拔至高层管理职位；在广州仟佰村开业时，从郑州临时调派数十名服务员担任中高层管理职务，其失败的结局自然难以避免。

2. 管理不规范

连锁经营体系在知识化管理方面存在不足，运作流程也未达到规范化要求。新经济形势下，对高水平的规范化管理模式提出了更高要求。然而，我国多数连锁经营体系尚未建立一套完善的管理运作手册，导致总部对各连锁分店的监管力度不足。部分分店在追求不正当利益的驱使下，自行采购商品，这不仅在价格上无法保证统一性，更在质量上无法提供保障，进而损害了企业的声誉。加之连锁经营的强连锁效应，一旦问题严重，可能会引发整个连锁体系的崩溃。

3. 品牌意识淡薄

品牌是连锁经营企业的生命线，尤其对特许经营企业而言，必须依靠优质的服务和商品质量在广泛的消费者市场上树立良好的形象。然而，国内连锁企业在企业形象识别系统（CIS）方面缺乏深刻的认识和规范的操作，导致品牌形象不够突出。相比之下，欧美国家的大型零售商在商品经营上的一大特色是商业定牌生产，即通过自有品牌商品实现差异化竞争。随着零售商在供应链中的地位日益增强，越来越多的企业开始打造自己的零售商品牌，如美国的“西尔斯”、法国的“玛莎”、瑞典的“宜家家居”以及英国马狮百货的“圣米高”品牌商品，这些都成为成功的典范。

在国内，尽管部分连锁经营企业意识到了自有品牌的潜力，但实际操作中仍然存在诸多问题。大多数连锁企业的定牌生产商品比例极低，甚至几乎没有，导致门店销售的商品与其他竞争对手高度同质化，缺乏特色和吸引力。这种“千店一面”的现象不仅难以吸引顾客，还削弱了企业的市场竞争力。更糟糕的是，一些企业为了追赶潮流，匆忙进行定牌加工，结果产品质量参差不齐，甚至出现粗制滥造的情况，反而损害了企业的品牌形象和信誉。

本章小结

本章主要介绍了连锁经营的基本理论、基本模式、优势与风险，以及我国连锁经营的发展历程和现状。通过本章的学习，学生加强了对连锁经营理论的理解，还提高了分析实际问题并提出解决方案的能力，培养了他们的创新思维和社会责任感。

【思考练习】

1. 简述连锁经营的基本定义及其三个主要特征。
2. 解释直营连锁、特许连锁和自由连锁，并指出它们的主要区别。
3. 连锁经营的优势和风险有哪些?

【拓展训练】

1. 假设你是一家小型餐饮企业的老板，想要扩展业务。你会选择哪种连锁经营模式？为什么？说明你的理由。

2. 模拟一次连锁经营项目的可行性评估，运用自我评估、行业评估、连锁集团评估和消费者评估的方法，撰写一份详细的评估报告。

2

第二章 连锁经营业态

本章概述

本章主要介绍了零售和服务业态的基本概念、分类及其发展特点，还探讨了影响零售业态选择的关键因素，包括消费行为、行业竞争、城市化进程和科技进步。随着消费者需求的多样化和复杂化，零售企业需不断创新和调整经营策略，以适应市场变化。同时，介绍了服务业态的发展，如酒店、餐饮店和其他服务类业态，强调了其在现代服务业中的重要作用和未来发展趋势。通过这些内容，学生可以全面了解零售和服务业态的现状及未来发展方向。

学习目标

知识目标

（1）理解业态的定义及其重要性。

（2）掌握影响零售业态选择的因素。

（3）了解服务业态的发展。

能力目标

（1）能够识别不同零售和服务业态的经营特点。

（2）能够应用数据分析优化运营。

（3）能够设计个性化的服务体验方案。

素质目标

（1）增强学生对市场变化的敏感度，及时捕捉消费者需求的变化，灵活调整经营策略，适应市场竞争。

（2）树立以顾客为中心的服务理念，理解优质服务对企业和品牌的重要性。

（3）认识到企业在追求经济效益的同时，也应承担社会责任，关注环境保护和社会公益，实现可持续发展。

思政目标

（1）引导学生理解零售和服务业态的发展是中国经济腾飞和社会进步的缩影，增强学生的爱国情怀。

（2）鼓励学生树立远大的职业理想，将个人发展与国家和社会的需求相结合。

（3）通过介绍中国美容美发业、餐饮业等传统服务业的历史和发展，增强学生的文化自信。

思维导图

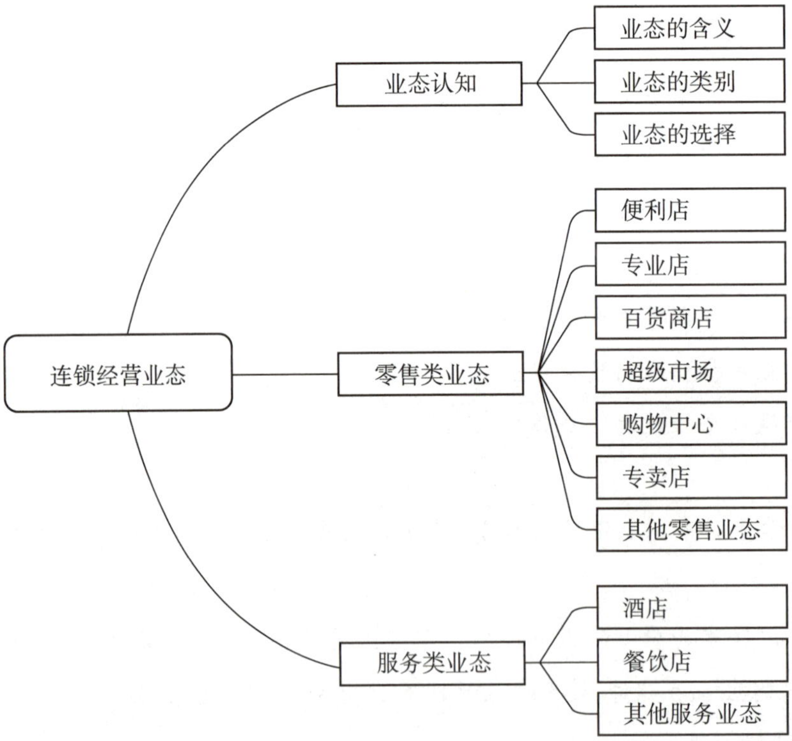

第一节 业态认知

一、业态的含义

业态是指企业为满足不同的消费需求进行相应的要素组合而形成的不同经营形态。零售业态是指在市场经济体制和激烈的商业竞争环境下，零售企业为了满足不同的消费需求和提高企业的市场竞争力，由不同的细分市场、目标顾客、商品结构、经营规模、销售方式、服务功能、店堂设施、门店选址等因素构成的，具有稳定性强、特征突出的不同的零售商业组织类型和经营方式的具体形态。严格意义上讲，零售涵盖商品零售、服务零售以及餐饮零售。当前，连锁经营模式已经渗透至各类零售业态之中。快餐店、小吃店、酒楼、餐厅、百货商场、超级市场、便利店、专卖店、专业店、培训机构、旅行社、旅店等均已引入连锁经营模式。业态是根据零售商业企业的经营方式、商品结构、服务功能、选址、商圈、规模、店堂设施、目标顾客和有无固定营业场所等多个复杂因素的特定组合来分类的。这些因素的不同组合，形成了不同的零售业态。

二、业态的类别

零售类业态从总体上可分为有店铺零售业态和无店铺零售业态两类。

（一）有店铺零售业态

有店铺零售业态是指有固定的进行商品陈列和销售所需要的场所和空间，并且消费者的购买行为主要在这一场所内完成的零售业态。

1. 食品杂货店

以香烟、酒、饮料、休闲食品为主，独立、传统的无明显品牌形象的零售业态。

2. 便利店

以满足顾客便利性需求为主要目的的零售业态。

3. 折扣店

店铺装修简单，提供有限服务，商品价格低廉的一种小型超市业态。

4. 超市

开架售货，集中收款，满足社区消费者日常生活需要的零售业态。

5. 大型超市

品种齐全，满足顾客一次性购齐的零售业态。

6. 仓储会员店

以会员制为基础，实行储销一体、批零兼营，以提供有限服务和低价格商品为主要特征的零售业态。

7. 百货店

经营若干大类商品，实行统一管理，分区销售，满足顾客对时尚商品多样化选择需求的零售业态。

8. 专业店

以专门经营某一大类商品为主的零售业态。如办公用品专业店、玩具专业店、家电专业店、药品专业店等。

9. 专卖店

以专门经营或被授权经营某一主要品牌商品为主的零售业态。

10. 家居建材店

以专门销售建材、装饰、家居用品为主的零售业态。

11. 购物中心

多种零售店铺、服务设施集中在由企业有计划地开发、管理、运营的一个建筑物内或一个区域内，向消费者提供综合性服务的商业集合体，包括社区购物中心、市区购物中心和城郊购物中心。

（1）社区购物中心。在城市的区域商业中心建立，面积在 5 万平方米以内的购物中心。

（2）市区购物中心。在城市的商业中心建立，面积在 10 万平方米以内的购物中心。

（3）城郊购物中心。在城市的郊区建立，面积在 10 万平方米以上的购物中心。

12. 厂家直销中心

由生产商直接设立或委托独立经营者设立，专门经营本企业品牌商品，并且多个企业品牌的营业场所集中在一个区域的零售业态。

（二）无店铺零售业态

不通过店铺销售，由厂家或商家直接将商品递送给消费者的零售业态。

1. 电视购物

以电视作为向消费者进行商品推介展示的渠道并取得订单的零售业态。

2. 邮购

以邮寄商品目录作为向消费者进行商品推介展示的渠道，并通过邮寄的方式将商品送达消费者的零售业态。

3. 网上商店

通过互联网进行买卖活动的零售业态。

4. 自动售货亭

通过售货机进行商品售卖活动的零售业态。

5. 电话购物

主要通过电话完成销售或购买活动的一种零售业态。

三、业态的选择

零售业态的选择是指企业为了满足消费者多样化的需求，依据既定的战略目标，有针对性地运用店铺选址、商品结构、价格策略、销售方法、规模及形态等手段，提供差异化销售与服务的经营方式。消费行为、行业竞争、城市化进程和科技进步等因素都会对业态的选择产生重要影响。

（一）消费行为

消费行为包括消费水平、消费结构、消费倾向、消费模式、消费心理以及消费观念等多个方面。它是一个复杂的现象和过程，与社会经济条件紧密相关。根据马斯洛的需求层次理论，人们的需求从低层次向高层次发展，消费需求也是如此。在商品生产不发达、收入水平较低的时期，人们主要追求商品数量上的满足，对商品其他属性的需求较少，且当时的条件难以满足其他需求；当商品生产变得多样化、收入水平提升时，居民的消费需求逐渐升级，自我意识也日益增强。人们在生活必需品上的支出比例逐渐降低，不再仅仅满足于商品的物质需求，而是更多地追求心理需求和自我价值的实现。除了对商品质量和价格有所要求外，消费者对购物环境、购物方式、商品外观、服务及附加值等方面也提出了不同程度的要求。消费单位也从传统的家庭消费转变为家庭成员各自独立支出的个人消费。因此，居民的消费行为变得复杂和多变，这种多变性和复杂性无疑会对中国的零售业态选择和变革产生影响。

（二）行业竞争

随着外资零售业的大规模涌入，中国零售业面临前所未有的剧烈冲击，零售市场业绩普遍呈现下滑趋势，零售业的格局已经发生了根本性的转变。零售业的竞争首先体现在大型零售企业与中小型零售企业之间的竞争，其次是大型零售企业之间的竞争。国内零售业正经历大规模的扩张阶段，与此同时，具备强大资本实力的商业集团也纷纷涉足零售领域。预计未来将有更多资本涌入此行业。目前，各零售业态在经历迅猛发展与规模扩张后，在某些区域市场已出现饱和现象，竞争趋于激烈。在这样的市场环境下，如何对市场进行细分，如何根据目标消费群体的需求，对商品结构、定价策略及产品特色进行精准定位，以及如何选择具有差异化的业态定位，已成为零售企业脱颖而出的关键策略。

（三）城市化进程

随着中国城市化进程的加速、城市人口的增长以及消费者生活水平的提升，新兴业态的发展得到了需求层面的有力支撑。参照国际零售业的发展模式，可以观察到在城市化初期，即城市化率低于 30% 的阶段，零售业布局呈现出向心聚集的特点，人口和就业岗位由农村地区向城市中心集中，这一过程被称为向心集中。进入城市化中期，即城市化率介于 30% ～ 70% 之间时，零售业布局则转变为离心分散的特征，人口、就业岗位以及商业零售活动开始从大城市中心向郊区迁移，这一现象被称为离心扩散。当城市化进入高级阶段，即城市化率超过 70% 时，零售业布局将呈现离心集结的趋势，人口、就业岗位和零售业将向郊区卫星城镇或乡村地区集中。当前，中国正处于城市化中期，这就决定了零售商业布局将逐步从向心集中向离心扩散的模式转变。

（四）科技进步

科技进步为零售业态的发展注入了新的活力，为新业态的产生提供了机遇。在现代零售业态中，高新技术的应用主要集中在计算机及其网络技术，包括 POS 系统、MIS 系统；信息、通信及情报处理技术；高效的现代物流与配送技术组合；商场监控、摄像、报警系统；超市及配送中心的食品保鲜、杀菌、干燥、脱水和冷冻技术；商品分割包装技术；自有产品设计、开发技术，这些也是体现业态差异化的重要环节之一。先进的技术条件可以有效地控制商品的采购、运输、销售、储存等各个环节的费用，从而可为企业降低成本，增强其竞争力。纵观西方国家零售业近百年的发展历程，可以清晰地看到，各种零售业态的产生与演进均深受技术进步的影响。正是技术的不断进步，推动了业态创新的加速发展。

第二节 零售类业态

零售业作为分销渠道系统的终端，直接面向个人消费者市场，承担着商品价值实现的最终环节。它对国民经济的发展具有举足轻重的影响。零售业态种类繁多，经营方式变化迅速，构成了一个多样化且动态的零售分销体系。为应对顾客需求的多样化和快速变化以及零售经营规模效益之间的矛盾，零售业需适应不同消费者群体的需求，其经营方式（零售业态）呈现出多元化的特点。例如，商店涵盖了便利店、专业店、百货商场、超级市场、购物中心、专卖店等多种具有不同特色的业态，并且这一领域仍在不断创新之中。

一、便利店

便利店作为一种零售业态，旨在满足顾客对于应急和便利性的需求。其发源地为美国，具备与食品杂货店相仿的便捷性，同时采纳了超级市场的销售策略和管理技术。这种零售商业组织以“便利”为核心竞争力，吸引顾客，满足其简单购物和应急需求。便利店是在超级市场发展至较为成熟阶段后，从中独立出来的一种零售业态。便利店一般分为传统型和加油站型两种。传统型便利店多位于居民区、学校周边及人流量大的繁华地带，其营业面积通常在 50 ～ 150 平方米之间，营业时间长达 15 ～ 24 小时，服务半径约为 500 米。其经营范围主要集中在食品和饮料上，以即时消费、小容量、应急性商品为主，约 80% 的顾客为有明确购买目标的消费者。而加油站型便利店则通常与加油站结合，主要在汽车普及且地域广阔的欧美地区迅速发展。

（一）便利店的经营特征

1. 商品的便利性

便利店的经营宗旨在于为顾客提供便捷服务，因此其商品结构定位具有独特性。便利店的商品结构主要涵盖食品、非食品以及服务三大类别，其商品选择标准主要包括消费量大、购买频率高、品牌知名度高、销售方式相对简单、品质稳定、附加价值高、毛利率高、季节性特征明显，以及能够综合考虑商圈内主要顾客的生活方式、需求时间、购买动机、消费场所的商品。

便利店不仅销售商品，还提供多样化服务。许多便利店已转型为社区服务中心，致力于为顾客提供多层面的服务，包括邮政、银行、票务代理、公共事业费用代收、快递、快速打印和复印等。服务的多样性、供应的便捷性以及服务的广泛性，是便利店在与其他零售业态竞争中脱颖而出的关键优势。

2. 选址的便利性

鉴于便利店所提供的商品与服务主要以“便利”为核心，其商圈半径相对较小，通常不超过 300 米，消费者步行约需 5 分钟即可抵达。超出此范围，则难以满足“便利”的基本要求。因此，便利店的选址通常位于二三级商业区域，且尽可能靠近住宅区的街区。此外，车站、码头、文化体育设施、旅游景点等潜在“便利”需求较高的地点，也适宜便利店的经营。

尽管便利店的营业面积有限，但其数量众多，在大城市中甚至可达数百家，这对物流与销售管理提出了较高的要求。必须确保商品采购的种类与数量合理，进货与配送及时，库存商品的数量、结构、种类需精确、合理，以尽量减少存货，实现高效率、低成本的管理目标。便利店的开店位置较为灵活，有效填补了市场消费的空白，因此，便利店的位置至关重要，必须确保顾客购物的便捷性。

3. 时间的便利性

便利店通常拥有较长的营业时间，每日营业时长往往超过 16 小时，部分甚至实现 24 小时全天候服务，全年无休。鉴于便利店的店面面积较小，商品种类有限，且商品摆放井然有序，位置显眼，顾客在便利店的购物时间仅为在超级市场购物时间的五分之一，同时交易过程迅速便捷，更能够满足日常生活中的紧急需求。

（二）便利店的营销特征

1. 需求个性化

即时需求通常以个人消费为主，介于“外出就餐”与“家庭就餐”之间的消费形态，即“中食”。与便利店相似的业态包括超市和餐饮业。超市主要满足顾客的“生活需求”，涵盖日常必需品和生活用品，其核心在于商品性需求，并且商品多为带回家消费，从饮食角度而言，主要对应“家庭就餐”。而餐饮业无论是正餐、快餐还是小吃，均属于“外出就餐”，此类消费不仅耗时较多，而且成本较高。在“外出就餐”与“家庭就餐”之间，存在一种“中食”形态，即消费低、时间短，便捷、干净、舒适的便利店。

2. 诉求快速化

顾客对于便利店的核心需求在于其便捷与高效。便利店的适宜商圈半径通常介于 300 ～ 500 米之间，大约 80% 的顾客能在 3 分钟内完成购物，而剩余的 20% 顾客则在 5 分钟内达成购物目标。因此，便利店的门店布局和商品摆放必须符合快速购物的消费习惯，通常货架数量控制在 30 ～ 35 个之间。若选址不当导致顾客到店不便，单纯依赖降价促销手段是难以显著提升经营效益的，反而可能产生负面效应。

3. 服务多元化

便利店的核心产品为服务，其服务内容可细分为三个层面：首先是商品性服务，便利店供应的是非冷藏、小包装的商品，并提供即时加热或冲泡服务；其次是时间和空间上的便捷服务，便利店能够触及传统业态难以覆盖的领域，并提供 24 小时不间断服务；最后是服务内容的多元化，一旦便利店构建起连锁分店网络，便能通过该网络推广多种服务项目，如订购及送礼服务、取货服务（包括网上商店的不同服务方式）、支付服务（涵盖公共事业费用甚至交通罚款）、ATM 机服务、照片冲洗服务、票务等。随着服务项目的不断扩充，服务将成为便利店主要的利润增长点之一。

知识之窗

7-Eleven：从冰块供应商到全球便利店巨头

7-Eleven 的起源可追溯至美国，其最初名称为“Southland Ice Company”，成立于 1927 年（如图 2-1）。该企业起初以供应冰块和牛奶为主业，随后逐步演变为便利店。1946 年，它正式更名为 7-Eleven，其营业时间从早上 7 点持续至晚上 11 点，这一时间跨度亦是其名称的来源。

图 2-1　7-Eleven 便利店

7-Eleven 之所以取得成功，归功于其创新的商业模式、高效的供应链管理以及对顾客需求的深刻洞察。在全球众多市场，7-Eleven 实现了全天候服务，满足了消费者随时购物的需求。该品牌推出了诸多新鲜食品和即时消费产品，如三明治、热食以及自有品牌商品，这些举措显著提升了顾客的忠诚度和复购率。通过收集和分析销售数据，7-Eleven 能够精确调整库存和商品组合，确保货架上始终陈列着最受欢迎的商品。此外，7-Eleven 较早地引入了多种支付方式，包括信用卡、借记卡、电子钱包等，从而优化了顾客的支付体验。除了传统的零售业务，7-Eleven 还提供多项便民服务，如免费中介、免费借伞、免费擦鞋、快递代收、机票车票代购等，成为社区生活中不可或缺的一部分。

通过这些策略，7-Eleven 建立了强大的品牌认知度，并在全球范围内拥有超过 76000 家门店，成为连锁便利店行业的典范。

参考部分资料，自行撰写。

二、专业店

专业店是指以经营特定类别商品为主的零售业态，其特点在于配备有专业知识丰富的销售人员，并提供相应的售后服务，以满足消费者对于特定商品类别选择的需求。专业店是百货商场分化出的一种形式。尽管百货商场的商品种类繁多，但其商品的系列化和专业化程度未必显著。随着制造行业产品系列化程度的提升，专业店便应运而生，专门经营从百货商场中分化出的某一类或几类相关联的商品。

专业商店是指专门销售一种或多种相关联商品的零售店铺。这类商店通常选址于繁华的商业区、步行街，或位于百货公司、购物中心内部。其营业面积会根据所售商品的特性而有所不同。专业商店的特点在于其商品的专业性、深度以及品种的多样性，为顾客提供了广泛的选择空间，其中主营商品通常占据销售商品总量的 90%。此外，这些商店所经营的商品和品牌往往具有独特的特色。它们采用固定价格销售和开放式陈列方式，要求从业人员具备深厚的专业知识。专业商店的种类繁多，包括但不限于办公用品、玩具、家电、药品、服饰等专业店。同时，也存在专门销售单一商品的商店，如鞋店、肉店、时装店、布店、眼镜店等，以及销售多种相互关联商品的商店，如食品店、副食品店、文具店、电器店、工艺品店、珠宝店等。

专业店的经营特征包含以下三个方面。

（一）有限种类的专业化

专业店的商品能吸引顾客眼球，是因为其在某一类商品上做到了品种齐全，或在某一种商品上做到了款式多样、花色齐全。专业店由于其经营商品种类的有限性和专业化，它与连锁经营机制相结合，就产生了明显的规模效益。这是因为连锁专业店各门店商品与服务的一致性，再加上商品种类少、专门性强，便于挖掘开发深层次的连锁经营，也使连锁店经营与管理相对简单，门店运营效率很高。因此，其规模效益不仅在网点发展上迅速体现，而且在销量上也成倍增长。

（二）周到灵活的服务

专业店的服务要求比一般的零售店要高，因为专业店的服务对象往往是比较固定的，他们不仅眼光挑剔，而且还掌握了一定的专业知识，极个别甚至达到了专家的水平，这就决定了专业店的营业员和导购员一定要具备相当丰富的商品专业知识，能用令人信服的理由来引导顾客购买相应的商品。周到灵活的服务还体现在专业店能够帮助顾客进行消费设计，根据顾客的特点和需求，为他们设计、指导消费，提供多种个性化服务、多功能服务以及专项服务等。

（三）引导消费、创造需求

相比其他零售店，专业店更能在广大的消费者中间细分自己的目标顾客，这些目标顾客的购物目的比较明确，对专营商品有较强的消费偏好。由于专业店对他们比较了解，因此可以在其多种多样的需求中发掘满足他们的一些共同需求和新的需求。在这个过程中，专业店能充分利用其与目标顾客的密切关系，设计出属于本店的新颖独特的商品，从而引导消费、创造需求。

三、百货商场

百货商场是指经营各类商品，如珠宝、化妆品、鞋帽、服装、装饰品、家用电器、家庭用品等的大型零售商场。它通常设于一个大型建筑内，依据不同商品类别划分销售区域，并结合柜台销售与开架销售的方式，强调服务功能，以满足目标顾客对生活时尚和品质的追求。百货商场的出现被誉为零售业的第一次革命。19 世纪中叶，得益于工业革命的推动，生产力得到飞速发展，工业日用品日益增多，小型杂货店已无法满足生产和消费的升级需求，从而催生了百货商场。1852 年，世界上首家百货商场——法国巴黎的“本・马尔谢”百货商场诞生。此后，百货商场迅速扩展至英国、美国、德国、日本等国家，一时之间风靡全球。在近一个世纪的世界商业发展历程中，百货商场一直作为零售业中大量销售商品的典型业态，占据主导地位。然而，近年来，百货商场在各国均出现了不同程度的衰退。因此，百货商场也呈现出集中化趋势，多数百货商场通过实施连锁经营策略来巩固其市场地位。

中国第一家百货商场是 1900 年由沙皇俄国资本家在哈尔滨设立的秋林公司。在我国，百货商场成为城镇零售商业中的一种重要形态。百货商场的业务范围广泛，商品种类繁多，品种齐全，融合了专业商店与综合商店的优势，便于顾客广泛选择，满足消费者多样的购物需求，具备一定的现代化管理手段和服务设施，服务质量较高。商场内部根据商品类别设立商品部或实行专业化经营。随着社会经济的持续发展，百货商场的经营方向和内容也不断演变，展现出两个新的发展趋势：其一，经营内容趋向多元化，除商品销售外，还增设休息室、小吃部、餐饮部、咖啡厅、娱乐厅、展览厅、停车场、电话间等多样化的服务设施；其二，经营方式趋向灵活化，除零售业务外，还兼营批发，并设立各种折扣柜、平价柜，以满足顾客的多层次需求，提升商场的竞争能力。

（一）百货商场的经营特征

百货商场往往是都市形象的象征，通常处于商业中心地带，坐落在城市的最繁华地段，建筑富丽堂皇，能提供宽敞、亮丽、温馨、舒适的购物环境。百货商场重氛围、讲情调，能给顾客带来较好的精神享受，其营业面积有一定的规模性，一般在5000平方米以上，能实现一定的产品线宽度和深度组合，有较强的满足力和可挑选性。百货商场的卖场布局一般按“口”字形设立在中央大厅，其四周以墙壁隔断，并列设置不同的部门，卖场中央部分装置滚动扶梯。同时，通过精心布置的商品陈列充分展示商品，将商店塑造成为让消费者发挥想象力，为消费者的基本生活添加色彩，使消费者的生活充满情趣的商店。

1. 位于城市繁华区、交通要道和郊区购物中心

百货商场一般以流动人口为主要销售对象，因此，其位置通常选择在人口流动量大的城市繁华区、交通要道和郊区购物中心，是以品种多样、色彩丰富、充满生机、有刺激性、热闹、有吸引力为特点而存在的。百货商场内部装饰得富丽堂皇，橱窗商品陈列得琳琅满目，因此能吸引大量顾客，更便于顾客进行有比较、有选择性地购买。

2. 经营商品种类齐全

百货商场号称“一站式购物场所”，即让顾客能够在一个地方买到他所要买的全部东西，因此其经营的商品种类就要齐全，以经营男装、女装、儿童服装、服饰、鞋类、化妆品及家庭用品为主。将多种类的商品按部门进行经营管理。虽然每个部门的规模不大，商品销售批量少，但商品的毛利高，汇集在一个经营体之中，销售总额仍很可观。百货商场以中高档消费者和追求时尚的消费者为目标顾客，注重商品的品质，特别注重商品的品牌和结构，是新商品和品牌进入市场的首选业态。

在与专业店、专卖店的竞争中，百货商场在商品选择方面的优势在于其“专业店＋专卖店”的形式，即在一个空间里集中若干的专业店和专卖店，以建立足够的可挑选性和满足力。百货商场经营的商品不仅数量繁多，而且范围很广，品种繁多，种类齐全。例如，美国的连锁百货商场，除了汽车和房屋之外，还经营消费者所需的绝大多数消费品，但一般不经营食品；法国的连锁百货商场经营商品的种类齐全，最多的可达26万种，一般的也有4万～5万种，通常以经销服装为主，并对服饰杂货及室内用品以高盈利的价格出售；日本的连锁百货商场中大多经营食品，而且以面对面销售为主，其商品按视觉与趣味进行搭配、组合，采用流行性商品营造时髦、摩登的商品气氛。

3. 采用柜台销售与自选销售相结合的方式

现代百货将超市引进店内，经营食品和日用品，通常采用柜台式与开架式相结合的销售方式，而且开架式销售所占的比重越来越高；对一些化妆品、珠宝、手机、相机等体积小、价值高、技术含量高、需要服务多的商品，采用柜台销售。商品柜台都有若干服饰整洁、彬彬有礼的营业员为顾客介绍、取送商品，解答问题，包装商品。但与超市等业态店的顾客自我服务、强调物化服务不同的是，百货商场的服务主要是一种全面细致和以人为本的完善的服务体系，是包含售前、售中和售后三个方面的完整服务。

4. 商品部门化管理

百货商场的经营方法，不是把那些具有千差万别的、各有特性的商品采取“一揽子”的方法来

进行经营，而是通过部门的个别管理，创造出最合理并符合百货商场这种经营业态的经营方法。百货商场内通常设有许多不同的商品部，专门经营不同种类的商品。在西方国家，大百货商场一般有100～150个商品部，小百货商场有的不到10个商品部。正是由于把各类商品按部门进行管理并连接在一起，因此形成了百货商场的大型化。总之，连锁百货商场注重销售挑选性强的商品、技术性高的商品、品牌商品、时尚商品、新产品等。这些商品的利润率较高，差别性大，而且附加值较高。

5. 为顾客提供一系列服务

百货商场这种完善的服务体系能有效地帮助顾客，有助于与顾客建立良好的关系，使顾客享受全面而细致的服务。高品质、全面的服务是百货商场的经营特征之一，除了一系列的售前服务、售中服务和售后服务外，百货商场还提供诸如消费者教育、分期付款、取款柜员机、总服务台、免费接送车、停车场等服务，有些百货商场还设有餐厅、茶室、儿童休息室等。美国以顾客服务闻名的诺德斯特罗姆百货商场，正是因为其售货人员与顾客保持长期的亲密关系以及商店提供优质的服务，而在市场竞争中始终处于领先地位。

6. 良好的形象

百货商场十分注重形象和声誉，这也是由其引领时尚、体现品位的内在特点所决定的。其企业形象强调文化内涵，注重品牌和信誉，抒发情感和梦想，传达温馨与欢乐，创造时尚与经典。百货商场设施豪华，店堂典雅、明快，是优质、流行与时尚商品的汇集地。百货商场经营的商品主要是那些流行性很强的商品，以及优质高价的高档商品和名牌商品、礼品等，是现代城市居民生活的窗口。例如，连锁百货商场在布局时注意留出一定的休闲共享空间，一方面便于顾客休息（逛百货商场是一件耗时耗力的事），另一方面营造出商店的人文氛围。同时在经营中非常注重文化营销和公共关系，善于举办与核心能力相符的主题活动和顾客联谊活动，以此来增加其商品销售的附加价值，培养忠实顾客。因此在业态竞争中，连锁百货商场能以其良好的企业形象引领消费时尚、带动消费潮流、创造消费热点。

（二）百货商场的分类

根据目标顾客的不同，百货商场可以分为精品百货店、时尚百货店、大众百货店、主题百货店和折扣百货店。

1. 精品百货店

精品百货店重点营造尊贵体验的消费文化，实行以一线品牌为主的商品组合，服务于富有人群、成功人士、高知高管阶层等，更多满足人们显示身份、地位以及差异化和个性化的需求。如北京的银泰中心，上海的恒隆广场、港汇广场等，都定位于精品百货店。这类百货商场一般不打价格战，而且很少进行直接的宣传推广，都是凭借自身的品牌魅力赢得回头客。

2. 时尚百货店

时尚百货店引领流行、前卫的消费文化，以经营时尚和实惠的品牌为主，以青年白领和大中学生为目标顾客，满足人们追求时尚、领先时代潮流或与时代潮流同步的需求。这类百货商场在经营上富于变化，迎合年轻人的心理，在宣传推广上往往以“新、奇、廉”的手段，通过制造意外惊喜而取胜。

3. 大众百货店

大众百货店倡导品质与实惠的消费文化，主要经营二线品牌和质量较高的商品，与社会主流消费群体的生活需要同步。这类百货商场顾客层级宽，涉及面广，但区域性比较强，通常定位于社区百货，多根据具体商品在邻近商圈内采用直接的促销手段，如上海一百等都属于大众百货店。

4. 主题百货店

主题百货店创造具有专业特色的消费文化，以某一消费主题为主要经营特征，不求大而全、大而均，在“模块化”经营基础上，突出某类重点模块，如把一些品类主题或客户群主题做大、做精、做深、做透。这类百货店集精品、时尚和大众生活需要为一体，是“专而精”“专而特”的百货店，如黄金珠宝百货店，妇女、儿童日用百货店等。

5. 折扣百货店

折扣百货店打造“品牌 + 实惠”的消费文化，以名品折扣的经营方式吸引消费者，多以经营下架、断码、过季的名牌服装、鞋帽、箱包为主，较少经营化妆品、钟表和珠宝等。在名牌意识提前觉醒的中国市场，这类百货商场适应了人们追求平价但也追求名牌的消费心理，其营销诉求也是针对这一点的。

（三）百货商场的经营模式

1. 联营模式

联营模式是指零售商与商品生产商联合，由零售商提供经营场地，生产商提供商品，双方按照一定比例分配销售收入的方法。联营模式是目前中国百货业普遍采用的经营模式（见表 2–1）。

表 2–1 联营模式的优缺点

类别	优点	缺点
运营成本	流动资金要求较低，百货商场无须买断商品。商场内店铺的装修费用和营业员工资均由供应商承担	对毛利率缺乏直接控制，因为百货商场并不直接负责商场的商品销售
经营风险	商品的销售和库存风险都由供应商承担。与供应商签订的联营合同中有“保底”条款，降低财务风险	百货商场提高利润率的方式：帮助供应商提高营业额，如营造更好的市场环境和提供更优质的服务；提高合同中的分成比例；引进销售业绩更好的供应商

2. 自营模式

自营模式是指连锁百货企业独立承担包括商品的采购、库存、上架、销售和顾客售后服务等所有环节在内的经营模式。在这种经营模式下，连锁企业从供应商处采购所需要商品，自货款结清、商品到达连锁企业手中之时起，商品的销售及其他所有活动都与供应商无关。在自营模式下，按照付款与销售的时间顺序，连锁企业对商品的采购主要采取两种形式。第一种是买断商品，即“先付款，再销售”，然后自行定价，自行销售，利润独享。此时，经营风险由连锁企业自己承担，所需的流动资金量很大。第二种是代销，即“先销售，再结款”，同样是自行定价，自行销售，利润独享。连锁企业采取代销商品方式，则可不占用自己的流动资金，并将一部分甚至大部分销售风险转嫁给供应商。需要注意的是，如果连锁企业不按时结算货款，就会引起经济纠纷。

3. 专营模式

百货商场的专营模式通常体现为缩减营业面积，精简商品种类，专注于经营具有竞争优势的特定商品类别，例如，珠宝首饰、化妆品、服装、鞋类、家居用品等高毛利率商品。同时，专营模式将销售焦点集中于特定的顾客群体，如高级白领或青少年。因此，专营模式是自营模式的进一步深化，通过缩减商品种类、实施品牌专卖，甚至开发自有品牌，缩小目标顾客范围，旨在获取更大的利润空间并实现对供应商的控制。

（1）专卖。专卖即专营权，是指百货商场通过掌握销售渠道，获得在特定地理区域内独家代理销售供应商品牌的权力。通过经营“独一无二”的品牌，并利用供应商商品的品质与品牌优势，百货商场能够实现更高的利润，并增强消费者对百货商场的忠诚度。

（2）自有品牌。自有品牌策略指的是百货商场在达到一定发展规模后，通过自主设计与生产商品，或采用贴牌生产的方式，对上游制造企业进行控制，以此实现对特定产品供应的控制或垄断，进而增强企业的市场竞争力。

四、超级市场

超级市场，即超市，是一种零售业态，其特点为自助服务与集中式一次性结账方式，旨在满足消费者对于日常生活必需品的需求，并普遍采用连锁经营的模式。自第二次世界大战结束以来，超级市场在世界各地迅速发展。起初，超级市场主要销售各类食品，但随着时间的推移，其经营范围逐渐扩大，涵盖了家庭日用品、家用电器、服装、图书、家具等多种商品。

（一）超级市场的基本特征

超级市场作为一种新兴的现代零售商业业态，突破了传统业态店（按照行业划分设定的商店）的模式。它是根据消费者需求而设立的商店，其业态特征主要体现在以下三个方面。

1. 以周边居民为主要销售对象

超级市场所经营的商品是以食品和日用品为主的，对这些商品，消费者购买频率高，选择性较低，消费者喜欢就近购买，因此超级市场是以满足居民区消费者为主，以家庭为主要销售对象的。针对消费者没有时间在菜市场购物，回家后料理家务的时间不太多的特点，超级市场注重提供加工食品、熟食等生鲜食品，提供定量化、包装化的食品和日用品。随着超级市场经营品种的不断增加、经营规模的日益扩大，其服务对象也呈现多样化的趋势。

2. 品种齐全，薄利多销

超级市场主要经营食品，同时兼营各类日用消费品。在发达国家，超级市场的商品种类已发展至数十万种，与大型百货商场的经营范围相当，有些甚至已超越百货商场。这一现象表明，超级市场作为零售业态之一，在经营范围上几乎囊括了整个零售业的全部种类。

3. 开架售货自助服务，环境舒适

在超市中，开架陈列和敞开销售的模式取代了传统的售货方式，通过消费者的自我服务，消除了营业人员推销的必要。这种做法不仅打破了传统售货方式可能带来的生硬和隔阂感，还避免了因服务不佳而引起的顾客不便，从而增加了购物的愉悦感，使顾客在购物时感到更加自然和舒心。在超市的自助服务模式下，顾客需独立完成购物过程，自行使用超市提供的工具将商品运送至结算区。这种购物方式极大地提升了顾客的主动性，并为顾客带来了与传统百货商场截然不同的全新体验，同时减少了交易双方可能产生的冲突和不快。此外，超市注重卖场环境的清洁与整洁，商品的合理配置与展示，以及营造适宜的购物氛围，为消费者提供了一个舒适的购物环境，满足了消费者对购物舒适性的需求。

（二）超级市场的分类

1. 大型综合超级市场

（1）业态特征。大型综合超级市场，也可称为大卖场或量贩超市，是标准食品超市与大众日用品商店的综合体，衣、食、日用品齐全，可以全方位地满足消费者一次性购足基本生活所需商品的超市（见表 2-2）。

表 2-2 大型综合超级市场业态特征表

特征类别	具体内容
商品种类多	经营品种大众化和综合化，适应消费者一次性购足所需商品的购买方式，主要经营低值易耗的生活用品，如肉、禽、蛋、菜、果、调味品、熟食品、洗涤用品、卫生用品等。小类商品种类通常在 8000 种以上，甚至上万种。一些大卖场推行“一站式”经营理念，提供日常生活所需的所有商品
营业面积大	营业面积至少达到 6000 平方米以上。许多大型超级市场的营业面积已超过 10000 平方米，确保实现“一站式”购物体验
敞开式货架陈列和顾客自选购物	商品实行小包装，并在包装上粘贴单位销售价格标签。商品陈列在敞开式货架上，顾客可以自由挑选。强调顾客自主选择和便捷购物体验
配套设施与营业时间	门前设有较大的停车场，方便顾客停车。营业时间较长，每天营业时间一般都在 11 个小时以上，满足不同时间段顾客的需求

（2）门店选址。大型超级市场的网点一般选在城市中地价便宜、交通便利、停车方便的三级、四级商业区域内，商圈半径为 3 ～ 5 千米。

（3）经营与管理。

①卖场布局。在商品陈列方面，大型超级市场大多采取商品专业化的分类分区陈列。例如，熟

食区、果菜区、调味品区、洗涤用品区、服装区等，这样便于顾客选购商品。

②商品结构。超级市场的商品结构应以消费者日常生活所需的中低档商品、低值易耗商品为主，一般不经营价格比较高的贵重商品、高档商品、奢侈品等。大型综合超级市场的商品种类比较齐全，品种基本能够覆盖消费者日常所需的所有中低档商品。

大型综合超级市场所经营的商品种类中，消费者日常所需的各类食品至少要占到整个经营品种的40%左右。这些食品主要有蔬菜、水果、干果、肉禽鱼蛋、海鲜、熟食品和半成品、冷冻食品、调味品、饮料、粮食等。还有一些熟食品是在超市的卖场内现场制作的。

③物流与销售管理。现代超级市场为了应对竞争的需要，对物流和销售管理提出很高的要求：要求商品采购种类和数量合理，进货及时；库存商品的数量、结构、种类要做到准确、合理，尽量少存货；给顾客结算时要快捷、准确，并要求及时掌握所销售商品的种类、数量、价格等信息；要达到高效率、低成本的管理目标。

④现场管理。超市的现场管理主要包括两个方面，即营业场所商品的陈列管理和超市商品的防盗管理。

2. 食品超市

（1）业态特征。食品超市主要包括传统食品超市和生鲜食品超市。传统食品超市的营业面积为300～500平方米，主要经营食品和日用品，其中食品占全部商品构成的70%左右，但其中生鲜食品构成占比不足30%。它综合了粮店、食品店、杂货店、小百货店、南北货店等传统商店的功能，也是超市最初的原始模式。20世纪80年代末至90年代初，我国最早发展起来的超市大多数属于传统食品超市。采取柜台与开架相结合、收银台统一结算的方式。营业时间也比较长，大约为12小时。生鲜食品超市也称标准食品超市，是在传统食品超市的基础上，强化了生鲜食品的经营，其营业面积一般在1000平方米，其商品是以经营生鲜食品为主，其营业面积的50%～70%用来销售生鲜食品，受到消费习惯、收入水平、保鲜技术、冷链技术、农产品加工技术等因素制约。

（2）商品组合。食品超市经营的商品种类主要有各类袋装熟食品、面包点心、小食品、调味品、饮料、鲜肉、鲜蛋、蔬菜与水果，以及少量的洗涤用品、卫生用品、小五金和学习用品等。比起便利店，食品超市在商品结构和经营管理方面更为灵活，但经营管理的规范性相对差一些。

（3）门店选址。食品超市的选址由其所经营的商品结构特征和服务对象所决定，该业态主要为常住居民提供其日常生活所需的各类消费品。因此，最适合传统食品超市生存的是在二级、三级商业区域内常住居民比较集中的街区，商圈半径约在500米以内。

3. 仓储超市

（1）业态特征。仓储超市即仓储会员店，是实行储销一体、低价销售、提供有限服务并采取自我服务销售方式的零售业态，其营业面积一般都比较大，大多数都在6000平方米以上，也是采取开架销售、出口集中结算的方式。与大型综合超级市场、食品超市等其他零售业态相比，仓储超市有以下两个突出的特征。

①卖场与仓库合二为一的货架与布局设计。所谓“合二为一”，就是将卖场部分与仓库部分合

二为一，既可作为卖场使用，也可作为仓库使用。在营业场所内，加高商品陈列货架，使商品货架高达 3 米以上。货架 1.8 米以下是适合顾客选购的商品陈列区域，1.8 米以上是同类商品的存货区域，形成既是营业场所，也是商品库房的仓储式超市形式。另外，营业场所内的地面、墙面、顶棚、货架等都装修得十分简单，甚至不装修，只需保持营业场所内干净、整洁、有足够的照明度。仓储超市的商品销售价格一般都很便宜。价格低廉是仓储超市吸引消费者的核心竞争手段。

②仓储超市采取“会员制”的经营方式。消费者成为商场的会员后，可在该店购买商品时享受价格折扣等优惠条件。

仓储超市的“会员制”有两种类型：一种是普通会员，即消费者交纳很少的费用办理一个会员证，消费者凭会员证便可享受商场的优惠销售与服务项目；另一种是储值卡会员，即消费者事先将一定数额的货币存于商场内设立的存储机构（一般是商场与银行联办的机构），并领取一个储值卡，当消费者在此商场购物时，只需用储值卡付款，并随之享受相应的优惠。消费者存储在商场中的消费余款还会按银行的市价利率计息。

（2）服务对象与商品组合。仓储超市所经营的商品主要是广大消费者的日常生活用品。其商品组合既可以采用大型综合超市的全方位覆盖策略，也可以选择一般超市的重点目标市场覆盖策略。

（3）门店选址。仓储超市的门店选址与大型超市的选址一样，要求将门店尽量选在地价便宜、交通便利、停车方便的城市三级、四级商业区域内。大型仓储超市店外也要求设有一定面积的停车场。

（4）竞争优势。

①由于营业场所与商场的仓库合二为一，企业节约了仓库地皮占用费用、仓库建设费用、仓库设备费用、仓库管理费用；同时，由于营业场所内的装修十分简单，也节约了装修费用。这些费用的节约大大减少了仓储超市的投资总额，为企业低成本运营与价格竞争奠定了良好的基础。

②在商品供过于求，买方市场形成的商业市场格局下，零售商能否争取到更多的顾客，从而提高商场的销售额，是当今零售企业竞争的关键点。但是，消费者的购买行为总是具有一定的流动性，任何商场都很难使大量的消费者长期固定在自己的商场中消费。会员制的优势是确保商场能锁定一部分消费者，使之成为本商场的长期固定顾客，从而保证商场的销售额。

（5）经营模式。从现实的运行情况看，仓储会员店都是采取开架销售、统一结算的经营方式，与超级市场的经营方式一样，因此，也有人称仓储会员店为“仓储超市”。

五、购物中心

购物中心是指众多零售店铺及服务设施汇聚于企业有意识地开发、管理与运营的单一建筑物或特定区域之内，为消费者提供全方位服务的商业综合体。购物中心作为现代城市或镇区中普遍存在的建筑，融合了购物、休闲、文化、娱乐、餐饮、展览及信息等多元功能的商业设施。通常情况下，购物中心的建筑层数不会过高，单层营业面积广阔，部分购物中心还配备了室内游乐场。

购物中心的业态经营比例一般为购物、餐饮、休闲各占 1/3，根据中国市场的实际情况，可将购物中心分为社区购物中心、市区购物中心、城郊购物中心三类。

第一类，社区购物中心是在城市的区域商业中心建立的，面积在5万平方米以内。

第二类，市区购物中心是在城市的商业中心建立的，面积在5万～10万平方米，商圈半径10～20千米，有40～100个租赁店，包括百货店、大型综合超市、专业店、专卖店等，停车位在1000个以上，各个租赁店独立开展经营活动。

第三类，城郊购物中心是在城市的郊区建立的，面积在10万平方米以上。

六、专卖店

专卖店是指专门销售或授权销售特定制造商品牌及中间商品牌的零售业态，旨在满足消费者对品牌选择的需求。专卖店的经营特点主要体现为：其基于专业店发展而来，通常依据品牌进行区分，具备排他性。随着商标的广泛使用，各国相继制定法律以保护商标专用权，为特定商标（品牌）产品专卖店的兴起提供了法律基础。

现今，诸多拥有知名品牌的制造商纷纷推出同品牌的系列商品，使得专卖店所销售的商品种类日益丰富。然而，此类专卖店与经营多种商品的专业店存在差异，专卖店所售商品品牌具有排他性，且仅限于同一品牌下的不同种类商品。因此，专卖店专注于经营某一品牌的系列商品，如海尔电器专卖店、李宁牌体育用品专卖店、格力空调专卖店等。

七、其他零售业态

（一）折扣店

折扣店是以销售自有品牌和周转速度快的商品为主，限定销售品种，并以有限的经营面积、简单的店铺装修、有限的服务和低廉的经营成本，向消费者提供“物有所值”的商品为主要目的的零售业态。

折扣店是从大型综合超市所经营的商品中挑选出更大众化、更实用的商品进行集中经营的大型自选店，是运用超级市场开发出来的销售技术、管理理论，再加上价格的吸引力，并综合大型超市的商品供应方式，灵活运用购物中心的选址理论，降低、缩小价格差距，统一各部门商品水平而形成的连锁店。折扣店卖场面积一般为300～500平方米。以非耐用消耗品为主力商品，通常将以六七折销售的全国知名品牌商品与自有品牌商品组合在一起。店面开设在社区周围，目标客户以工薪阶层、中等收入的社区居民为核心。折扣店在较高档的社区也有一定的市场。经营的商品包括中档日用基本消费品、便利品和生鲜食品。折扣店从总体上可以分为非品牌折扣店和品牌折扣店。

1. 非品牌折扣店

非品牌折扣店既适合开设在城市居民区，也适合向中小城市和农村市场拓展。非品牌折扣店类似于现在国内的传统食品杂货店，除了低价是其共同特点外，销售方式也相似，如国外折扣店的商品陈列不是以通常的陈列货架销售，而是以小包装箱方式陈列销售，将其原包装食品箱的上部剪掉打开，并将其原封不动地陈列在指定陈列位置上销售；或有的商品就以原包装箱为基础，置放于托盘或地板上，形成堆放式陈列销售，大大节省了陈列货架的费用。因此，采取这种方式销售的店铺，有时也被称为“纸箱店”，这一点同国内传统杂货店很相似。另外，在经营策略上，非品牌折扣店与传统杂货店也都采取低成本策略，即投入低、不利用高费用设备、少用人员、少用促销费用等。不同的是国外折扣店品种更多一些，面积也更大一些，可以说折扣店的面积是几个传统杂货店面积的总和。但两者最根本的区别在进货渠道上，折扣店的商品在进货渠道上更多采取直接从厂家进货和生产自有品牌的方式，因此价格更为低廉，而国内传统食品杂货店一般都是从批发商那里进货，并且目前批发行业的混乱也导致杂货店商品的质量难以保证。

2. 品牌折扣店

品牌折扣店对年轻人来说更具吸引力，适合开设在一些城市的闹市区和商业中心。随着国内居民消费水平的提高，顾客的品牌消费意识逐渐增强，但由于经济能力有限，直接到大商场或高级专卖店购物难免囊中羞涩，到街边市场购买名牌又担心买到假货，折扣店的出现将使这些问题迎刃而解，满足了部分消费者对名牌商品的购物需求。对那些十分重视品牌的消费者来说，即使在折扣店销售的一些名牌商品是过季的，也仍然会成为他们的最爱，他们的口号是“品牌保证，物美价廉”。在日本东京，品牌折扣店也大受欢迎，无论是长达数十年的经济下滑还是失业率居高不下情况下，都没有使日本人崇拜高档名牌产品的心理有所改变。对品牌折扣店而言，其所面临的竞争对手是大商场开设的名牌特卖场和品牌专卖店，因此如何加强与供货商合作，引进一些国际品牌，降低进货成本，是需要考虑的重要问题。

无论是品牌折扣店还是非品牌折扣店，重在降低成本。一方面要降低企业运营成本，节约管理费用；另一方面要加强与供货商的合作，直接从厂家进货，同时生产大量自有品牌商品，从而实现低价。而在商品的品种选择上也必须符合当地消费者的消费习惯，同时针对周边竞争对手的情况，作出商品结构的调整。注意选址、注意商品质量、注意降低商品成本（加强供应链管理）、注意商品结构调整是折扣店发展需要重视的四大问题，而这些都应建立在对本地消费市场认真详细的调查基础上，并要根据实际情况的变化作出适时调整。

3. 折扣店的优势

从国外的经验来看，折扣店一般采用小规模、自助服务的方式运作，经营面积一般在300～500平方米，店面设在中低收入的居民区。商品种类主要是家庭日常生活用品，店面很少装潢，货架较低，销售采用现购自运的方式，用最低的价格提供质量优良的产品，折扣店具有以下三方面经营优势。

（1）竞争优势。折扣店的基本战略定位是低价和便利。低廉的产品价格是竞争的立足点，这要求折扣店能够从各个方面降低管理成本，包括商品的采购、存储、流通、店内陈列和销售等各个环节。另外，靠近居民区的选址，远离商业中心，既意味着可以压缩店面租金成本，又意味着巨大的地缘优势。

（2）集客力优势。由于以“低价”作为其核心竞争力，在大众经济型消费占主导地位的中国市场，折扣店可以最大限度地吸引消费者眼球；由于折扣店在低价的同时倡导一种节约型的品牌消费，可以更好地满足经济拮据的消费者对品牌的追求；由于其经营面积、品种等介于标准型超市和大卖场之间，使其可以在有限的空间里，以双品牌策略灵活地适应消费者个性化需求，而又不会大幅增加成本。

（3）效应力优势。折扣店起源于20世纪50年代，在其他零售业态发展日臻成熟的格局下，折扣店能够在市场的夹缝中顽强地生存并获得长足的发展，这说明其低价的生存方式是有其优越性的。而为了实现“低价”生存，折扣店必须具备更优的成本控制技术。因此，其选址的首要条件便是交通便利，并以经营不景气或即将关门的中小规模商业设施为主；其占品种60%～80%的自有品牌，能够最大限度地降低成本，而又不至于挤压大众畅销品的生存空间；经营上尽量少用陈列架、低投入、少用人、少做促销、不延长营业时间、不设大型停车场，尽量少用现代化的经营手段等，尽量保持较低单位经营成本。

4. 折扣店的机会

折扣店的目标市场是经济型、品牌非时尚型的消费者，这在当前是有很大市场需求的。中小城市和区县镇很多，大超市和大卖场由于其自身成本的制约，一时难以深入。尽管便利店近来发展势头迅猛，但碍于发展速度限制，使折扣店在中国市场仍有生存的巨大空间。

另外，中国人力资源相对丰富，中小加工企业多，有接受折扣店企业开发自有品牌的加工生产能力，自有品牌的开发空间大。由此来看，中国具备折扣店发展的先决条件。

从折扣店目标市场细分来看，折扣店的目标顾客群是一部分崇尚品牌消费而又经济拮据的消费者，这一部分消费者在中国现实的市场环境中是难以得到满足的，这无疑为折扣店填补空白预留了空间。

（二）食杂店

食杂店位于居民区或传统商业区内，营业面积一般在100平方米以内，又称小卖店、小卖部，是以经营香烟、酒、饮料、休闲食品为主，独立、传统的无明显品牌形象的零售业态。

食杂店的优势主要体现在两个方面：一是便利，为了一袋盐、一瓶啤酒、一罐油，人们不会舍近求远，样样都到大商场、大超市去买。现在有些食杂店还推出一些便民附加服务，如代送报纸、手机充值等。二是人头熟，食杂店店主与多数居民都较熟，有一定的感情因素，这种优势是其他商业无法企及的。食杂店的劣势主要体现在服务半径为0.3千米，比较小，消费者多为固定客户，市场竞争激烈，相互压价现象高于其他业态，易造成价格管理混乱。

结合当前市场竞争的现状，食杂店应致力于实施差异化经营策略。首先，食杂店可采用即需即送的服务模式，并提供免费送货上门服务。食杂店应充分利用便利性作为其核心竞争力，针对连锁企业无法提供上门服务的局限性，广泛宣传其免费送货上门的政策及配送电话，覆盖整个居民区。无论是酱油、醋、盐等日常用品，还是香烟、啤酒等休闲商品，顾客只需拨打电话，店员便会迅速将商品送至家中。其次，食杂店应拓展社区服务项目，这不仅可作为业余创收的途径，同时也为社区居民提供了便利。可采取如下服务项目来增加收入。

1. 代购服务

针对社区中双职工家庭众多，且工作繁忙无暇购置日常用品，可根据顾客需求代为采购各类商品、蔬菜等，并提供送货上门服务。

2. 衣服缝补

有缝纫技术的店主可充分利用其专长，在店铺门前摆上一台缝纫机，为顾客提供衣物修补服务，并据此收取相应费用。

3. 订牛奶

当前，奶业竞争的焦点已转移至社区层面，部分店主能够与各奶品供应点建立联系，代顾客订购并配送牛奶。

4. 早餐服务

对社区中的上班族而言，由于早晨时间紧迫，便捷而又营养的豆浆和茶叶蛋成为他们早餐的理想选择。

5. 书刊的租售服务

对社区内的老年人而言，能够在自家门口租书或买报纸，无疑提供了极大的便利。

（三）家居建材商店

家居建材商店，又称家居中心或建材超市，主要经营装饰品、装修用品、技术服务等。这一零售业态采用开架自选的销售方式，提供一站式购物体验和全方位服务。它提供的主要产品与服务涵盖建筑陶瓷、五金制品、门窗、地板材料、壁纸、卫生洁具、瓷砖、石材、吊顶材料、铁艺制品、艺术玻璃、油漆涂料、橱柜、电工电料、电动工具、装饰木业、厨房电器、家装设计等领域。这类商店往往位于城乡接合部、交通便利的地带或消费者自有房产比例较高的区域，主要面向拥有自有房产的顾客群体，其营业面积一般不少于6000平方米，并配备至少300个停车位。

当前，随着毛坯房的逐步淘汰以及精装修时代的来临，小型“摊位式”店面的生存空间日益受限。在这种背景下，家居建材商店需整合建材工业相关行业的优势资源，构建集规模化、模块化、标准化于一体的“一站式”经营模式。

（四）工厂直销中心

工厂直销中心是由制造商直接设立或由独立经营者创建，专营特定企业品牌商品的零售业态。此业态通常由房地产开发商于城市间交通便捷之地构筑一系列简易且规模可观的联体式独立商店，以租赁方式供制造商直接销售其商品。工厂直销中心多位于郊区，装修简约，成本低廉，租金也不高。加之制造商直接销售，无须经过商业中间环节，故商品价格极为实惠，同类商品价格较市场价低30%～70%，部分甚至低于80%，因此深受中低收入消费者群体的青睐。工厂直销中心具有以下几个特点。

1. 集中化

众多制造商汇聚一堂，直接销售其产品，从而产生集聚效应。产品价格低廉、种类繁多，形成强大的吸引力，对周边居民产生深远影响，成为低收入群体假日休闲的理想购物场所。

2. 专业化

工厂与直销中心之间存在一种基于法人实体间的租赁关系。制造商需支付包括停车场用地费、服务费、管理费以及财产税在内的租金，而物业管理职责，涵盖卫生、维修、信用咨询等由直销中心承担。此外，工厂直销中心特设顾客服务中心，旨在向顾客提供包括信息咨询、代理服务等在内的多项服务，并负责协调顾客与制造商之间的关系。租赁期限灵活，可短期，也可长期，租赁期介于 5 ～ 7 年之间，最长可达 10 年。

3. 扩大化

工厂直销中心的主要特征在于其广阔的停车场，其面积与营业面积之比通常为 4 ∶ 1 或 5 ∶ 1，从而能够满足众多自驾购物顾客的需求，这就使得顾客即使在行车 1 ～ 1.5 小时，距离 100 ～ 120 千米的范围内，也能享受到便捷的购物体验，进而形成一个庞大的商业圈。

4. 国际化

在某种程度上，该业态与我国的小商品批发市场具有相似之处。例如，在美国，工厂直销中心的主要顾客群体包括亚裔、非裔以及来自欧洲的移民，形成了一个国际化的消费市场。又如美国的棕榈泉工厂直销中心和加拿大的尼亚加拉工厂直销中心，都会提供包括英语、法语、日语等多语言服务。这些中心以“优雅、安全的购物环境，特价供应的品牌商品”为口号，吸引来自世界各地的消费者，这说明“低价”策略是所有消费者普遍接受的营销手段，也是他们共同的购物理念。

第三节 服务类业态

随着我国经济的持续发展和人民生活水平的不断提升，消费者所需的服务产品将日益多样化。同时，大数据、云计算、物联网、移动互联网等新一代信息技术的广泛应用，将使越来越多的服务产品具备可贸易性。因此，服务业态预计将在全球范围内迎来爆发式的增长。

一、酒店

酒店，作为一种建筑或场所，主要为公众提供住宿、餐饮及服务。通常而言，酒店是指为宾客提供住宿和餐饮服务的场所。具体而言，酒店是依托其建筑设施，通过提供客房、餐饮服务以及综合服务设施，向顾客提供服务并实现经济收益的商业实体。然而，在现代社会，人们对酒店功能的理解存在诸多差异。普遍认为，一家达到国际标准的酒店应当具备以下条件：提供舒适且安全的客房以吸引顾客居住；设有提供地方特色美食的多样餐厅；配备现代化的商业会议厅和贸易洽谈所需的会议设备及办公通信系统；提供旅游者所需的康乐中心、游泳池、健身房、商品部、礼品部等设施；具有包括银行、邮局、电传室、书店、花房、美容厅在内的综合服务部门。此外，酒店还应拥有训练有素的服务人员，以向顾客提供卓越的服务。

（一）酒店应具备的基本条件（见表 2–3）

表 2–3　酒店的基本条件表

基本条件	具体要求
设备完善的建筑	建筑必须设备完善，满足安全、卫生和舒适的标准；建筑需为众所周知且经政府批准
提供住宿与餐饮服务	必须向旅客提供舒适的住宿设施；提供多样化的餐饮选择，包括餐厅、咖啡厅等
娱乐设施	提供娱乐设施，如电影院、游戏室、儿童游乐区等，以丰富旅客的休闲生活
健身与会议服务	提供健身设施，如健身房、游泳池等，满足旅客的健康需求；提供会议室、宴会厅等，支持商务会议和活动
营利性	酒店是营利性机构，需通过合理的经营策略取得利润；确保服务质量与价格相匹配，实现可持续发展

（二）酒店的分类

1. 商务型酒店

商务型酒店主要服务于从事商务活动的客人，其核心功能是满足商务需求。这类客人对酒店的地理位置有着较高的要求，通常偏好选择靠近城市中心或商业区的酒店。其客流量一般不会因季节变化而出现显著波动。商务型酒店通常配备完善的设施和功能齐全的服务。

2. 度假型酒店

度假型酒店主要服务于休闲度假的宾客，通常建于海滨、温泉度假区以及风景名胜区周边。此类酒店的经营具有显著的季节性特征。因此，度假型酒店需配备完善的娱乐设施以满足宾客的需求。

3. 长住型酒店

长期住宿型酒店为长期居住的客人提供食宿服务。此类酒店的客房通常采用家庭式布局，主要以套房为主，较大的房间足以容纳一个家庭，而较小的房间则适合单人居住。它们不仅提供常规酒店的服务项目，还兼顾了家庭式服务的便利性。

4. 会议型酒店

会议型酒店主要服务于会议参与者，除了提供餐饮和住宿服务外，还提供包括接送站服务、会议资料打印、录像摄像以及旅游等在内的多项服务。此类酒店通常要求配备完善的会议服务设施，如不同规模的会议室、同声传译设备、投影仪等，并且拥有功能完备的娱乐设施。

5. 观光型酒店

观光型酒店主要为观光旅游者提供服务，通常建于旅游景区附近。其经营特点不仅在于满足旅游者在饮食和住宿方面的需求，还必须配备公共服务设施，以满足旅游者在休息、娱乐、购物等方面的需求，从而丰富旅游生活，为游客带来物质和精神上的双重享受。

6. 经济型酒店

经济型酒店主要面向旅游和出差人群，以其低廉的价格和便捷的服务著称。此类酒店的特点在于其运营节奏高效，实现了住宿者与商家之间的互利共赢。

7. 连锁酒店

连锁酒店作为经济型酒店中的佼佼者，如莫泰、如家等知名酒店品牌，其市场份额正日益扩大。

8. 公寓式酒店

公寓式酒店是指设置于酒店内部，以公寓形式存在的酒店套房。此类套房的主要特征在于：既具备居家的布局和优良的居住功能，又能为宾客提供酒店的专业服务，包括但不限于室内清洁、床品更换以及商务支持等。公寓式酒店融合了公寓的私密性和居住氛围，以及高档酒店的优质环境和专业服务，自推出以来，便吸引了众多消费者的青睐和关注。

二、餐饮店

餐饮店是通过集即时加工制作、商业销售和服务性劳动于一体，向消费者专门提供各种酒水、食品、消费场所和设施的食品生产经营企业。

（一）餐饮店的经营特点（见表 2–4）

表 2–4　餐饮店的经营特点表

经营特点	具体描述
一次性	餐饮服务只能一次使用，当场享受。服务始于客人进入餐厅，止于客人离店
无形性	餐饮服务具有无形性，无法通过外观特征（如色泽、大小、形状）来判断质量。服务质量需通过客人的亲身感受和体验来评价
差异性	员工差异：不同员工由于年龄、性别、性格、素质和文化程度的不同，提供的服务质量有所差异；情境差异：同一服务员在不同场合、时间或面对不同客人时，服务态度和服务方式也会有所不同
直接性	餐饮产品的生产、销售和消费几乎是同步进行的。生产者与消费者之间是当面服务、当面消费，没有多个流通环节。服务质量不能像工业产品那样返工，必须一次到位

（二）餐饮店的分类

1. 旅游饭店

旅游饭店的餐饮服务功能与普通餐饮场所的基本功能大致相同。旅游饭店可划分为国际旅游饭店和普通旅游饭店两类。国际旅游饭店除了满足国际游客的住宿需求外，还以其优雅的氛围、精致的餐具、全球化的饮食理念以及完善的服务，吸引了众多本地顾客；加之其宽敞的场地、完备的设施以及员工的专业素养，使其能够承办美食宴会、婚丧喜庆活动、展示会议等多种功能，充分展现餐饮服务的附加价值，并引领餐饮风尚的流行趋势。

2. 餐厅

（1）中餐厅。我国地大物博，民族众多，基于地理、气候、风俗、民情、经济等多种因素，孕育了多元化的文化特质，形成了独具特色的饮食习惯和烹饪技艺。这些习惯和技艺在不同地域呈现出“南甜、北咸、东辣、西酸”的变化特点。各地域均孕育出自己独特的菜系，既有精致的小吃，也有丰盛的主菜，如川菜、鲁菜、浙菜、粤菜、皖菜、苏菜、湘菜、滇菜、京菜、东北菜等，种类繁多，不胜枚举。

（2）西餐厅。西餐厅通常指的是装饰风格西化、提供欧美地区餐饮服务，并以西式餐饮服务为特色的餐饮场所。在国内，普通档次的西餐厅并不特别强调餐饮礼仪，其休闲娱乐的功能通常超越了正餐的意义。目前，除了高档酒店和顶级牛排馆仍旧保持传统西餐风味之外，大多数西餐厅所提供的西餐已经展现出不同的风味和情调。

3. 自助餐和快餐业

（1）自助餐。自助餐以低廉的价格快速提供营养丰富、菜式多样的饮食，特别适合在外工作和上学的人群。它不仅广泛应用于学校、机关等团体，也被商业性餐厅普遍接受，成为全球流行的用餐方式。自助餐的成功关键在于将人力成本控制在销售额的15%，远低于其他餐饮业的20%～30%。自助餐分为两种形式：一种是客人自行取菜并按所取样数付费，称为cafeteria；另一种是一次性付费后可尽情享用，称为buffet。这两种方式都是自助型或半自助型（饮料由服务员供应），在人工费用昂贵的现今社会，这种服务方式成为不可阻挡的餐饮潮流。

以往的餐台设计多为一字形，顾客从同一方向进入并排队结账。如今，自由流动形和锯齿形的餐台设计使顾客能灵活取餐，减少排队时间，提高满意度和餐厅使用率。自20世纪70年代开始推行的“吃到饱”自助餐，打破了点菜技巧的限制和套餐约束，广受消费者喜爱，尤其在近几年成为各大饭店的主要业务之一。

（2）快餐业。快餐业，又称盒饭业，随着都市居民生活节奏的加快，自带午餐的习惯逐渐减少，导致大都市快餐行业迅速崛起。盒饭的主要消费群体为学生和职场人士，其价格相对低廉，而菜品内容与营养成分则根据价格而有所不同，主要分为主菜类（如排骨、鸡腿）、半荤菜类（如蛋类、肉丝炒菜）以及素菜类。超过九成的盒饭被用作午餐，提供中式、西式或混合式等多种选择，价格公道。然而，其质量与卫生状况存在一定的差异。当前，盒饭业正逐步摒弃传统厨房的制作模式，通过改善从业人员的工作习惯和工作环境，采用规范化的采购流程和科学化的生产体系，致力于实现既定的营养与卫生标准。

4. 冷饮业

在炎炎夏日，最令人向往的无疑是那些能够带来清凉的冰品和冷饮。冷饮业的销售模式既包括传统的冰品店，提供多种多样的冷饮选择；也涵盖了近年来兴起的自动售货机，以及从国外引进的酸乳酪店和冰激凌店，它们提供的是更为卫生且价格相对较高的冷饮产品。冷饮业面临的主要挑战在于卫生问题，若冷藏设施未能达到标准，食物原料在室温下存放，极易导致细菌的滋生。当前，冷饮店通过高雅的室内装饰或连锁经营的模式，展现出全新的商业形象。

三、其他服务业态

随着消费者需求的日益增长，服务行业的形态变得日益多样化和灵活化。连锁经营模式亦被广泛采纳于家庭服务（如洗衣店）、美容美发、物流快递、教育培训、房屋中介等多个领域。

（一）洗衣店

洗衣店是指一种专门为大众提供服装洗涤服务的商业形态。洗衣服务商把自己开发的产品系统、服务系统、技术系统、品牌系统（包括商标、商号），以服务化的形式，转化成干净的能再穿的衣服，延长衣物的生命周期，保障穿着的美观，让更多的人能穿上干净的、整洁的衣服。

连锁洗衣店的主要特点在于其配备了多台干洗机和一系列干洗辅助设备，确保能够高效处理各种类型的衣物。店内还设有工业水洗机，以满足大规模洗涤需求。这些设备的配置使得洗衣店不仅能够提供高质量的干洗服务，还能应对日常水洗任务。此外，连锁洗衣店拥有专业的干洗技术，并配备经过专业培训的技术人员，确保每一件衣物都能得到精心护理和处理。通过这些专业的设备和技术支持，连锁洗衣店能够为顾客提供可靠、高效的洗衣服务，满足不同客户的需求。

（二）美容美发店

我国美容美发业历史悠久，最早可追溯到20世纪20年代的理发和烫发服务。40年代，一些理发店开始提供简单的美容项目，如美容化妆和修指甲。90年代后期，行业迅速发展，如今已成为集美容、美发、浴足、医疗美容、保健美容、造型设计、美容教育及产品研发、生产、销售于一体的综合性产业，形成了庞大的产业链，成为热门行业。

从经营角度看，美容美发店利用专业技术、设备和产品为消费者提供美发美容服务；从心理学角度，它们是出售美丽和梦想的场所，不仅改善外在形象，更满足心理需求，带来愉悦心情。随着生活水平提高和消费观念转变，市场逐步规范，技术日益成熟，消费者对美容的需求快速增长，市场前景广阔。丰富的美容项目和不断涌现的新方法正吸引着越来越多的女性，推动新的时尚潮流。

1. 美容美发店的特征

（1）目的性。美容美发店所提供的产品和服务，目的是给人以美的形象、美的享受。此外，美容美发店还提供相关的服务项目，如化妆、形象设计等，无一不追求着“美”这一目的。

（2）直接性。美容美发店是直接为人们提供产品和服务的。与其他企业不同，它是在同一时间、同一地点为顾客提供产品和服务，与顾客零距离、面对面地进行直接接触，因此，服务人员的形象、举止、谈吐、服务技术、服务态度将直接影响顾客的情绪。这就对从业人员的服务态度、服务技术以及工作人员素质等方面提出了更高、更直接的要求。

（3）技术性。美容美发店为顾客提供高超的技术和优良服务，除了操作过程中需要一定的设施设备外，主要以手工操作为主，因此，对服务人员的技术要求比较高。护肤美容的手法、按摩技巧，应用化妆品中不同色彩来修饰面部，突出优点、掩饰不足等，这些都需要很高超的技巧。随着生活水平的提高，人们的审美观也在不断地发生变化，这就要求美容技术精益求精、推陈出新，增加服务项目，跟上时代的步伐。

（4）综合性。随着时代的进步、科技的发展，传统技艺在不断地加以改进、提高和创新，新的工具器材也不断出现。富有时代审美观念和高超技术的美容师，已不是机械重复的操作工，而是具有高素质、高品位的美工设计师，这就要求他们不仅要掌握传统的知识，还要求他们的知识结构多样化，在一定程度上知晓医学、环境学、生物学、美学、化学等学科知识。

（5）分散性。作为服务性质的美容美发店是面向整个社会的，这就决定了其具有分散性的特点。美容、美发、美体涉及人们的日常生活和切身利益，为了满足顾客的生理和心理需要，城乡、闹市和小区都需要不同层次的美容院，这就要求经营者或投资者将这些网点分散布局。

2. 美容美发店经营模式

（1）发廊型。通常配备多把理发椅和若干美容床，主要经营美容与美发服务。此类小型店铺分布广泛，主要面向消费能力相对较低的区域。

（2）沙龙型。通常而言，具备较高档次的硬件设施，如宽敞的场地、美观的装潢、良好的卫生条件以及优雅的环境。美容美发师不仅需要具备精湛的技术，还应接受过较高层次的教育，拥有令人信服的审美修养，并掌握一定的心理学知识与沟通技巧。而从事美容服务的美容师除要精通实际操作技术外，还应在语言表达和交流方面接受过专业的培训。

（3）治疗型。治疗型美容院（不包括整形手术）较为常见，此类美容院与医院的美容科相似，提供中医配方，用于治疗各类斑痕及其他皮肤问题。顾客与美容师之间的互动类似于医患关系。然而，两者之间存在差异，如顾客若对服务不满，可以明确表达，甚至可以果断地终止治疗。

（4）休闲型。此类美容美发机构倾向于选择交通便利的地点，主要依托周边已有的商业服务设施。它们通常位于宾馆、健身房、夜总会、游泳池等场所附近，旨在为旅游、娱乐、体育活动后的顾客提供配套的放松服务。因此，这些机构受商圈影响相对较小，对美容美发师的外在形象、接待技巧、专业素养、沟通能力等方面提出了较高的要求。店内提供的服务项目种类相对有限，主要包括美容、美发、减肥、健身、桑拿等。然而，经营者可以通过在淡季和旺季合理调整服务项目，利用一两个特色服务项目带动其他消费，从而有效提升营业收入。

（5）专门型。随着美容美发市场的进一步细分，顾客消费呈现出多样化和个性化的特征。与此同时，随着美容科技的持续进步，众多科技含量较高的美容产品、仪器和设备不断更新换代，美容服务逐渐向专业化和精细化方向发展。专门店的兴起是美容服务社会分工细化的必然结果，它们能够实现连锁化、网络化和规模化经营，代表了未来中小美容经营者与会员制美容院竞争的潜在经营模式。

（6）会员型。会员制美容美发机构通常具有以下特点：规模宏大、服务项目繁多、初始投资较高。此外，此类机构对环境装饰、布局设计以及现场管理有着严格的要求，对员工的综合能力亦有较高期待，因此需对员工进行持续而严格的培训。尤为关键的是，会员制美容美发机构必须建立一套完善的会员发展、管理及组织体系，并制定详尽的会员章程。同时，需精心设计会员卡，精确计算不同会员等级所对应的权益与优惠，致力于会员的稳定化与组织化策略，并加强附加值销售功能。

本章小结

本章主要介绍了零售和服务业态的基本理论、分类及其发展特点以及影响零售业态选择的关键因素，详细介绍了服务业态的发展，如酒店、餐饮店等的特点和分类，强调其在现代服务业中的重要作用和未来发展趋势。通过本章的学习，学生不仅掌握了零售和服务业态的相关理论和实践，还提高了分析和解决实际问题的能力，为未来的职业发展打下了坚实基础。同时，增强了对市场变化的敏感度，树立了诚信经营、绿色发展的理念，培养了团队合作精神和社会责任感。

【思考练习】

1. 简述便利店的主要经营特征及其与超级市场的区别。
2. 解释为什么科技进步对零售业态的发展至关重要，并举例说明。
3. 阐述服务业态（如酒店、餐饮店）在现代服务业中的重要作用和发展趋势。

【拓展训练】

1. 某购物中心位于城市郊区，但吸引了大量消费者。请分析该购物中心成功的原因，并探讨其未来发展的潜力。

2. 实地考察一家便利店或超市，记录其商品种类、陈列方式、服务内容等，并分析其经营特点和竞争优势。

3

第三章 连锁经营组织结构

本章概述

本章主要介绍了连锁企业组织结构的设计原则、总部与门店的职能划分及其管理重点。通过分析不同规模和业态的连锁企业的组织架构，探讨了其在商品采购、配送、销售及财务管理等方面的运作机制，特别强调了店长在商品管理、人员管理和经营绩效评估中的关键作用，以及配送中心在物流系统中的重要性。此外，还讨论了多业态连锁企业在统一管理和专业化分工之间的平衡，帮助学生全面了解连锁企业运营的核心要素及其管理实践。

学习目标

知识目标

（1）理解连锁企业组织结构的基本概念和设计原则。

（2）掌握不同类型连锁企业的组织结构。

（3）理解连锁企业总部的主要职能。

（4）掌握配送中心的基本功能和组织结构。

能力目标

（1）能够合理划分总部与门店的职责，确保高效协作。

（2）能够进行有效的经营绩效评估，提出改进措施以提高销售业绩。

（3）能够规划配送路线，优化运输成本，确保货物及时准确地送达。

（4）能够熟练使用信息化工具进行数据分析。

素质目标

（1）通过学习连锁企业的组织结构和管理实践，培养学生对企业和社会的责任感，树立敬业精神和职业操守。

（2）鼓励学生思考如何在竞争激烈的市场环境中创新经营策略，解决实际问题，提升企业的竞争力，以此培养学生的创新思维和问题解决能力。

（3）通过学习连锁门店的管理实践，培养学生以顾客为中心的服务意识，关注顾客需求，提供优质服务，提升顾客满意度。

思政目标

（1）通过学习连锁企业的质量管理实践，培养学生精益求精的工匠精神，注重产品质量和服务质量，追求卓越。

（2）引导学生树立正确的职业道德观，遵守法律法规，维护消费者权益，促进社会和谐发展。

（3）引导学生关注企业在社会责任方面的表现，如可持续发展、环境保护等，鼓励学生在未来的工作中积极履行社会责任。

思维导图

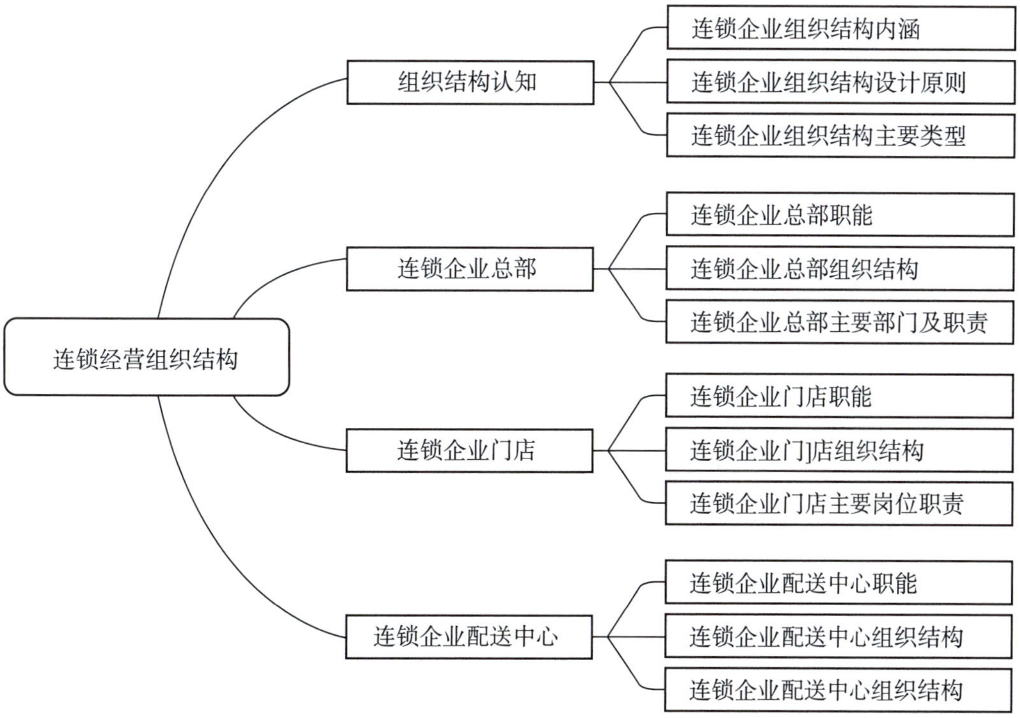

第一节 组织结构认知

一、连锁企业组织结构内涵

连锁企业组织结构是指连锁企业的各构成部分及它们的相互关系，包括总部、门店和配送中心，这些环节彼此支持、相互协作，共同构建了一个稳固的三角形支撑体系。

总部是领导层和决策层，属于决策后勤作业单位。通过总部的标准化、专业化、集中化管理，使门店的作业简单化、高效化；门店是连锁经营的基础，承担具体的销售功能；配送中心是物流机构，是连锁经营成功的保证。

在不同的连锁经营模式中，总部和门店的关系会有区别。在直营连锁中，总部与门店是上下级关系；在特许连锁和自由连锁中，总部与门店是经济合同关系，业务上相互合作，运营上是指导与被指导的关系。

二、连锁企业组织结构设计原则

连锁企业的员工数量庞大，事务纷繁复杂，经营地域广泛。其组织结构设计极为复杂，因此，科学地设计组织结构对于连锁经营至关重要。随着企业从单一店铺向大型连锁企业逐步发展，连锁企业组织机构的分工日益精细，专业化程度不断提升，连锁企业必须精心设计其组织结构，以适应其发展需求。高效的连锁企业组织结构设计必须遵循特定的原则。

（一）任务目标

企业作为经济活动的主体，皆负有其特定的使命与目标。企业及其所属部门均应与既定的使命目标紧密相连。企业组织架构的调整、增设、整合或废止，均应以是否有利于实现其目标为评判准则。缺乏使命目标的企业，其存在价值将受到质疑。对连锁企业而言，组织结构的设计应聚焦于目标导向、员工管理、任务分配及业务推进，其中目标处于核心地位。在连锁企业中，首要任务是明确目标，随后根据需求进行员工招聘和任务分配，这样才能确保连锁企业的运营效率。

（二）分工协作

在社会化大生产中，分工与协作是其客观要求。在连锁企业组织架构的设计过程中，必须恪守分工与协作的原则，确保分工得当，协作明确，以实现连锁企业的既定目标。对于各部门员工的工作内容、职责范围、协作方式等，应制定明确的规范，妥善处理分工与协作的关系。通常，分工越细致，专业化程度越高，责任越明确，效率也随之提高，但这也可能导致机构数量增多、协作难度加大、协调工作量增加等问题。反之，分工过于粗放，机构数量减少，协调难度降低，有利于培养技能人才，但专业化水平和效率也就降低，容易出现责任推诿现象。两者各有利弊，必须根据实际情况进行决策。

（三）命令统一

命令统一原则就是在管理中实施统一领导，建立严格的责任制。这一原则下的连锁企业组织结构设计要求从最高级到最低级形成连续的等级链条，明确上下级职责，一级只能有一个负责人，下级只听命于一个领导，上级不应越级指挥下级，但可越级检查，下级只对直接上级请示工作，但可越级上诉。

（四）集权与分权相结合

集中权力意味着权力在最高领导层中相对集中，对下属单位及其成员的活动进行统一管理。相对地，分散权力则与集中权力相反，它扩大了直接控制的范围，减少了从最高领导层到基层的管理层次，使得高层与基层之间的信息交流更为直接。集中权力的实施应当以不抑制基层人员积极性的发挥为界限，而分散权力则应确保上级对下级保持有效的控制。集中与分散权力并非固定不变，应根据具体情况和需求进行相应调整。

（五）管理幅度

管理幅度，又称管理跨度或管理宽度，是领导者能够直接且高效地领导和指挥下属的具体人数。管理幅度的适宜性应根据不同的职位而有所差异，如分店经理需对分店全体员工进行管理，部门经理应对本部门员工进行管理，而连锁店总经理则需对各部门经理进行有效管理。通常，管理幅度与管理层次呈反向关系，即管理层级越多，管理幅度越小，反之亦然。在连锁企业结构设计中，确定管理宽度时应全面考虑多种因素，包括计划的完备性、工作任务的复杂性、员工素质的高低、完成任务所需的协调程度以及企业信息沟通渠道的畅通性。

（六）责权利相对应

分工的确立意味着职责的明确化，承担相应职责就意味着必须赋予相应的权力，并享有与之匹配的利益，这就是责权利相对应的原则。权力是指在特定职位上所拥有的指挥与执行的权限，而责任则是指在接受职位或职务时所必须承担的义务。与特定职位相关的职责以及对权力与责任的规定，通常在连锁企业的组织章程、运营手册中详尽记载。这些文件对担任不同工作人员的要求，包括分配的职责、行使的权力以及履行的责任都有明确规定。每个工作岗位对技能、知识、经验的需求不同，企业可通过考查个人经历、能力测试、面试等方式来评估每位员工的知识、技能、兴趣和经验，进而安排合适的职位。

三、连锁企业组织结构主要类型

连锁企业的总部与分店是一个不可分割的“命运共同体”，彼此之间存在相互支持和依赖的紧密联系。换言之，连锁企业总部与分店之间体现的是一种专业化分工的关系。大部分连锁企业的标准组织结构如图 3–1 所示。

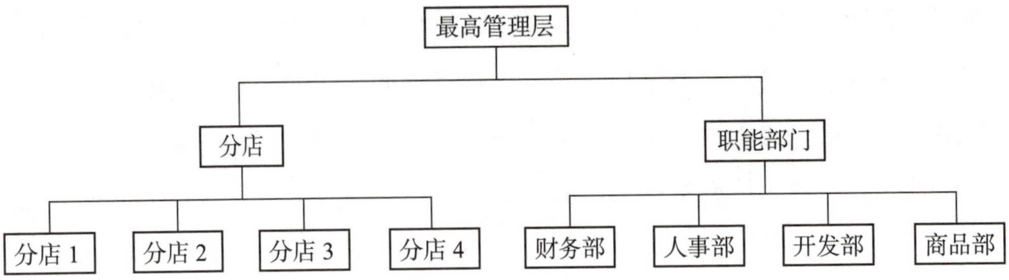

图 3–1　连锁企业的标准组织结构

（一）按规模分类

1. 直线制

小规模的连锁店可采用直线制组织结构，由总经理一人负责所有总部业务，各分店经理对总经理负责，财务职能由财务专业人员或总经理亲自承担，而商品采购、新店开发也都由总经理一人负责（如图 3–2 所示）。

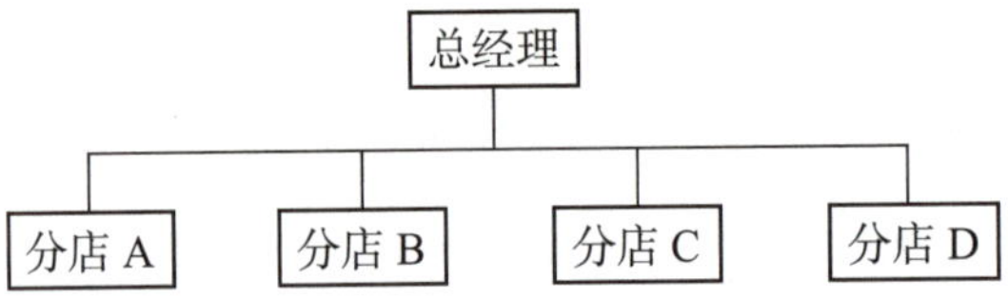

图 3–2　小规模连锁店的直线制组织结构

2. 直线职能制

随着连锁规模的扩大，总部必须设置职能部门，此时的连锁企业可采用直线职能制（如图 3–3 所示）。各职能部门在连锁经营中负责特定事务，承担着连锁店日常运营中的具体职能。其优势在于能够实现专业化管理，便于纵向指挥，横向事务权责分明；劣势在于易产生多头管理现象，缺乏一个部门承担最终的经营责任，有时部门仅关注自身利益，往往导致创新不足。

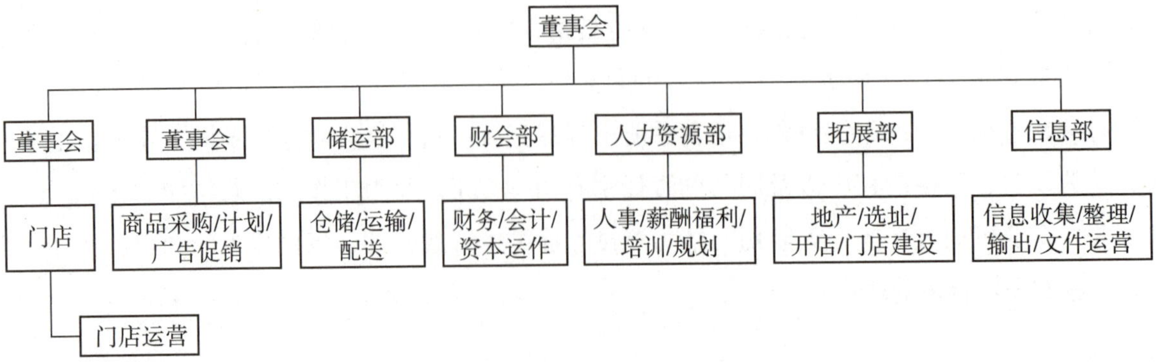

图 3–3　连锁企业的直线职能制组织结构

3. 事业部制

随着连锁规模的扩大，此时的连锁企业可采用事业部制（如图 3–4 所示）。在事业部制的组织结构中，总部承担战略规划、资源配置、财务等职能，并向各事业部提供运营支持。各事业部享有一定程度的独立运营权，负责实现各自的损益目标，并设有各自的职能部门。然而，该制度存在两大缺陷：其一，职能部门的重复设置导致管理成本增加；其二，总部对业务运营的控制力有所降低。

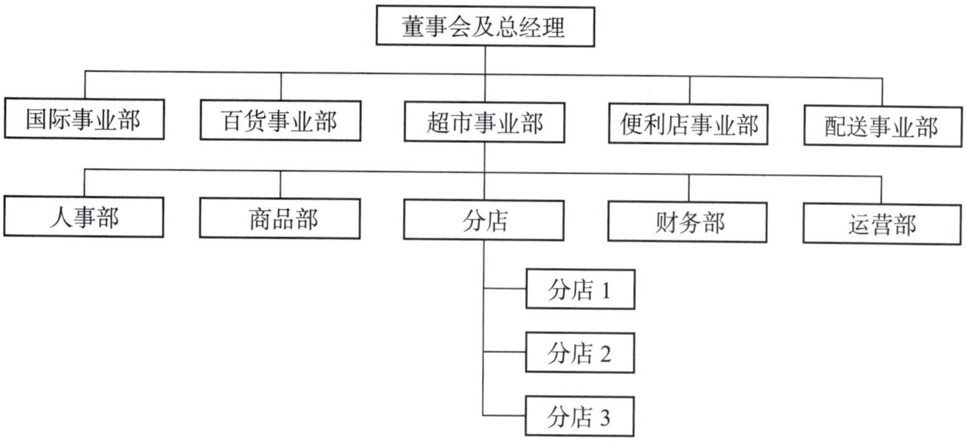

图 3–4　连锁企业的事业部制组织结构

（二）按业态分

不同的商业形态决定了连锁企业的特定产品与服务，进而要求企业进行相应的组织结构调整（见表 3–1）。以便利店、超级市场、百货店、快餐店为例，由于它们各自的业务性质存在差异，其组织结构也各有特色。便利店、超级市场、百货店往往根据采购、配送、销售等环节来构建其组织结构；快餐店则可能设有中心厨房，并且其分店可能直接向总店推荐的供应商采购，因此不设立中央采购部门。在连锁总部的部门设置上，便利店的部门数量较少，人员配置也较为精简，商品部门往往不进行更细致的划分；超级市场连锁总部的部门数量较多，人员也相对较多，需要对商品类别进行更进一步的细分；百货店连锁总部的部门设置数量更多，人员也更为充足，商品部门的划分更为详细。然而，无论商业形态如何变化，连锁店总部都会设立财务、人事、运营、开发、商品五大核心部门。

表 3–1　三种常见的业态组织结构

组织类型	主要组成部分	总部职能	分店 / 门店职能
连锁超市	总部、分店	商品采购、配送、店铺拓展、人力资源管理、财务管理	商品销售
连锁百货店	母店（初期）、总部（发展后）、分店	初期：母店承担总部职能； 发展后：总部承担财务、人事、运营、开发、采配等	商品销售及客户服务
多业态连锁企业	总部、各业态分店	根据不同业态调整的综合管理职能，如财务管理、人力资源管理、市场推广、商品采购与配送、店铺开发等	各自负责特定业态的商品销售、客户服务及日常运营管理

（三）按地区分

对全国性连锁企业而言，由于其连锁店分布广泛且数量众多，宜采用三级组织架构，即“总部—地区管理部—分店”。在三级管理体系中，总部将部分职能下放至地区管理部的相应部门，而地区管理部则承担计划制订、监督执行、协调各区域管理部职能活动，以及指导各区域管理部对应活动等职责。地区管理部本质上是总部的派出管理机构，不具备法人地位，仅具有管理与执行职能，在多数事务上仍需总部作出决策。若连锁店的扩展跨越国界，则其组织架构也要进行相应调整，需要在总部设立国际部来负责海外连锁事业的发展，并在相应海外地区设立合资或独资公司，通过法人当地化的方式具体执行连锁业务。

实际上，连锁企业的组织结构并非固定不变。随着企业发展的不同阶段、不同业务需求以及战略调整等因素的影响，连锁企业的组织结构也会相应地进行调整。

第二节 连锁企业总部

一、连锁企业总部职能

连锁企业总部是连锁企业经营管理的枢纽，除了决策和监督职能外，还承担着整体经营的设计功能。它的基本职能包括以下几个方面。

（一）基本政策制定

连锁企业总部制定的基本政策是本企业连锁经营管理应遵循的方向。

1. 制定发展战略

连锁企业需制定相应的发展战略，包括但不限于选择单一连锁模式或多种连锁模式的结合（如直营连锁、特许连锁、自由连锁等）。由于市场竞争日益激烈，连锁经营的业态模式也趋向多元化，涵盖了超级市场、便利店、百货商场、专卖店、餐饮店及服务店等多种形式。连锁企业应基于自身实力，审慎考虑在不同发展阶段的业态选择。

2. 明确组织结构形态

连锁经营的组织结构形态一般有两种：一种是由连锁企业总部直接管理下属所有门店，适用于中小型连锁企业或区域性连锁企业；另一种是“总部—地区管理部—门店”的组织模式，适用于大型连锁企业或全国型、跨国型的连锁企业。

3. 商品采购政策

商品采购政策实行购销分离，即商品采购由总部负责，门店只负责商品销售。

4. 确立配送模式

小型连锁企业可依靠社会配送，或建立单一的配送中心；大中型的连锁企业可采取第三方物流，也可自建配送中心；还应考虑配送中心的划分问题，是按区域划分，还是按商品划分，或者将两者加以结合。

5. 商品销售政策

商品销售政策主要包括商品的价格政策、商品的促销政策以及卖场布局与商品陈列政策。

6. 劳动人事政策

劳动人事政策是对整个连锁企业人员的录用、培训、考核、福利待遇等进行计划、组织、控制和协调等管理工作的一系列标准。它是企业成功经营的关键，直接影响着经营业务的各个方面，是连锁经营管理中的重要问题，基本要求是引进激励机制、竞争机制和约束机制。

（二）连锁门店开发

连锁门店开发是连锁企业经营的基础，总部应制定一整套门店开发的标准化作业。

1. 开店操作规范

开店操作规范包括门店规划标准、门店选择的各项标准、工程发包作业准则、门店开发总流程表以及部门类、项目类工作计划表、开业或评估标准等。

2. 开店作业流程

明确开店作业流程各个节点的主要工作、任务和时间安排。

（三）商品采购管理

1. 进货制度

除了统一进货制度外，还应注意做好采购部经理、采购部人员的选择与配备，加强监控，把好商品关，避免出现漏洞和不利于企业发展的潜流。

2. 主力商品

主力商品的选择与培养是连锁企业商品采购的工作重点。

3. 商品适销率

狠抓商品适销率，商品适销率的高低反映了商品周转率的高低，总部采购部要对整个连锁企业的销售负责。

4. 采购计划

抓采购计划的准确性，努力做到以量压价，以降低进货成本。

（四）商品配送管理

1. 配送能力

配送中心的规模和配送能力要与连锁企业的发展规模和销售能力相适应，保证配送的能力适当超出门店的销售能力，既不要造成配送能力大量放空的现象，也不要由于库存量过小和运力不足而影响门店的销售。

2. 配送规划

在确保门店商品销售不缺货的前提下，避免一味强调配送时间的准时性而盲目增加配送次数，应有精确的计算，将物流成本细化到单品。

3. 拆零组配

提高商品的拆零组配效率，尽量减少门店商品库存，降低门店工作人员的劳动强度。

4. 配送标准

界定好配送中心对门店服务的具体标准，如配送次数、订货和配送时间限制等。

（五）资金运作管理

1. 资金比例

安排好进货资金、在途商品资金、库存商品资金、货款结算资金和发展资金的比例，在资金紧张的条件下，应重点保证进货资金和发展资金的到位。

2. 资金回笼

进行销售款项回笼至总部的时间控制，严肃纪律。

3. 结算制度

严格履行对供应商的商品货款结算制度，做到准时定额，树立连锁企业良好的信誉。

（六）商品促销管理

1. 设定促销目标

如提高营业额、毛利润、来客数及客单价等。

2. 制订促销计划

如根据顾客购买特征、气候、节令等确定促销主题、促销方式、宣传媒体、促销预算、预期效益等。

3. 计划执行与评估

依据促销方案告知各有关部门人员配合执行，并于促销活动结束后进行评估。

（七）门店营运督导

总部一般会有一批经过专门培训的优秀督导人员，由他们负责对连锁企业各门店实行指导和监督工作。督导人员的主要业务包括总部与门店的信息沟通、对门店的常规指导、商品管理、经营状况分析等。

（八）信息化建设

总部应尽快建立和完善电子信息系统，大力促进商业活动的信息化、智能化和网络化。如建立商业信息系统和商业决策支持系统，使企业在经营活动中能及时整理分析各类信息，并依据准确信息对市场进行超前预测和预警预报，避免经营活动的盲目性，提高科学管理的程度；建立商品供货系统，变盲目采购为网上供货与营销，以优化进货渠道，保证商品质量，降低采购成本；建立商务网络系统，将消费者、经销商和供货商联系在一起，缩短商品周转时间，降低交易费用。

连锁企业要提高经营管理的规范化水平，应重点完善连锁企业总部的功能，发展总部在采购配送、经营指导、市场开发、促销策划、教育培训、信息化等方面的职能；提高总部统一采购配送的比例；完善连锁企业内部管理，建立健全各个岗位、各道工序、各项作业的规章制度。

二、连锁企业总部组织结构

连锁企业总部构成了连锁体系的核心，而连锁分店则充当了该体系的延伸。在直营连锁模式下，总部与分店之间存在上下级的隶属关系；在特许连锁或自由连锁模式中，总部与分店之间建立经济合同联系，业务上相互合作，运营上表现为指导与被指导的关系。连锁企业总部的组织架构设置，不仅受到连锁体系模式的制约，还受到体系规模及创建人和合伙人的个人影响。

三、连锁企业总部主要部门及职责

无论连锁企业的规模、业态及其形式如何，通常情况下，连锁总部所涵盖的职能部门主要包括开发部、运营部、采购部、财务部、人力资源部以及信息部等。

（一）开发部

（1）制定选址标准、设备标准和投资标准；

（2）开设新店或发展加盟店时进行商圈调查，如人口、收入、消费状况、竞争状况等；

（3）新开分店是自行建设还是租买，评估所需投资预算及租金；

（4）负责新开分店的投资效益评估，加盟分店的销售能力评估；

（5）如果建设新店，应进行工程设计审核及工程招标、监督、验收；

（6）负责新开分店的开店流程设计与进度控制；

（7）负责新开分店所需设备的采购与各分店设备的维修保养。

必须指出，开发部门的各项作业标准需获得企业高层管理机构的批准。对于商圈的分析，应当深入细致，并附有详尽的统计数据。在施工监督方面，重点应放在建筑材料及施工过程的质量控制上。分店开业后，只有在运营过程中对设施质量进行充分检验，并确认无误后，方可结清施工款项及设备款项。

（二）运营部

（1）制定连锁企业总体的营业目标和各分店的营业目标，督促营业目标的执行；
（2）负责分店商品配置、陈列设计及改进；
（3）对分店的经营进行监督和指导；
（4）编制连锁店营业手册，并检查与监督营业手册的执行情况；
（5）指导分店改善现场作业，派出指导人员对不同连锁店进行指导并考查其工作情况；
（6）负责促销策略的制定，负责促销活动的计划与执行；
（7）负责门店经营情况及合理化建议的反馈与处理；
（8）调查、收集并分析竞争对手的信息，制定相应的对策；
（9）负责企业形象策划及推出；
（10）负责公共关系的建立与维护。

（三）采购部

（1）负责采购模式的制定；
（2）负责商品货源的把握、新商品开发与滞销商品淘汰；
（3）负责商品采购谈判与采购价格的谈判与制定，负责商品销售价格的制定；
（4）制定与实施不同区域不同产品大类的商品组合策略；
（5）负责商品储存、商品配送制度的制定及作业流程与控制。

（四）财务部

（1）负责融资、用资、资金调度；
（2）编制各种财务报表、会计报表；
（3）审核进货凭证，处理进货账务，与供应商进行货款对账并付款；
（4）统计每日营业额；
（5）进行发票管理；
（6）进行税金申报、缴纳，编制年度预决算；
（7）进行会计电算化及网络管理。

财务部是连锁店统一核算制度的主要实施部门，统一对外纳税，以各分店的营业收入、毛利率、费用、利润作为考核各分店的经济指标；财务部将各分店的营业收入统一管理，支付各分店的进货成本和各项费用，分摊总部的费用，统一缴纳税收。

（五）人事部

（1）负责人事制度的制定及执行；
（2）负责员工工资福利制度的制定与执行；
（3）进行人力资源规划，人员招聘、培训；

（4）负责奖惩办法的制定及执行；

（5）进行企业合同管理及公司权益的维护；

（6）负责企业保安制度的制定与执行。

（六）信息部

（1）进行信息化平台的建设与维护；

（2）系统维护：负责设备系统网络的维护；

（3）信息分析：负责分析各种经营信息和数据；

（4）信息维护：负责信息资料保管、维护等；

（5）数据维护：负责数据库维护软件测试和更新；

（6）电子商务：负责网站建设、维护等。

第三节 连锁企业门店

连锁企业实行的是商品采购、配送、财务等作业的总部集中性统一管理，门店的组织结构要根据门店的性质、业态特征、规模大小、商品结构等因素的不同而有所差异。直营店往往由店长直接管理，同时下设副店长、值班长、组长等职务；特许店由加盟店店主直接管理，也可能由店主另聘店长来管理。

一、连锁企业门店职能

连锁企业门店直接向顾客提供商品和服务，除了做好商品销售以外，还要承担相关的职能和管理任务（见表3–2、表3–3）。需要注意的是，在实际应用中，这些工作需根据门店的性质、业态特征、规模大小、商品结构等要素进行相应调整。

表3–2 连锁企业门店主要业务活动表

类别	具体内容
商品销售	向顾客展示、供应商品，提供相关服务，是门店的核心职能
进货及存货管理	向总部要货或自行向总部统一规定的供货商要货，管理卖场的存货（陈列在货架上的商品存量），管理内仓的存货
经营绩效评估	观察、调查与分析影响经营业绩的因素，评估各项经营指标完成情况，制定改善业绩的对策

表 3-3　连锁企业门店主要管理活动表

类别	具体内容
环境管理	店面外观管理、卖场内部环境管理
人员管理	员工管理（招聘、培训、绩效等）、供应商管理（合作关系、货物质量等）、顾客管理（服务、投诉处理、忠诚度计划等）
商品管理	商品质量管理、缺货管理、商品陈列管理、商品盘点管理、商品损耗管理、商品销售实施管理
现金管理	收银管理（确保交易准确、安全）、进货票据管理（记录、审核、存档）
信息资料管理	门店经营信息管理（销售数据、库存水平等）、顾客投诉与建议信息管理、竞争者信息管理（市场趋势、对手策略等）

二、连锁企业门店组织结构

由于连锁企业实行统一的商品采购、配送、财务、促销等作业管理，而连锁门店（分店）作为连锁经营中的一个环节——销售环节，其工作重点是商品销售，满足顾客需求，提高销售业绩。因此，门店的组织机构相对较简单，门店经理又称为店长。由于连锁企业门店的性质、业态特征、规模大小及商品结构等因素的不同，其组织结构也有所不同。连锁门店的一般组织结构如图 3-5 所示。

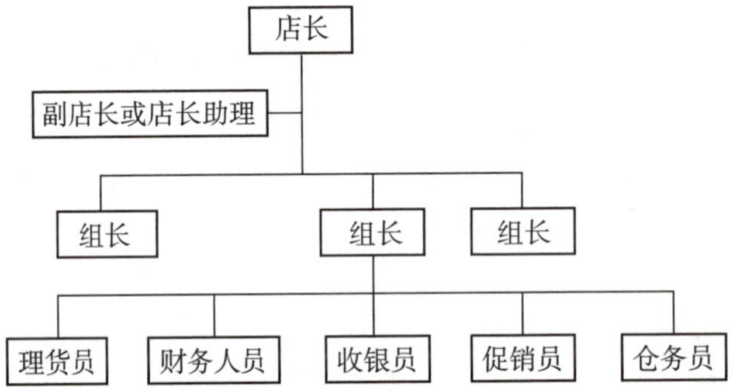

图 3-5　一般的连锁门店组织结构

对百货店、大型综合超市的连锁门店而言，其工作范围大大超出了商品销售，增加了财务管理、售后服务、卖场美容、促销等职能，因此其组织机构往往要复杂一些，其结构模式如图 3-6 所示。

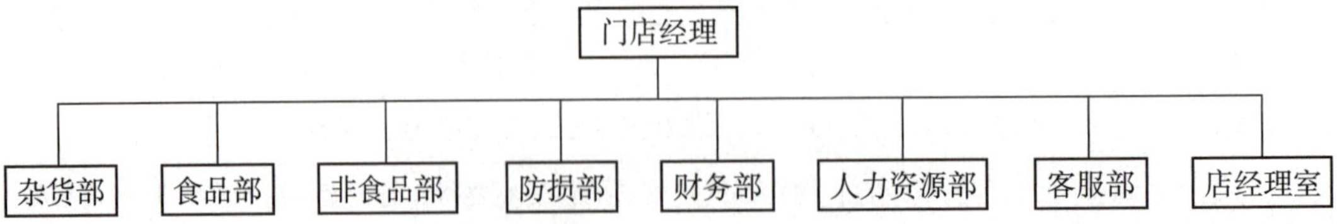

图 3-6　较复杂的连锁门店组织结构

三、连锁企业门店主要岗位职责

一般大中型连锁企业门店根据经营的商品类别进行部门的划分和职能的分工。

（一）店长

1. 执行上级指示

遵守公司各项规定，执行上级指示，完成总部下达的任务，如营业目标、毛利、费用等。了解品牌经营方针，依据品牌的特色和风格执行销售策略。

2. 应急情况处理

加强防火、防盗、防工伤、安全保卫的工作；维护店内各种设备的正常运转，负责消防设施的核验、区域卫生的落实等。

3. 店员管理

根据店铺规模确定门店人员设置，安排店员工作、人员的选拔和考评。

4. 店员的辅导与培训

协助主管处理与改善专柜运作的问题，协助主管与所在商场的沟通与协调。

5. 财务管理

负责盘点、账簿制作，确保商品交接准确无误，对各项报表进行管理。

6. 商品管理

负责店铺内货品补齐及商品陈列，负责管理商品价格变动、商品的采购、调退货、盘点等。

7. 活动管理

定时按要求实施门店品牌在商场的公关推广活动，制订各种活动的计划，激发导购员工作热情，调节货场购物气氛。

8. 信息管理

了解门店销售情况，登记并提供每天店内客流量信息，与消费者建立良好的关系，尽量满足其需求。

9. 日常经营管理

负责管理专柜的日常工作，监督考核导购员的工作表现，及时反映员工动态，并对导购员进行培训。

（二）店长管理重点

店长执行连锁企业的门店管理规章制度时必须做到：了解上级的方针与计划、指导下级按计划行事、确认下级是否按计划执行。店长必须有效利用和管理门店的人、财、物、信息资源，做好日常销售服务工作，最大限度地使顾客满意，最终实现预定销售计划和利润目标。

1. 人员管理

（1）顾客管理。顾客是门店主要利润的来源，店长必须深入了解顾客情况，包括顾客数量、来源地，以及店铺周边的人口、住户数量、消费习惯、年龄分布和性别比例等信息。店长只有经常了解顾客的现实与潜在需求，才能根据这些需求来调整商品组合或向公司反映顾客投诉，并采取相应措施。

（2）店员管理。零售业属于微利行业，人员配置通常较为紧凑，日常运营中几乎不可避免地会有人轮休。若出现员工突然休假或缺勤的情况，将不可避免地对工作效率产生负面影响，进而影响出货、补货及服务等业务流程。因此，店长必须对员工的出勤情况、休假人数、排班表以及迟到、早退等细节了如指掌，以确保卖场运营不受影响。此外，店长还应密切关注员工的精神状态、服务品质以及人力成本，以保障门店运营的顺畅进行。

（3）供应商管理。尽管供应商派驻于连锁门店的工作人员（促销员）并非门店正式员工，但顾客往往会将门店内的所有工作人员视为门店的一部分，因此，门店有必要对这些人员的形象和出勤情况进行统一管理。对于供应商的业务人员，店长应持有长期合作的积极态度，通过他们获取产品信息、了解特定品类的市场动态以及竞争对手的状况，并应致力于维护良好的合作关系，避免采取甲方立场（强势立场）对待他们。

2. 财务管理

对连锁企业门店而言，店长的财务管理主要体现在现金管理，尤其是对收银台的现金管理，如假钞、顾客欺骗、收银员作弊、给亲友结账少过机等，都是店长需要管理的重点。另一个管理重点是对收货单据的管理，这些单据是重要的财务凭证，是供应商结款的重要凭证，一定要确保验收正确、签认确实、登录清楚并严禁压单。店长日常也要养成每日核验单据的习惯，亲自督促填报相关报表。连锁店的特点决定了门店店长财务管理的权力相对有限，但一个懂财务的店长无论在费用控制方面还是在利润提升方面，给上级或商品部门的建议都能以数据说话，做到言之有据。

3. 商品管理

（1）缺货管理。“缺货是门店运营最大的敌人”。缺货不仅使顾客的需求无法获得立即满足，而且还导致顾客流失。有研究表明，便利店缺货 3% 就会影响 1% 的销售。因此，有效地控制缺货率是店长管理商品的重点工作。

（2）鲜度管理。在零售行业，尤其在超市，其主力商品是生鲜食品及保鲜品。门店应严格按照先进先出原则，严禁出现过期或近期产品。超市的店长需要对商品的鲜度进行管理。使商品自厂商到后场再到卖场均能维持在恒温状态，以鲜活的状态卖给顾客，使损耗降至最低，也是商品管理的重点。

（3）损耗管理。零售业竞争异常激烈，损耗高低既是获利高低的关键因素，也是节流管理中相当重要的一环。损耗常由进货不实、顾客偷窃、员工处理不当、残货过多、标价错误、变价不实等导致，这是内部管理控制的重要工作，店长必须关注并杜绝这些管理漏洞。减少损耗就是增加纯利，店长们一定要牢记这个原则。

（4）卖场活性化管理。主要是配合季节主题做好促销活动，把商品的质感、量感、关联性、活性表现出来，让商品周转速度加快。这是店长经营水平的体现。

4. 信息管理

门店管理的核心在于对人力资源、财务资源以及物资的管理。门店信息管理则聚焦于这些要素的信息化，涵盖顾客信息、财务信息以及商品信息的管理。当前，零售行业广泛采用 POS 系统，该系统所收集的数据为门店运营提供了丰富的运营信息，这些信息可作为门店运营管理和改进计划制订的重要参考。店长应特别关注 POS 系统生成的各类报表，包括但不限于营业日报表、商品销售排行表、促销效果分析表、顾客意见表、顾客档案表、费用明细表、库存盘点表以及损益表等。店长需对这些关键绩效指标进行深入分析，明确其背后的原因，并据此提出相应的改进措施。

（三）运营部门

运营部门分为生鲜区、食品杂货区和非食品区。

1. 岗位职责

（1）对店长负责，对本区所有人员、设备、店内仓库进行管理；

（2）协调本区域内各职能部门之间的关系；

（3）组织指导本区域完成公司下达的各项经营指标和任务；

（4）督促检查本区域各项工作的进度；

（5）组织实施本区域的盘点工作；

（6）完成店长交办的其他事宜。

2. 任职资格

（1）大专以上文化程度，有 3 年以上大型卖场本区域的主管工作经验；

（2）熟悉分店整体运作流程和各项管理规定；

（3）熟悉本区域的商品结构以及陈列要求和陈列技巧；

（4）了解市场发展趋势和顾客消费倾向；

（5）掌握与商业有关的法规及行规要求；

（6）有较高的理论水平和综合管理、协调能力。

（四）财务部经理

1. 岗位职责

（1）对店长负责，严格遵守财会制度和财经纪律，把好财务关；

（2）按时记账、结账，组织编报财务计划和财务分析；

（3）研究企业的财务管理措施和执行情况，及时提出意见和建议；

（4）合理调配经营资金，把好商品购进结算关，合理控制各部门资金使用，提高资金周转速度；

（5）安排组织好工资的发放，审核、控制各项费用开支，组织制订盘点计划并负责盘点工作的实施；

（6）协调与银行、税务、审计等有关部门的关系；

（7）考核本部门其他人员的工作业绩。

2. 任职资格

（1）财会专业本科学历，有5年以上商业企业财会主管工作经验，具有会计师以上的专业职称；

（2）熟悉财会制度、资金运作的内在规律和商品流转环节；

（3）有较强的组织能力、决策分析能力和综合判断能力；

（4）坚持原则、敢说敢管，严格并善于执行国家和企业的财会制度。

（五）基层运营服务岗位职责

1. 收银员

（1）收银员必须具有熟练操作和维护收款机的能力，严格按收款程序进行操作，录入收款机中的信息必须与实物相符；

（2）在收款时向顾客唱收唱付；

（3）在收取50元、100元货币时，要通过验钞机检查，以防因收受假钞而受到损失；

（4）在收取残损货币时，残损程度不超过1/4方可兑换原票面金额；

（5）根据交款凭证结账与管辖的部门核对，按实收销货款填写交款单，双方复核上交，出现长款、短款要将其如实反映在当日销售额汇总表上，保证备用金的完整；

（6）账后款要结出余额，封好包，存放在保险柜中；

（7）负责保管好收银台上的验钞机、信用卡及收款机。

2. 理货员

（1）熟悉所在商品部门的商品名称、产地、厂家、规格、用途、性能、保质期限；

（2）遵守连锁店仓库管理和商品发货的有关规定，按作业流程进行工作；

（3）掌握商品标价的知识，正确标清价格；

（4）熟练掌握商品陈列的有关专业知识，并将其运用到实际中；

（5）搞好货架与责任区的卫生，保持清洁；

（6）随时对顾客挑选后的货架剩余商品进行清理并做好商品的补充工作；

（7）保证商品安全。

3. 防损员

（1）维护门店秩序，保护门店的财产安全；

（2）对责任区内的重点防护区（包括收银台、贵重商品、危险物品存放地）严密守护、巡逻，发现异常情况应果断处理，同时应立即上报保安部；

（3）对发生在门店内的一切有损门店形象、影响门店正常经营秩序的人和事，应及时加以制止，如制止无效应立即上报保安部及门店经理，以便协调解决；

（4）熟悉责任区的地理环境、商品分布情况、各柜组负责人情况，以利于开展工作；

（5）加强巡逻检查，发现火险隐患应在立即排除的同时向门店负责人和保安部报告，监督、检查处理方法和结果；

（6）发生火灾时，应在门店负责人的统一指挥下积极组织扑救、抢救工作，并妥善疏散群众；

（7）发生治安、刑事案件时，应采取积极有效措施制止犯罪行为、保护现场，及时向保安部报告，配合公安机关开展工作；

（8）完成门店及保安部临时指派的各项任务。

4. 仓管员

（1）做好订货前准确而必要的信息收集工作，确保所有销售区商品均有合适的库存；

（2）负责商品数量、品类及进出商品的登记；

（3）整理仓库，如常温仓库、冷藏库、冷冻库，确保商品存放安全、有序、标识清楚；

（4）检查保质期和商品的来货质量、存储质量；

（5）负责仓储区域的清洁、安全、消防等工作；

（6）检查冷藏库、冷冻库的温度是否适宜；

（7）协助相关部门进行每月盘点。

第四节 连锁企业配送中心

一、连锁企业配送中心职能

配送中心是从事货物配备（集货、加工、分货、拣选、配货）并组织对用户的送货，以高水平服务实现销售或供应的现代流通部门。配送中心的基本功能可从经济和服务两个方面来考查。配送中心在物流系统中的价值主要体现在它对整个系统的贡献，即配送中心是建立在成本—效益基础上的。在物流系统中增加配送中心能使运输总成本下降，且其下降的幅度大于配送中心的固定成本和变动成本之和，那么物流总成本就会降低，这说明了配送中心存在的合理性。配送中心在经济方面主要有集中、整理分类、加工和储存四种功能。

（一）集中

配送中心的集中功能如图 3–7 所示。原来由各供应商独立将商品运送至目标门店，现在通过设立配送中心，先由中心统一接收来自各供应商的商品，随后将这些商品集中配送至指定门店。此举实现了将多次分散的配送整合为单一的运输过程，从而有效降低了运输成本，并且减少了门店在接收货物时所需等待的时间。

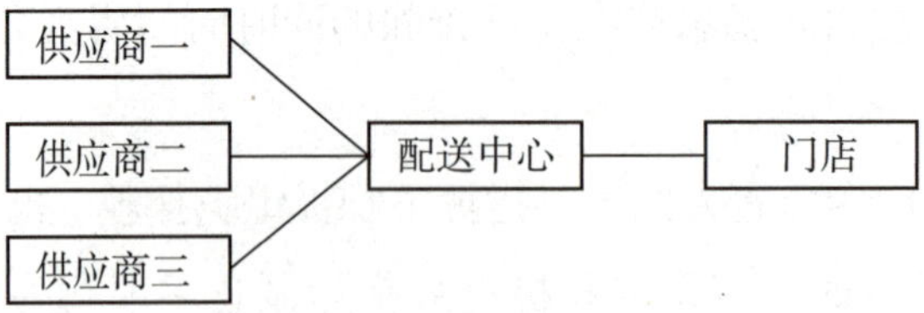

图 3–7　配送中心的集中功能

（二）整理分类

在缺乏配送中心的情况下，供应商仅能进行小批量装载，并分别将商品运送至指定的门店。然而，若存在配送中心，该中心能够依据各门店的订货情况，对商品进行分类整理，并负责将整理后的商品配送至各个门店。由于长途运输往往会涉及大批量装载，供应商的运输成本相对较低，商品的进价也可相应降低。此外，大量运输的跟踪也更为便捷。

在物流领域，配送中心的流通功能尤为突出。当前，众多零售连锁企业普遍采纳交叉站台作业模式，以实现门店存货的快速补充与转移。在这一模式下，配送中心首先接收来自多个供应商的整车货物，随后根据门店的具体位置进行细致的分配。接着，商品被有序地放置于指定门店的托盘上，最终通过精心规划的配载过程，确保车辆的载货空间得到最合理的利用，从而将商品高效地运送至各个门店。配送中心的经济效益主要体现在供应商至配送中心以及配送中心至门店和客户的全程满载运输上。

（三）加工

配送中心通过对商品进行加工处理，能够拓展其业务范围并提高配送效率，以满足广大消费者的需求；同时，通过加工，也可提升商品的附加值，进而增加连锁企业的经济收益。

（四）储存

某些商品种类较为稀缺或其生产具有季节性特征，这就使商品的储存环节显得尤为重要。为了避免缺货现象，通常需要在节日之前就开始进行储备工作，而农产品是在特定季节集中收获，却要满足全年的消费需求。因此，适当的储存措施能够提供必要的存货缓冲，从而在采购和顾客需求的限制条件下，提高配送活动的效率。

除了经济利益外，在物流系统中，通过配送中心还可以获得间接利益。这些利益也许并不能降低成本，但它们可使整个物流系统在空间和时间方面提高效率，改善服务。例如，在靠近顾客的地方增加一个配送中心，虽然在经济上增加了成本，但是由于加快了递送速度，增加了递送频率，使门店的库存大为减少，很大程度上提高了服务水平，增加了企业的市场份额、收入和毛利润，从而增加了企业的总利润。另外，配送中心的建立还有利于企业形象的提升。与供应商的直接送达相比，配送中心提供的递送服务更快，也能更快地对门店的需求作出反应。因此，配送中心的服务可以提升连锁企业的形象，间接提高连锁企业的市场份额，不断地增加利润。

知识之窗

京东云仓：智慧物流的创新解决方案

京东云仓是京东物流推出的一种智能化仓储服务，通过整合先进的信息技术和自动化设备，为企业提供高效、灵活的仓储管理和配送解决方案。它不仅提高了仓储运营效率，还大幅降低了企业的物流成本。

京东云仓的核心优势在于其高度集成的系统和广泛的网络覆盖。借助京东自有的物流技术和大数据分析，云仓能够实现库存的精准管理、订单的快速处理以及货物的智能分拣和配送。企业可以通过云仓平台实时监控库存状态，优化补货策略，确保商品在最短的时间内送达消费者手中。

此外，京东云仓支持多种业务模式，包括 B2B、B2C 和 O2O，满足不同行业的需求。对电商卖家、品牌商和零售商而言，云仓不仅能提供标准化的仓储服务，还能根据客户需求定制个性化的物流解决方案。通过与京东物流的无缝对接，云仓还为企业提供了全国范围内的配送网络，确保最后一公里的高效配送。

京东云仓的智能化管理系统还具备强大的扩展性和灵活性，能够快速响应市场变化和业务增长。无论是季节性促销还是突发需求，云仓都能迅速调整资源配置，保证供应链的稳定运行。同时，云仓还注重绿色环保，采用节能设备和可持续发展措施，助力企业实现社会责任目标。

总之，京东云仓凭借其先进的技术、广泛的网络和个性化服务，成为越来越多企业提高物流效率、降低成本、优化供应链管理的首选合作伙伴。

参考部分资料，自行撰写。

二、连锁企业配送中心组织结构

配送中心的组织结构设计是把为实现配送中心组织的目标所要完成的工作划分为若干个性质不同的业务工作，然后把这些工作组合成若干个部门，并确定部门职责与职权的过程。按职能来划分，配送中心可分为检验组、库管组、储运组、信息组和技术组，由配送中心经理直接管理。配送中心的组织结构如图 3–8 所示。

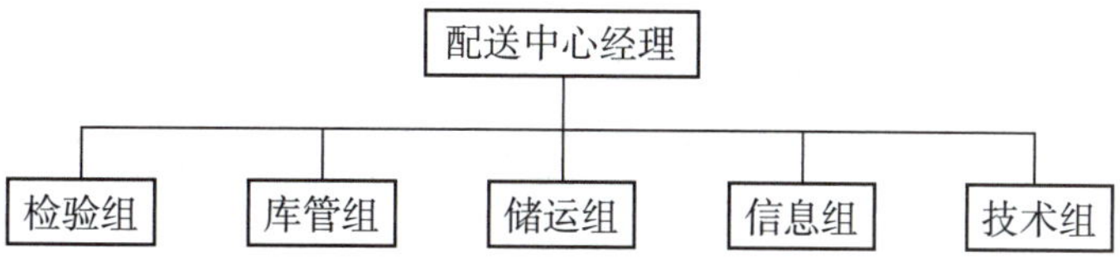

图 3–8　配送中心的组织结构

（1）检验组负责检验进入连锁企业货物的型号、数量、质量，并记录相关信息；

（2）库管组负责所有货物的出入库管理及在库管理；

（3）储运组负责所有货物的出入库搬运、码放及装卸、本市送货、外地发货、打包、货站提货（指退换货和返修货）、核算运费以及货运站管理；

（4）信息组负责采集、处理、发布库存及货物配送信息；

（5）技术组负责到货的技术鉴定，以及售前技术安装、调试、验机。

三、连锁企业配送中心主要岗位

（一）配送中心经理

（1）在企业的领导下，全面负责配送中心的各项管理工作；

（2）主持配送中心会议，制订工作计划，完成配送中心工作总结，规范配送中心各岗位的工作；

（3）组织配送中心的政治、业务学习，经常进行思想教育和法纪、安全教育；

（4）认真抓好采购质量、食品卫生和安全生产工作；

（5）做好配送中心工作人员的招聘、调动和使用工作，关心员工生活，尽力解决员工的困难；

（6）召开批评与自我批评的民主生活会，加强员工的团结协作精神，协调好员工之间、部门与部门之间的关系；

（7）严格财务制度，管理好配送中心的各项经费开支，带头加强党风廉政建设，严格执行配送中心采购管理条例，杜绝采购工作中出现的不正之风；

（8）加强配送中心采购成本核算工作，做到降低成本，减少不必要开支，加强管理以争取最大效益；

（9）加强对本中心固定资产的管理工作，对其保养维护好、使用好，让固定资产保值、增值；

（10）认真负责地完成企业安排的其他各项工作任务。

（二）配送中心其他岗位

（1）采购或进货管理组，负责订货、采购、进货等作业环节的安排及相应的事务处理，同时负责货物的验收工作；

（2）储存管理组，负责货物的保管、拣取、养护等作业运作与管理；

（3）加工管理组，负责按照要求对货物进行包装、加工；

（4）配货组，负责对出库货物的拣选和组配（按客户要求或方便运输的要求）作业进行管理；

（5）运输组，负责按客户要求制定合理的运输方案，将货物送交给客户，同时对完成配送进行确认；

（6）营业管理组或客户服务组，负责接收和传递客户的订货信息、送达货物的信息，处理客户投诉，受理客户退换货请求；

（7）财务管理组，负责核对配送完成表单、出货表单、进货表单、库存管理表单，协调、控制、监督整个配送中心的货物流动，同时负责管理各种收费发票并进行物流收费统计、配送费用结算等工作；

（8）退货与退货作业组，在接收到退货信息后，安排车辆回收退货商品，再将退货商品集中到仓库的退货处理区，重新清点整理。

本章小结

本章主要介绍了连锁企业组织结构的基本理论、设计原则及其在不同规模和业态中的应用，详细探讨了总部、门店和配送中心的职能划分与管理重点。通过本章的学习，学生不仅全面了解了连锁企业的运作机制，还提升了综合素养，为适应现代零售和服务行业的发展需求做好了准备。

【思考练习】

1. 简述连锁企业总部的主要职能及其在连锁经营中的作用。
2. 解释“缺货是门店运营最大的敌人”这句话的含义，并说明店长应如何有效控制缺货率。
3. 什么是配送中心的“集中”功能？它对连锁企业物流系统有何重要意义？

【拓展训练】

1. 某多业态连锁企业在不同地区设有多个分店，涵盖了便利店、超市和餐饮店等多种业态。随着业务规模的扩大，总部发现各业态之间的协调不够顺畅，尤其是在商品采购和配送方面存在重复劳动和资源浪费的情况。

请分析该多业态连锁企业在组织结构和管理流程中存在的问题。

提出改进建议，帮助该企业优化资源配置，提高运营效率。

2. 某连锁百货店正在考虑是否采用“总部—地区管理部—分店”的三级管理体系。请从以下几个方面分析这种组织结构的优缺点。

对总部管理效率的影响；

对门店运营灵活性的影响；

对物流配送和供应链管理的影响；

对顾客服务质量和响应速度的影响。

请结合实际情况，提出该连锁百货店是否应该采用三级管理体系的建议，并说明理由。

4

第四章 连锁经营开店管理

本章概述

本章主要介绍了连锁经营开店模式的构成要素、分店选址分析以及分店的布局设计。通过对连锁企业网点空间布局战略、门店 S&B 战略、开店路径选择和开店原则的深入探讨，阐述了企业在追求规模效益与竞争力提升时所采取的战略规划。还系统地讲解了影响选址决策的关键因素，包括顾客基础与消费习惯、竞争环境、交通便利性、周边商业生态、物业条件与成本、法律与政策限制以及市场动态等，强调店铺外观和内部设计对于塑造品牌形象的重要性，提出了布局设计应遵循的原则，帮助学生理解连锁经营分店在实际运营中的核心要素及其管理实践。

学习目标

知识目标

（1）理解连锁经营开店模式的构成要素。

（2）掌握分店选址分析的关键因素。

（3）了解分店布局设计的原则和内容。

能力目标

（1）能够运用多种方法（如图上作业、对手跟进、现场考察等）确定备选店址。

（2）能够合理规划店内商品陈列和购物通道，提升顾客的购物体验和销售业绩。

（3）能够收集和分析商圈内的顾客人口特征、社会经济特征等数据，为选址决策提供支持。

素质目标

（1）培养对美的感知和理解，能够在设计中体现和谐、简洁和富有创意的艺术风格，提升店铺的整体形象。

（2）具备团队合作精神，能够在项目中分工明确、协同工作，共同完成复杂的选址和设计任务。

（3）在选址和布局设计中，充分考虑环境保护和社会责任，选择环保材料和节能设备，减少对环境的影响。

思政目标

（1）培养学生的职业道德和社会责任感，鼓励他们在工作中秉持公平、公正、透明的原则，维护企业和消费者的合法权益。

（2）鼓励学生在设计中融入中国传统文化元素，弘扬民族文化，提升中国品牌的国际影响力。

（3）鼓励学生在设计中考虑不同国家和地区的文化差异，确保连锁店铺在全球范围内的适应性和竞争力。

思维导图

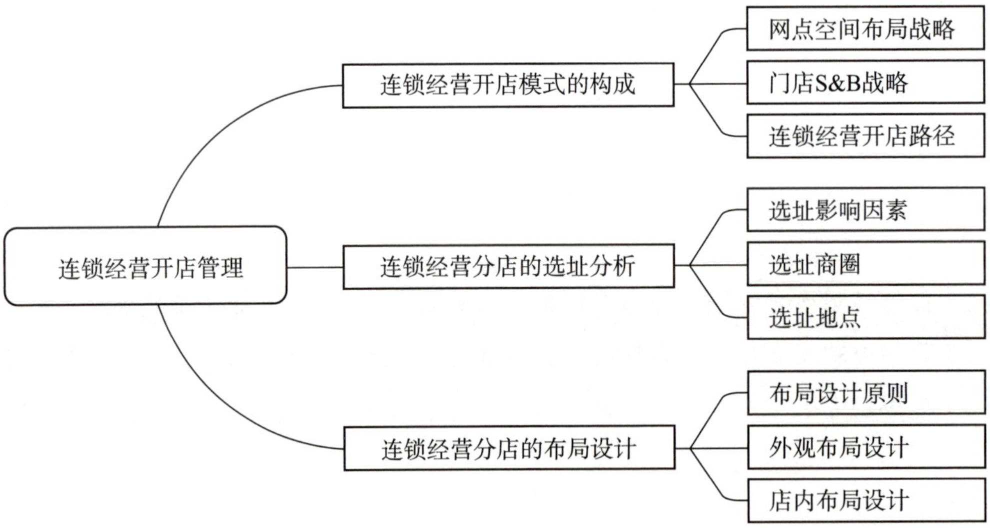

第一节 连锁经营开店模式的构成

连锁经营本质上是一种追求规模经营和规模效益的商业模式，因此，规模扩张成为连锁经营内在的、本能的追求。尽管规模并非成功的唯一因素，国内外不乏大型连锁企业经营失败的案例，但缺乏规模的连锁企业难以有效增强竞争力，这是一个存在即非必然、缺失则必不成立的问题。因此，规模常常与企业成功联系在一起。连锁企业的规模扩张主要涉及网点的扩展，这不仅包括网点数量的增加，还包括网点质量的提升。一个卓越的连锁企业在持续开设新店的同时，也会对现有门店进行必要的调整，确保每个“点”能够有效连接，形成一张高效的“网”，下面重点介绍网点空间布局战略、门店 S&B 战略、连锁经营开店路径。

一、网点空间布局战略

网点空间布局战略，即区域扩张战略，众多连锁企业在创业初期往往缺乏明确的扩张规划。然而，随着企业规模的逐步扩大，其扩张策略也逐渐变得清晰明确。以沃尔玛为例，其首家商店位于美国阿肯色州的罗杰斯，选址于此并非因为该地对折扣商店具有最大的吸引力，而是由于其地理位置靠近创始人山姆·沃尔顿的居所，并且租金相对合适。随着沃尔玛门店数量的增加，当增至 20 余家时，一套成熟的扩张策略便应运而生，成为指导该企业全国乃至全球发展的核心理念。

在我国，部分连锁企业在发展至一定阶段时，往往未能对目标市场进行长期规划和前瞻性考量，而是过分专注于分店的选址与经营状况，这可能导致其后续发展缺乏动力。因此，连锁企业在拓展分店时，必须持有长远视角，全面考虑大局，以构建一个具有规模效益和竞争力的庞大网络。

网点空间布局战略主要有两种模式：圈地模式和跳跃模式。

（一）圈地模式

圈地模式是指连锁企业在特定区域内集中资源开店，力求在该区域开设尽可能多的门店，以充分挖掘市场潜力，发挥资源整合优势，降低管理与后勤成本，并增强宣传效果，从而获取规模效益。具体操作方式有城市集中布局和配送中心驱动布局。

城市集中布局指连锁企业选择一个城市作为目标，迅速铺开网点，形成压倒性阵势，吸引消费者注意。这种策略特别适合消费分散且区域性竞争不明显的便利店、冷饮店等业态。

配送中心驱动布局指连锁企业首先确定物流配送中心的位置，然后在其辐射范围内逐步扩展门店。配送中心的服务能力是关键，通常以配送车辆 60 ～ 80 千米 / 小时的速度，在一个工作日内

（12 小时或 24 小时）往返的距离来测算辐射范围。这种方式适用于要求商品配送快捷、高效的标准超市等业态。

在我国，配送中心的成本约占连锁超市销售额的 4%，因此控制配送成本至关重要。企业需尽力挖掘配送中心的潜力，降低配送成本，以提高整体运营效率。通过合理的网点布局和高效的物流管理，连锁企业可以实现成本控制和市场竞争力的双重提升。

1. 圈地模式的优势（见表 4–1）

表 4–1　圈地模式优势表

优势	具体内容
降低广告费用	在同一区域内开店越多，广告费用分摊到每家门店越低。无论宣传区域内有 1 家或 100 家门店，广告费用相同，因此多开店能有效摊薄成本
提升形象与知名度	多家门店在同一地区集中开设，有助于树立企业形象，提高品牌知名度。邻近门店之间可以快速调配商品，满足顾客需求，提升顾客满意度
提高管理效率	总部管理人员可以在各门店之间合理分配时间，增加巡视次数和指导时间，便于统一管理和培训员工，节省人力、物力和财力
提高配送效益	集中开店缩短了配送距离，实现多批量、小数量的高效配送，尤其适合速食品和生鲜食品的频繁送货需求，确保商品新鲜度，降低流通成本
充分发挥配送潜力	在配送中心辐射范围内开设新店，可以优化运输路线，统一采购和集中配送，减少车辆数量，充分发挥配送中心的潜力，降低投资压力，避免重复建设多个配送中心

2. 圈地模式的风险（见表 4–2）

表 4–2　圈地模式风险表

风险	具体内容
扩张时间较长	采取圈地模式时，连锁企业需在一个区域完成计划的门店数量后才进入下一个区域，导致全国整体布点工作可能需要较长时间
错失其他区域机会	由于渐进式开店策略，可能会错过其他当前值得进入的区域或城市，使竞争对手抢占有利地址和市场先机

（二）跳跃模式

所谓跳跃模式，是指连锁企业在当前具有进入潜力的地区或竞争程度较低的区域开设店铺，即瞄准特定地点开设一家，待其成熟后再开设另一家，从而实现各区域的连续性扩张。连锁企业采取此策略进行扩张，主要出于两个目的：其一，企业意在占据某个广阔的区域市场。初期不以成本为首要考量，不拘泥于个别城市的得失，而是优先构建整体网络，抢占那些具有较大发展潜力的地区和位置，以期先发制人，遏制竞争对手的介入。其二，企业旨在规避与强大竞争对手的直接对抗，先确保自身的生存空间，随后再逐步谋求发展。

1. 跳跃模式的优势（见表 4-3）

表 4-3　跳跃模式优势表

优势	具体内容
抢占高价值地点，取得先发优势	提前锁定未来一定会进入的高价值区域，避免因竞争加剧导致的高昂进入成本，尤其是对地点有特殊要求的连锁企业，尽早占领理想地点能使扩张更主动
避开强敌，迅速站稳脚跟	优先在商业网点不足或竞争不激烈的地区开设门店，如偏远地区或城市郊区，租金低廉、开店成本低，能有效避开与大型连锁企业的正面冲突，满足当地居民需求，迅速形成竞争优势，取得规模效益

2. 跳跃模式的风险（见表 4-4）

表 4-4　跳跃模式风险表

风险	具体内容
物流配送挑战	对于物流要求较高的连锁企业，跳跃模式下门店之间跨度大，可能导致企业物流配送跟不上，难以满足各门店的需求，尤其是在缺乏社会化配送中心的情况下
市场整合难度	不同地区的市场差异大，企业难以根据不同市场选择适销对路的商品，初期难以有效整合资源，可能陷入战线过长、过宽的陷阱，影响整体运营效率
管理控制困难	区域跨度大要求更多的权力下放以适应不同市场，若缺乏相应的管理控制系统，容易导致各门店各自为政，不利于树立统一的企业形象和品牌一致性
对管理人员要求高	在总部后勤服务不到位的地区设店，门店管理人员需具备较高能力素质，独立处理相关事务，否则会延长门店经营的摸索期或亏损期，增加运营风险

对新成立的连锁企业而言，建议避免采取此战略，以免过度延伸业务范围，导致管理上的疏漏，从而造成不必要的损失。然而，上述两种区域扩张策略并非互斥，连锁企业可依据自身特性及战略目标，制订适宜的区域扩展计划，甚至可以将这两种策略巧妙融合。

二、门店 S & B 战略

S&B 战略，即裁剪与重建，是指撤除某一家或某一地区的门店，或对旧门店进行重新装修改造，以使其更符合公司的长远发展方向。这一战略兴起于 20 世纪 70 年代末，尤其是在石油危机之后，最初旨在精简机构和实现合理化经营。到 20 世纪 80 年代，S&B 战略已从单纯的成本控制演变为积极的业态调整，成为发达国家连锁企业常用的战略之一。

连锁企业实施 S&B 战略的原因。

（一）店铺危机

在积极拓展新店面的过程中，部分企业因选址不当，选择了不适宜的地点，或因最佳位置已被竞争者占据，导致经营状况不佳。预计在未来几年内，这些状况难以显著改善，因此不得不采取裁员措施。此外，由于城市发展规划，如铁路建设、居民区开发，或新兴商业区的形成，或其他政治、经济因素的影响，导致原本选定的店铺地址不得不放弃或迁移。在此情况下，企业采取了 S&B 战略，这种现象亦被称为店铺地段危机。

（二）经营危机

由于门店经营状况不佳，为实现成本的合理化，公司决定采取S&B战略对亏损店铺进行整顿。一方面，淘汰那些缺乏竞争力的店铺，如缺乏停车场的大型店铺、销售额难以提升的小型店铺，以及地理位置不佳的店铺；另一方面，考虑到投资成本的增加，包括防火设施、防止环境污染设备的投资以及租金等费用。通过裁撤效益不佳的旧店铺或投资新店铺，企业能够实现更合理的投资回报率。同时，通过裁撤亏损店铺，企业有机会对现有店铺进行改造，发展新的商业模式。如日本的NICHYI商店在关闭旧式小型店铺后，将商业模式转变为更为集约化的折扣商店。

（三）市场危机

由于市场差异日益凸显，商家和店面结构已不符合当前需求，所以采取S&B战略。市场差异的成因包括：消费者流动性停滞，导致具有不同特征和购买力的区域分化；居民或商圈的人口年龄结构趋向极端化；流动性高的消费者群体（如年轻人、新组建的家庭）向特定区域集中。这三种情况都会导致门店的商品结构和店面布局无法满足顾客需求，进而产生市场差异。在这样的背景下，S&B战略的核心在于通过改变业态来重建商店网络，如将传统超市转型为以专卖店为主的百货商场。

（四）合作危机

由于连锁企业与其合作伙伴间关系的变动，导致了S&B战略的实施。这种情况往往发生在双方共同开发某一地区市场时，一旦合作伙伴出现变故，连锁企业便不得不作出相应调整。如日本的和泉居最初作为超级市场部门并入NICHIYI商店，但随着后者转向食品直营，和泉居不得不退出大阪地区。

（五）管理危机

连锁企业过度扩张和盲目扩张后，发现自己没有足够的资源和管理能力支持或控制所有的门店，对于一些地域分布较远的门店进行裁撤。如有些连锁企业发现专注于地方性市场而不是全国性市场可能会干得更好，或现在尚无能力进军全国市场，于是对原来的盲目扩张予以修正。

S&B战略旨在通过撤除表现不佳的门店或对旧门店进行改造，使其更符合公司的长远发展方向。这一战略最初用于精简机构和实现合理化经营，现已演变为积极的业态调整，帮助连锁企业优化门店分布、提升竞争力，并获得长期发展。为了避免被动裁撤的危险，连锁总部应主动定期审查各门店的业绩（至少每年一次），以确定每家门店的发展趋势。在作出关闭、扩建或重新装修等决定时，总部需从战略角度综合考虑。例如，某家门店当前业绩不佳，但如果所在商圈未来有住宅开发潜力，总部可能会选择保留并投资该店，期待未来的业绩改善。此外，总部不仅要审查单个门店的表现，还要评估整个公司的经营业务是否合理、发展战略是否科学、经营策略是否得当。通过这些评估，企业可以及早抓住机会进行调整和更新，确保资源的有效配置。

实施S&B战略使连锁企业能够灵活应对市场变化，在关闭不盈利的门店的同时，开张新的、有潜力的门店，或将现有门店转型为盈利门店。通过主动实施S&B战略，连锁企业不仅能更好地适应消费者需求的变化，还能在不断变化的经营环境中保持灵活性和竞争力。

三、连锁经营开店路径

连锁企业的网点扩张策略主要包含四种模式：自建、并购、加盟和合作。由于这四种模式各自具备不同的优势与潜在风险，企业必须对目标市场进行详尽分析，并依据自身的实际情况，挑选出最适宜的扩张策略。当然，企业也可在特定时期综合运用这四种模式以加速扩张进程，这要求企业具备卓越的资源整合及运营能力。

（一）自建

自建路径是指连锁企业利用自身筹集的资金，通过对目标市场的深入商圈分析，对潜在地址进行细致的评估与筛选，最终确定店铺位置并开设新的连锁门店，依靠自身资源逐步扩大市场份额（见表 4–5、表 4–6）。国内外多数连锁企业在初期扩展阶段，普遍采用这一方式建立直营连锁门店。

表 4–5　自建路径优势表

优势	具体内容
统一经营模式	新门店从一开始就按企业统一的经营模式运行，迅速走上正轨，有利于一体化管理，确保经营理念和模式的严格执行
良好形象	有助于树立良好的企业形象，增强品牌认知度和消费者信任
市场调查支持	选址时的周密市场调查为新店开业后的经营策略调整提供了重要依据，减少了试错成本

表 4–6　自建路径风险表

风险	具体内容
资金需求大	前期需要大量资金投入，对企业的资金实力和内部资源应用要求较高，发展速度相对较慢
过渡期长	企业需要时间了解新区域市场，当地消费者也需要时间接受新的进入者，初建门店可能需要一个过渡期才能站稳脚跟
费用负担重	如果所有门店的建筑、装修和仓库基础设施费用均由总部承担，将会对企业造成沉重的财务负担
物业租赁问题	部分连锁企业选择租赁物业以减轻资金压力，但也面临租金上涨或租赁期满后无法续租的风险，如深圳万佳公司曾因租金纠纷不得不搬迁分店

（二）并购

并购是连锁企业通过资本运作手段对当地现存的企业实施收购或兼并，并进一步整合，使被兼并企业与母公司实现一体化。并购作为一种扩张策略，在国内外广为流行。近年来，我国零售业已发生多起并购案例。然而，并购并非适用于所有企业，它蕴含着相对较高的风险（见表 4–7、表 4–8）。

表 4–7　并购路径优势表

优势	具体内容
共享资源与扩大市场	连锁企业可通过并购实现资源共享，扩大顾客群体，增强议价能力
快速市场进入	利用当地已有企业，迅速了解并融入新市场，减少开拓成本，增加消费者接受度
人力资源利用	有效使用被并购企业的员工资源，可能降低投资成本，加快扩张速度

表 4-8　并购路径风险表

风险	具体内容
整合挑战	组织结构、管理制度及企业文化差异大，需要改造和磨合，这会带来额外成本
时机与选择	找到合适的并购对象需要时间，可能错过最佳市场进入时机
复杂性与专业要求	并购及其后的整合过程复杂，要求高水平的管理和专业知识

（三）加盟

加盟，通常被称为特许经营，是总部将其所拥有的无形资产，包括但不限于商标、商号、专利以及经营管理模式等，授权给投资者或加盟商使用。加盟商依据合同规定，在总部的统一指导下开展经营活动。加盟作为连锁企业的一种扩张模式，具有成本较低、扩张速度较快的特点，然而，它也要求满足特定条件，并且伴随着一定的风险（见表 4–9、表 4–10）。

表 4–9　加盟路径优势表

优势	具体内容
成本与时间效率	节省资金投入和时间成本，快速提高市场占有率
资源优化	减轻总部的人力和财力负担，降低风险
本地化优势	充分利用加盟者的地方人脉和积极性，提高经营成功率

表 4–10　加盟路径风险表

风险	具体内容
扩张限制	更适合小型店铺，对某些零售业态和服务行业适用性有限，限制了扩展范围
管理难度	特许门店管理复杂，双方易产生矛盾，影响整体营销战略的执行和服务一致性
品牌形象风险	个别加盟店的不当行为或失败可能损害总部的品牌形象，影响企业声誉

（四）合作

合作是指连锁企业与有意向的合作伙伴展开全方位合作，既包括引入战略投资者共同开拓新市场，也包括与合作方构建联盟体，采取复合连锁模式进入新市场，还包括向合作方提供管理支持、人力资源输出等手段，共同开发特定区域市场（见表 4–11、表 4–12）。

表 4–11　合作路径优势表

优势	具体内容
资源共享	利用合作伙伴的人力、财力、物力，减轻总部投资压力
市场影响力	借助合作方的影响力快速占领市场，降低投资风险
顾客资源	双方可共享顾客资源，扩大客户基础
灵活性	相较于加盟，合作形式更灵活，店面招牌处理方式多样
平等合作	合作双方地位平等，更容易达成双赢局面，被对方接受

表 4-12　合作路径风险表

风险	具体内容
决策独立性	合作伙伴参与决策，影响连锁企业的独立管理能力
市场开拓	不能完全按照自身开店模式运作，时间和速度难以控制
稳定性	合作关系可能因外部变化而不稳定，存在失败或终止的风险

第二节　连锁经营分店的选址分析

连锁经营分店的选址是一个需要综合考量多种影响因素的决策过程。在实际操作中，要确保各方面条件均令人满意，客观上往往难以实现。因此，选择合适的区域及地点必须在权衡各种因素的利弊之后才能作出决定。在这一过程中，必须特别关注所在行业的特性、同行业竞争的动向、拟定位置的潜在变化、分店的扩展以及连锁经营管理的具体要求。分店开发的选址过程应遵循以下步骤：首先确认前提条件，接着选择核心区域，然后寻找最佳的结合点，最终确定具体位置。

一、选址影响因素

对连锁企业而言，分店的选址至关重要，其决策过程复杂且涉及高昂成本，一旦作出决定则难以更改。一个地理位置优越的分店能够在很大程度上弥补其他方面（如商品种类、价格策略或营销活动）的不足；相反，选址不佳的分店即便拥有卓越的运营能力也难以扭转局势。

（一）分店选址的影响因素

1. 顾客基础与消费习惯

分店应位于目标顾客群集中的区域，以便最大化销售机会；还要理解并适应当地消费者的购物心理和行为模式，如礼品店，即使商品选择有限且价格较高，若靠近医院也能因便利性而吸引稳定客源。

2. 竞争环境

分店的选址应避免直接与大型竞争对手正面交锋，如小型日用品店不应设在大型超市对面，以免在商品多样性和价格上处于劣势。

3. 交通便利性

分店要考虑到顾客到达店铺的便捷程度，包括公共交通可达性和停车设施是否充足。

4. 周边商业生态

分析周围商店的类型及其对潜在客户的吸引力，确保新店能够融入现有商业环境中，并从中受益。

5. 物业条件与成本

房租、购买土地的成本以及装修等固定投资构成了分店选址的重要经济考量。租赁合同期限通常根据位置不同而变化，市中心或商业中心的长期租赁合同可能长达几十年，这增加了搬迁的难度和成本。

6. 法律与政策限制

分店的选址也要了解当地的法律法规，特别是关于租赁、转租及合同终止的规定，避免不必要的法律风险。

7. 市场动态

定期评估人口变动趋势、消费者偏好以及竞争对手的活动，确保店铺位置持续符合企业战略目标。

（二）分店选址对长短期规划的影响

1. 长期影响

门店的位置决定了企业的整体发展方向，必须与企业的使命、愿景和目标市场保持一致。定期审查周边环境的变化，如人口迁移、竞争对手的进入或退出，有助于调整长期发展战略。

2. 短期影响

店铺位置直接影响日常运营策略，如产品组合、定价和促销活动。例如，位于办公区的店铺周末人流量较少时，可以选择调整营业时间或通过促销活动吸引顾客。

（三）搬迁的风险与挑战

搬迁不仅可能导致忠实顾客和员工流失，还会面临新市场的不确定性。此外，固定资产和装修往往不易转移，处理不当会造成资产损失。因此，改变位置比适应现有位置带来的风险更大。

综上所述，连锁企业在进行分店选址时需要综合考虑多种因素，以确保选择的地点既能满足当前需求，又具备长远发展的潜力。

二、选址商圈

（一）商圈

在经济学领域，商圈被定义为“零售市场的空间领域”。对店铺经营而言，商圈指的是商店具有明确地理界限的销售范围，这一地理界限以商店所在位置为核心，向外延伸形成不同层级的顾客吸引区域。如图 4–1 所示，当商圈在规模、形状、构造上逐渐明显化时，商圈可分为核心商业圈、次级商业圈和边缘商业圈。核心商业圈的顾客占顾客总数的 55% ～ 70%，是离商店最近、顾客密度最高的区域；次级商业圈的顾客占到顾客总数的 15% ～ 25%，位于核心商圈的外围，顾客比较分散；边缘商业圈就是所有余下来的顾客，顾客最为分散。

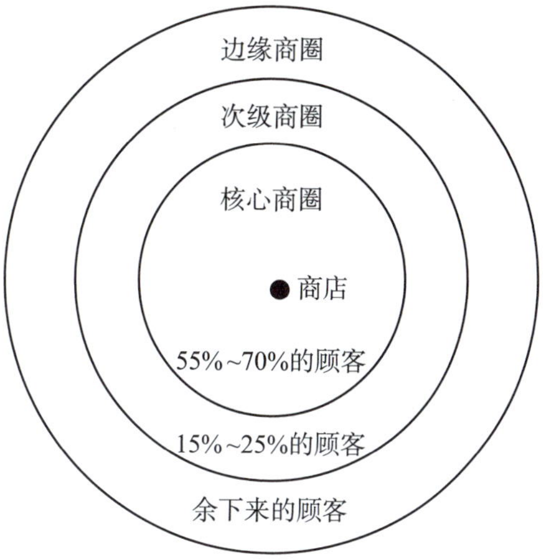

图 4-1　商圈图

商圈的形态是指商圈所呈现的地理特征，其形成受多种因素影响，包括交通枢纽、自然环境、社会人文环境、行政性环境以及竞争店铺与互补效应等；而商圈的结构则涉及其地理性和空间布局，具体包含三种不同的结构形态。

1. 全部商圈

全部商圈即从最远处来的顾客的范围。

2. 复合商圈

复合商圈即根据商品类型而定的商圈范围。

3. 相对商圈

相对商圈是根据分店的相对顾客数（或销售额）而区分的商圈。

需要强调的是，尽管各商业区展现出独特的形态与结构，并且彼此之间存在排斥性，但它们在行业种类和业态的影响下，也呈现出一定程度的重叠。各种划分标准旨在满足不同的分析需求，因此不宜混淆。

商业区的界限与形态受到多种因素的共同作用，包括但不限于店铺类型、店铺规模、竞争对手的布局、居民的居住模式以及出行路径等。

（二）商圈分析

1. 详细了解顾客人口特征和社会经济特征

可借用各种官方和非官方资料了解有关情况，考察新开分店未来的商圈，有利于挖掘市场机会，帮助零售商制定成功的经营战略。对现有商店而言，则可以由此检验现行的经营战略是否适合顾客需求。

2. 确定促销活动重点

如果 95% 的顾客都居住在距离商店 3 英里（约 4.8 千米）的小范围内，在一家全市性报纸上做广告就显得不划算，为了避免过量发行，企业应尽量选择覆盖现有或潜在商圈的传媒方式。

3. 确保真正扩大市场

对于连锁店或特许联营店，商圈分析能够评估新开分店是否能真正扩大市场，而不是仅仅吸引现有分店的顾客。通过分析潜在区域的市场需求、竞争环境和顾客行为，企业可以判断新开分店能否带来新增顾客，避免因商圈重叠导致的内部竞争，确保扩张策略的有效性。假如一家连锁超市在某地区设有一家分店，该店贸易辐射区为 2 英里（约 3.2 千米）。目前，这一企业打算在距该地区 3 英里的地方新设分店，连锁店需要考察的是新开分店后总销售额的净增长（新开分店总销售额的净增长 = 新开分店后原商店的总销售额 + 新店总销售额 – 开设分店前原商店的总销售额）。

4. 预判竞争对手的扩张动向

经营者可通过商圈分析来判断如果自身不扩张，竞争对手是否会在附近开设分店。通过自身扩张这一战略能有效地限制竞争对手进入其市场领域。

5. 确定最佳网点数量

可以帮助连锁企业计算出特定地理区域内的最佳网点数，如一家银行或旅行社在特定区域内应开设多少家营业机构，才能较好地为顾客服务（既不过多投入，也不重复设置）。

6. 突出位置缺陷

假如一家郊区购物中心进行商圈分析后发现城南相当一部分居民并未前来购买。经深入调查，主要原因在于城南郊区有一个危险的铁路道口，许多顾客不敢驾车经过。于是，购物中心便可与当地政府协商，进行安全改造，以便吸引更多居住在城南的顾客。

7. 了解其他因素

在商圈分析过程中，可以对竞争状况、资金市场、运输状况、劳动力市场、供应商、法律条文、经济增长等情况一一进行考察。

（三）商圈测定

商圈的划分复杂多变，受多种内外部因素的影响，以下是商圈测定的基本要素（见表 4–13、表 4–14、表 4–15）。

表 4–13　商圈测定的考虑因素

分类	子类	具体因素
外部因素	量的方面	人口数、人口密度、家庭数；流动人口数、客流规律；零售业销售额、营业面积；大型店状况；交通装备及交通量
	质的方面	年龄、职业、家庭人口构成；收入水平、消费水平；就业状况、产业结构；城市规划、城市间关系；竞争店、互补店的地区分布；市政设施、商业街的规模

续表

分类	子类	具体因素
内部因素	主体方面	店铺规模、业态；商品配置、楼层构成及配置；吸引顾客的设施状况（如停车场）；销售促进、营销及其组织活动状况
附加因素		文化、公共设施的有无

表 4-14　数据收集方法

地区	方法
国外	信用证和支票购物记录，了解顾客地址、购物频率、购物数量
国内	售后服务登记、顾客意向征询、赠券等形式搜集顾客居住地点的资料
其他	分析其他商店发放的海报范围，大型超市开设免费班车的服务范围

表 4-15　新建商店商圈划定

方法	内容
趋势分析法	基于城市规划、人口分布、住宅建设、公路和公共交通发展等资料，预测未来零售市场的潜力，从而划定商圈

商圈的大小和形态取决于具体店铺的情况，无法一概而论。现有商店的商圈可以较为精确地确定，而新开分店则需要结合当地市场潜力和发展趋势进行分析。商圈测定需综合考虑多方面的因素，以确保决策的准确性和科学性。

（四）商圈确定

商圈的确定存在多种方法，由于行业特性及店铺类型等因素的差异，商圈的范围也会呈现出相应变动。因此，在开展分析与调查的过程中，通常需要综合运用多种方法来进行全面评估。

1. 利用电脑模型确定商圈

（1）三种先进的电脑分析模型（见表 4-16）。

表 4-16　三种电脑分析模型

模型类型	特点	原理	主要考察因素
类推模型	最简单，应用最广泛	基于类似地区现有商店的销售量、新店所在地区的竞争状况、预期市场份额及主要商圈的范围与密度，预测新店未来销售量	类似地区现有商店销售量、竞争状况、预期市场份额、商圈范围与密度
回归模型	利用数学方程式研究	分析商店未来销售额与多种独立变量（如人口规模、平均收入、家庭数量、附近竞争对手、交通状况等）之间的关系	人口规模、平均收入、家庭数量、附近竞争对手、交通状况
引力模型	强调距离影响	假设商店离顾客越近，吸引力越大，顾客光顾的可能性越高。考察顾客与竞争者之间的距离、商店位置与顾客的距离、商店形象等因素	顾客与竞争者距离、商店位置与顾客距离、商店形象

（2）电脑分析模型的优势（见表 4–17）。

表 4–17　电脑分析模型的优势

优势	内容
目标性与系统性强	详细考察每个因素的重要性，特别适用于大量地区的分析
业绩考核	可通过对比模型预测结果与实际情况，进行业绩评估
工具支持	百事可乐公司曾利用 GIS 技术帮助肯德基和必胜客寻找最佳店址

（3）地理信息系统（GIS）的应用（见表 4–18）。

表 4–18　GIS 的应用

功能	内容
绘图与可视化	提供详细的地图资料，形象化展示商圈特点，包括人口特征、顾客购买情况及竞争对手位置
数据收集与分析	替代传统的手工资料收集方式，大幅提高效率
灵活调整	用户可以在个人计算机上使用，主动调整商圈数据，适应不同需求
软件提供商	环境研究所（ESRI）、办公自动化中心等提供先进的 GIS 绘图软件，部分企业免费提供样品
价格	不同软件价格各异，但总体成本不高，许多厂家还提供商圈咨询服务

（4）GIS 软件的具体用途（见表 4–19）。

表 4–19　GIS 的用途

用途	内容
销售预测	预测新店的销售额及其对现有门店的影响
顾客特征分析	确定最佳位置上的顾客特点，设计全国范围内的开店模型
市场渗透率分析	考察市场渗透率，明确地理位置的优势和劣势
综合应用	许多美国公司利用 GIS 进行商圈分析和确定最佳店址

通过先进的电脑分析模型和 GIS 软件，零售企业可以更科学、更高效地进行商圈分析，优化店铺选址决策。

2. 利用雷利法则确定商圈

雷利于 1929 年提出的商圈划定方法，被后世称为零售引力的雷利法则，这是一种颇具代表性的商圈划定方法。这一法则主要研究大城市如何吸引小城镇顾客的问题，正如其名称所暗示的，它借鉴了牛顿的万有引力定律。它旨在确定两个城市或社区之间的中立点，从而分别划定各自的商圈。依据该法则，两个城市从中间地带吸引顾客的数量比例，与各自的人口数量成正比，与它们距离中间地带的距离的平方成反比。此处所指的距离，是以从中间地带到最具有代表性的交通枢纽所需的时间来衡量的。公式如下。

$$\left(\frac{B_M}{B_N}\right)=\left(\frac{P_M}{P_N}\right)\left(\frac{D_N}{D_M}\right)^2$$

式中，B_M 表示城市 M 从中间地带吸引的交易量；

B_N 表示城市 N 从中间地带吸引的交易量；

P_M 表示城市 M 的人口；

P_N 表示城市 N 的人口；

D_M 表示城市 M 到中间地带的距离；

D_N 表示城市 N 到中间地带的距离。

例如，城市 M 的人口为 20 万人，城市 N 的人口为 5 万人，从 M 到中间地带的某小城市的距离为 15 千米，从 N 到该小城市的距离为 5 千米，那么，

$$\left(\frac{B_M}{B_N}\right)=\frac{20}{5}\left(\frac{5}{15}\right)^3=\frac{4}{9}$$

由上式可知，位于中间地带的某小城市被 M、N 两城市吸引的比率为 4∶9。城市 M 因人口较多，所以可以弥补其距离上的不利。而城市 N 人口虽然比 M 少，但其与中间地带城市的距离却是 M 的三分之一，因此城市 N 反而比 M 更为有利。

上面所列出的公式，往往会让人以为该公式只不过是在表示两个城市的吸引比率，而并没有显示出所要求的商圈的范围。不过，如果将公式变成 $\left(\frac{B_M}{B_N}\right)=1$ 的形式，即找一个使两个城市的吸引力相等的地点（无差异点），那么上述公式就能表示两个城市商圈的范围。当然，这也可以套用在分店的商圈范围确定上。

$$\left(\frac{B_M}{B_N}\right)=\left(\frac{P_M}{P_N}\right)\left(\frac{D_N}{D_M}\right)^2，令\left(\frac{B_M}{B_N}\right)=1，则有：1=\left(\frac{P_M}{P_N}\right)\left(\frac{D_N}{D_M}\right)^2$$

$$\frac{P_N}{P_M}=\left(\frac{D_N}{D_M}\right)^2，D_N=D_M\sqrt{\frac{P_N}{P_M}}$$

$$D_M+D_N=D_M+D_M\sqrt{\frac{P_N}{P_M}}=D_M\left(1+\sqrt{\frac{P_N}{P_M}}\right)$$

依前例可计算出商圈范围为

$$20=D_M\left(1+\sqrt{\frac{5}{20}}\right)$$

$$D_M\approx 13.3$$

这就是说，从城市 M 算起约 13.3 千米的地点是两城市商圈界线所在。

3. 利用哈夫法则确定商圈

哈夫法则，即哈夫概率模型，基于消费者视角，主张消费者选择特定商业设施的概率受多种因素影响，其中包括展示商品多样性的营业面积、购物所需时间以及商业设施的规模和实力。在分析过程中，有必要将不同商品或不同地区商业设施的使用概率纳入考量。该模型的公式如下。

$$P_{ij}=\frac{U_{ij}}{\sum_{j=1}^{n}U_{ij}}=\frac{\frac{S_j}{T_{ij}^{\lambda}}}{\sum_{j=1}^{n}\frac{S_j}{T_{ij}^{\lambda}}}$$

$$E_{ij}=P_{ij}C_i=\frac{\frac{S_j}{T_{ij}^{\lambda}}}{\sum_{j=1}^{n}\frac{S_j}{T_{ij}^{\lambda}}}C_i$$

式中，j 表示某商业设施；

P_{ij} 表示 i 地区消费者光顾 j 商业设施的概率；

U_{ij} 表示 j 商业设施的效用；

S_j 表示 j 商业设施的规模（营业面积）；

T_{ij} 表示从 j 到 i 地区所需的时间；

λ 表示随交通工具不同而变化的参数；

E_{ij} 表示 i 地区消费者光顾 j 商业设施的期望值；

C_i 表示 i 地区的消费者数量。

式中有一个 λ 指数，用来衡量顾客因购物类型不同而对路途时间的重视程度不同，n 为不同商业区的数量。此外从该公式还可以看出，采用该模式能够评价某商业设施规模的变化以及地区交通体系的变化对商圈所带来的影响。

该法则具体应用举例如下：假设一家超市在考虑 3 个选址位置，在这 3 个区域，日用品的总营业面积分别为 60 平方米、90 平方米和 150 平方米。潜在顾客群的住所距离这 3 个区域所需时间分别为 7 分钟、10 分钟和 15 分钟。通过调研，顾客对路途所需时间的重视程度为 2。因此，在区域 1，顾客购买的可能性为 43.9%；区域 2 为 32.2%；区域 3 为 23.9%，即

$$P_{i1}=\frac{\frac{60}{7^2}}{\frac{60}{7^2}+\frac{90}{10^2}+\frac{150}{15^2}}=43.9\%$$

$$P_{i2}=\frac{\frac{90}{10^2}}{\frac{60}{7^2}+\frac{90}{10^2}+\frac{150}{15^2}}=32.2\%$$

$$P_{i3}=\frac{\frac{150}{15^2}}{\frac{60}{7^2}+\frac{90}{10^2}+\frac{150}{15^2}}=23.9\%$$

假如有 200 名顾客居住在离区域 1 有 7 分钟路程的地方，据研究调研所得，88% 的人均会前往该区域购买商品。

应用哈夫法则时应注意以下四点。

（1）为完整描述区域 1 的商圈，应分别对距离商店 5 分钟、10 分钟、15 分钟、20 分钟……的顾客进行同样的分析，并加以汇总。这样才能全面估计区域 1 内各商店的市场规模、商圈范围及各类商品的主要、次要和边缘商圈。如果在该地区内特定商品种类新增加了零售空间和设施，不同距离处都会有更多的顾客前来选购。

（2）顾客前来选购的可能性很大程度上取决于商品种类。因为商品种类不同，顾客对路途时间的感觉也不同。在上例中，如果商品更加重要，那么顾客对路途时间的重视程度便有所下降。此时取值为 1，结果变为区域 1 为 31.1%、区域 2 为 32.6%、区域 3 为 36.3%。由于商品种类不同，区域 3 的吸引力大大提高。

（3）绝大多数变量都很难量化，为了制图方便，路途时间应转换为以千米为单位的距离。此外，路途时间也因交通方式的不同而不同。

（4）顾客每次光顾时购买的商品都不完全相同，这意味着商圈处于不断变化之中。

（五）商圈分析流程

1. 收集基础数据

明确稳定的家庭（人口）数的具体位置，这主要考虑影响人们光顾的稳定因素。

2. 竞争环境分析

分析商业环境上的利弊，确认附近有无竞争店，能否在面积、停车场、商品构成、经营手段等方面与竞争店形成差别。

3. 发展潜力评估

分析是否为将来具有良好发展前景的地区，要研究人口增长率、城市规划政策等。

4. 确定商圈范围

对销售额作出预测，粗略地确定商圈范围。

5. 数据整合与分析

对拟选的几个具体的地址进行更详细的调查，作出优劣、适合性的具体评价，如进一步调查土地房产的适用性、周围环境状况尤其是公共配套设施的状况、将来发展余地、基础配套设施状况等。

根据土地房产的优劣顺序，对该房产的每个必要条件作出确认。经过对房产所有者、用途、面积的确认，经所有者的认可，制订开店计划书，经公司批准后，签订合同。

三、选址地点

地点分析构成选址分析的关键环节之一，其目的在于在已选定的潜在商圈内，寻找一个最适宜的地点，以期吸引目标顾客群体进行消费。进行地点分析时，需进行更为深入和细致的调研工作。通常，以下因素需纳入考量。

（一）业务类型与位置类型匹配

位置类型主要分为三类：第一类为孤立店类型；第二类为经过规划的购物中心；第三类为自然形成的商业中心。这三种位置类型各自具有不同的优势与劣势，连锁企业的管理者在确定适合其门店的位置类型时，关键在于分析其业务类型与哪一种位置类型最为契合。

1. 独特型连锁企业

独特型连锁企业通常拥有与产品或服务相联系的高质量形象。顾客从较远的社区被吸引而至，原因是产品或服务具有独特性和竞争者数量较少，如园艺中心、裱画店、机车喷漆公司或高档饭店。在一个社区内，这种产品或服务选择的余地通常较小，而且该类型的产品或服务常常具有较高声望。这种类型的门店位置不论设在哪里都能吸引顾客。

2. 竞争型连锁企业

竞争型连锁企业提供与商圈内其他企业相同或相似的产品或服务，那么便利程度便成为决定企业选址的主要因素。便利食品店、快餐店、甜品店和药店等，这些不同的商店均属于竞争型连锁企业。它们常常位于商圈内，集中于自然形成的商业中心、购物中心、一般商业区或办公区、工厂附近等交通繁忙和消费者集中的地区。这类企业通常是价格竞争和便利导向型的，应该尽量避免靠近直接竞争者。

3. 比较型连锁企业

化妆品店、家具装修公司、鞋店、体育用品店、五金店、花店、电子产品店、计算机店、机车修理店、机车用油中心、印刷中心、旅行社、娱乐和休闲公司等是比较型连锁企业。对这些公司来说，店址应接近竞争者，以便潜在顾客对产品进行比较。比较型连锁企业常常沿商业区分布，位于购物中心或临街道的路口。因此，这种类型的商店选址有两个关键点：靠近竞争者，以便顾客进行比较；向顾客提供有效帮助，解释自己产品或服务的优点和价值。

（二）客流分析

虽然人流量大的地方往往是设店的有利位置，但并非所有人流密集的地方都适合作为店铺选址，关键在于分析客流量的构成和规律，以确保所选地点能够吸引目标顾客。

1. 行人特征

（1）年龄和性别。不同类型的顾客对店铺的需求不同。例如，儿童可能是快餐店的目标顾客，但不太可能是服装店的常客。因此，了解过往行人的年龄和性别有助于确定适合开设哪种类型的店铺。

（2）出行目的和停留时间。行人的出行目的直接影响他们的购物行为。在商业集中的繁华区，客流主要以购物为主，行人速度较慢，停留时间较长，适合开设挑选性强的商品店，如服装店、珠宝店等。而在车站、码头、学校等非商业区域，尽管客流量大，但大多数行人是以通勤、上学等其他目的为主，购物只是顺便的行为。这些地区的行人速度较快，停留时间短，适合开设挑选性不强且便于携带的商品店，如烟酒副食品店、冷饮店、快餐店等。

2. 交通便利性

（1）交通要道。接近车站、码头、公交站等交通枢纽的地点，由于行人来往频繁，客流量大，具有较高的设店价值。尤其是交叉路口的街角，由于能见度高、四通八达，是理想的店铺选址。

（2）交通限制。如果道路中间有长距离的中央分隔带或栏杆，限制了行人和车辆的穿越，可能会影响店铺的可达性和吸引力，降低设店的价值。

3. 街道两侧客流差异

由于交通条件、公共设施、行走习惯、居住区分布及照明等因素的影响，同一街道的两侧客流量可能存在显著差异。即使是同一侧的街道，不同地段的客流量也可能不同。因此，在选择店址时，应仔细分析街道的客流特点，优先选择客流量较大的一侧或地段。

选择店铺地址时，不仅要关注人流量的大小，更要深入分析客流量的构成和行为模式。通过理解行人的年龄、性别、出行目的以及停留时间，结合交通便利性和街道两侧的客流差异，可以更精准地选择适合的店铺位置，从而提高经营成功率。

（三）分析竞争程度

在经营选择性较低、购买频率较高的日常用品的商店中，若同一地区已存在过多同行业竞争者，彼此之间为了争夺市场份额而进行恶性竞争，这将不可避免地对商店的经济效益产生负面影响。除非新开设的商店能够展现出独特的经营特色、能力或拥有不同寻常的商品供应链，否则其成功的机会将十分渺茫。因此，商业界有句谚语：同行是冤家。然而，在特定环境下，上述情况并不总是成立。在某些行业中，由于众多同行的集中，反而会催生出具有独特魅力的商业街区，如广州的“女人街”和“电器城”。这些地方由于竞争者聚集，商品种类繁多，便于顾客进行广泛比较和选择，从而吸引来自远方的顾客，推动了商业活动的繁荣，这就是所谓的商业集群效应。此外，如果附近商店与新设商店在经营品种上能够相互补充、形成联动，这将既方便顾客购买，又促进彼此的销售，有利于商店的设立；反之，如果两家商店的商品缺乏互补性或联动关系，则可能会产生不利影响。

因此，加盟商在选择经营地点时，需详尽了解该地点周边同类商店的数量，以及这些商店的规模、装潢、商品种类、定价策略和顾客服务态度等要素，以便评估自身加入是否会导致市场竞争加剧、利润被稀释，或是能够实现互利共赢。

我们可以通过计算或测定某类商品销售的饱和指数来了解某个地区同行业是过多还是不足，以判断该地区的竞争程度。一般来说，在饱和程度低的地区设商店其成功的可能性比高度饱和地区要大，因而这种方法对于新商店选址有一定帮助。饱和指数的计算公式如下。

$$\mathrm{IRS}=H\times\frac{R_{\mathrm{E}}}{R_{\mathrm{F}}}$$

式中，IRS 表示某地区某类商品零售饱和系数；

H 表示某地区购买某类商品的潜在顾客人数；

R_{E} 表示某地区每一顾客用于购买某类商品的费用支出；

R_F 表示某地区经营同类商品零售店的营业面积总数。

例如，为一家新设果品零售店测定零售商业市场饱和系数，根据调查资料分析得知，该地区购买果品的潜在顾客人数是 14 万人，每人每周平均在果品店购买 8 元，该地区现有果品店 10 家，营业面积 175000 平方米，则根据上述公式，该地区零售商业中果品行业的市场饱和系数为

$$IRS=140000 \times 8 \div 175000=6.40\text{（元）}$$

6.40 元表示每周该地区果品商店每平方米营业面积销售额的饱和系数。用这个数字与其他地区测算的数字比较，IRS 越大表明该市场尚未饱和，成功的可能性越大。反之，IRS 越小，表明该市场已经饱和，成功的可能性越小。

运用 IRS 还可以帮助经营者用行业已知的毛利与业务经营费用的比率对商店利润进行预测，作出经营绩效评估。

知识之窗

星巴克的成功之道

星巴克作为全球知名的咖啡连锁品牌，其成功的分店选址策略是其快速扩张和持续增长的关键因素之一。星巴克在选择新店地址时，不仅考虑了传统的商业指标，如人流量、租金成本和竞争环境，还引入了大数据分析和消费者行为研究，确保每个门店都能最大化地吸引目标顾客。

例如，在进入中国市场时，星巴克初期主要集中在一线城市的核心商圈，如上海的南京路、北京的王府井等地，这些地方拥有高密度的人流和消费能力较强的白领阶层。随着市场的成熟，星巴克逐渐将触角延伸到二三线城市，甚至一些小城镇，通过与当地购物中心、写字楼和高校合作，找到了新的增长点。

星巴克还特别注重店铺周边的配套设施和消费场景。比如，靠近地铁站的门店通常会设置更多的外带窗口，方便上班族快速购买；而位于公园或景区附近的门店则会提供更多的户外座位，吸引游客和家庭顾客。此外，星巴克还会根据周边居民的消费习惯调整菜单，推出符合当地人口味的特色饮品和食品，进一步提升顾客的满意度。

为了确保选址的科学性和精准性，星巴克利用大数据分析工具，结合地理信息系统（GIS）技术，对潜在地点进行详细的评估。通过对历史销售数据、人口分布、交通流量等多维度信息的分析，星巴克能够预测每个新店的潜在客流量和盈利能力，从而作出更加明智的决策。

总之，星巴克通过科学的选址策略和灵活的运营模式，成功在全球范围内建立了庞大的连锁网络。其分店选址不仅考虑了地理位置的优势，还充分结合了消费者的需求和行为特征，为其他连锁企业提供了宝贵的借鉴经验。

参考部分资料，自行撰写。

第三节 连锁经营分店的布局设计

连锁店铺经营的一个显著特征在于其各分店的标准化、统一化和规范化，这要求必须实施统一的形象塑造策略。作为塑造连锁店铺形象的关键要素，店铺的设计与布局必须追求科学性和实用性，以吸引顾客并促进商品销售，进而为顾客带来愉悦的购物体验。由于连锁经营本身所具备的“单个店铺作为连锁系统中其他店铺的生动广告”的功能，对店铺外观及内部设计的重视显得尤为重要，这也是连锁企业识别系统的重要组成部分。

一、布局设计原则

连锁店铺的设计与布局，关系到连锁店经营的成败。由于它是一种较微观的经营手段，所以对消费者的影响较大。店铺的外部布局具有方便顾客和广告促销的作用，它可以吸引消费者注意店铺，并进入店铺。而店铺的内部设计和布局，也叫店堂布局，它的本质是以入口为始点、以出口为终点的消费通道。科学的店堂布局，可以达成最佳的消费通道，使消费流合理流动，促进消费的连续实现。连锁店铺设计与布局应当遵循以下基本原则。

（一）充分体现自身特色的原则

正如每个企业都应带有其鲜明的个性色彩一样，连锁店铺设计与布局也应该是企业个性色彩的集中表现，只有这样才能形成竞争优势。

连锁店铺的设计与布局必须符合本店经营的范围、档次，考虑光顾本店的顾客的类型和特点，充分体现本店的经营特色，使顾客一看店铺的外观，就能产生较深刻的印象和进店的欲望；顾客一进商店，就能感觉到特有的气氛和产生购买欲望。因此，购物环境的设计必须着眼于增强对顾客的吸引力，突出本店特色，使自己与众多竞争对手有较大区别。

例如，在国内外都享有盛誉的“全聚德”烤鸭店，它以弘扬民族文化、振兴中国饮食、跨出国门、走向世界为企业宗旨。每一个“全聚德”分店都以其古都典雅的风貌、古朴的建筑外观，以其饱含历史风韵的“全聚德”金字牌匾，以其宽敞、明净、带有浓郁民族特色的厅内陈设和独具特色的服务等，使其“弘扬民族文化”这一理念得到鲜明、充分展示。

（二）刺激消费者的原则

连锁店铺经营的目的是通过让消费者消费而获取利润，而消费者消费的前提是进入店铺，进入店铺前必须先关注店铺，而关注店铺的前提是店铺给消费者以刺激。刺激消费者的手段很多，如朗朗上口的店名，醒目、新颖的店名字体，简洁明快的标志，有特色的大门，宽敞的店前广场，五颜六色的条幅等。

（三）方便消费者的原则

方便消费者是连锁店铺设计与布局的基本点之一，主要包括以下四个方面。

1. 交通

方便消费者到达、离去和寻找店铺。

2. 停车场

停车场要宽敞、方便，进出要畅通无阻，收费要合理。

3. 店铺入口

店门外不能有任何障碍物，以便消费者能顺利、方便地进入商店。

4. 购买感受

让消费者在店内能够方便地接触到所有商品，店内所有商品的摆放都能让消费者看得见、摸得着，不论高处、低处的商品，即使没有服务人员的帮助，消费者也可以自如地取放商品（仓储式商场例外）。

（四）促进消费的原则

促进消费原则即尽量延长消费者在店内的停留时间，使消费者尽可能地多消费。据统计，到超级市场、百货店、便利店购买商品的消费者，即时性购买的比例占 70% ～ 80%。因此，尽可能丰富、新鲜的商品，会大大刺激顾客的消费欲望。顾客在货架前停留的时间越长，购买商品的可能性就越大。

（五）使消费者快乐的原则

连锁店铺是一个取得消费者好感，让消费者留下美好回忆的空间，因此，要尽可能利用售卖空间，达到一举多用，做到照明（灯类）、音响（声音）、装潢布置（视觉）、气味（味觉）、温度（体感）的有机配合，制造一个良好的、有独特个性的购物环境，带给消费者满意、满足和快乐的体验。

（六）艺术性原则

连锁店铺设计与布局作为顾客辨认门店的途径，在其布置上应有创意性，具有独特的面貌和出奇制胜的效果，宜于捕捉顾客的视觉，从而引起注意，产生强烈的感染力，这就要求必须遵守艺术的规律。

在设计中必须把握一个“美”字，美并不等于豪华。美首先应是一种和谐，不论是高档商场的豪华，还是平价商场的简朴，只要设计合理，均体现着不同的美。新奇美好的寓意、新颖别致的构思，都要通过结构、造型、布局表现出来。

（七）经济性原则

连锁店铺设计与布局应尽可能降低单位面积投资，保持合理的投资比例，在进行可行性研究时应认真测算。

（八）安全性原则

连锁店铺是人口聚集的地方，也是货物、资金、设备集中的地方，一旦出现安全事故，损失是很严重的。连锁店铺设计应侧重于安全事故的防范和安全撤离，这里的安全事故主要包括倒塌、火灾、毒气、疾病、地震等。

二、外观布局设计

连锁经营分店的外观布局设计构成了分店建设的关键要素，它们不仅作为静态的街头广告存在，而且是吸引顾客的一种有效促销策略。优秀的外观设计对于消费者识别连锁企业品牌以及美化分店购物环境具有至关重要的作用。

（一）连锁经营分店外观布局设计应注意的问题

1. 与商品内容一致

连锁店的外貌风格必须与经营的商品内容相一致，要能突出自己行业和档次的特点。例如，经营便利商品的商店没有必要装饰得十分豪华，它更需要在总体上创造出使顾客感到亲切、简洁、明快的感觉；而以经营高档商品为方针的连锁企业，就必须在外观上多下功夫。

2. 与周围环境相协调

连锁店的建筑是城市建筑的一部分，它应有利于城市景观和街道整齐，并与周围环境协调统一，取得整体和谐效果。此外，连锁商店建筑风格应与商店经营目标、经营方针一致，体现企业富有个性的独特形象。

3. 充分体现经营特色

连锁店的外观是指其能被行人清楚看见的部位，具有重要的宣传功能。为了使消费者一眼识别商店的性质和商品类型，外观装潢必须突出连锁店的形象识别标记。过去，商店外观装潢主要集中在招牌的设计和制作上。随着科技的进步，现在更多地利用建筑物本身的外观来表现商店特色，招牌则用于补充那些无法通过建筑本身体现的部分。然而，在我国的实际情况中，许多超市连锁和便利店位于一般平房、楼房底层或地下室，难以通过建筑造型变化来展现特色。因此，这些店铺仍然主要依赖招牌来传达品牌信息和特色。招牌不仅起到了标识作用，还增强了品牌的辨识度和吸引力。总之，连锁店外观装潢的重点应放在突出招牌的作用，尤其是在建筑本身难以体现特色的环境中，确保消费者能够迅速识别商店的品牌和性质。

（二）连锁经营分店外观布局设计的内容

连锁经营分店外观布局设计的内容主要包括外观设计、店面名称、店面标志、招牌设计、橱窗和货架设计、停车场设计、出入口设计等。

1. 外观设计

超市所售商品多为顾客日常的生活用品。顾客购买这些日用品，一般并不十分关心陈列橱窗，而希望直接见到商品和价格，所以将店面外观设计成开放型，即商店面向公路一边全开放，不必过多设置陈列橱窗，而多设开放入口，使顾客出入商店没有任何障碍，可以自由地出入。前面的陈列柜台也要做得低一些，使顾客从街上能够很容易看到商店内部和商品，以使顾客驻足。

2. 店面名称

一个好的店名能够迅速传递超级市场的经营理念，增强其感染力，吸引更多的顾客。超级市场的命名应体现个性和独特性，确保名称独一无二，给人留下深刻印象并易于识别。名称应富有寓意，与超级市场的理念和服务宗旨相统一，使消费者看到或听到名称时能产生愉快的联想，对商店产生好感，从而树立良好的品牌形象。

名称设计应简洁明快，易读易记，便于消费者传播和交流。响亮且有节奏感的名称更容易上口，有助于加强品牌记忆。此外，命名要规范，尽量符合国际惯例，考虑到不同国家的读音及翻译问题，确保全球范围内的店铺名称统一，便于管理和维护品牌形象。

及时注册店名以获得法律保护至关重要，确保品牌的独特性和合法性。通过精心设计的店名，超级市场不仅能够有效传达其核心价值，还能在竞争激烈的市场中脱颖而出，赢得消费者的信任和青睐。

3. 店面标志

店面标志是独特身份的象征，传递着经营理念、内容和风格。一个成功的标志设计应具备创新性和个性化，构图新颖别致，能够与其他超市区分开来，同时又不失广泛接受度，确保多数顾客能够认同和接受。标志的图案和颜色应既富于个性又不过于特殊，避免过于前卫或难以理解的设计，以确保公众的普遍接受。其含义应深刻且明确，能够体现超级市场的个性特点、精神风貌、品质、理念和经营范围，使顾客一目了然并产生共鸣。一旦确定，标志应在相当长的时间内保持稳定，避免频繁更改，以便在顾客心中形成持久而深刻的印象。对连锁超市而言，标志设计应逐步国际化和统一化，以满足不同国家和地区顾客的需求，并确保全球品牌形象的一致性。

此外，标志设计必须符合相关法律法规的要求，确保合法性和规范性。通过精心设计的标志，超级市场不仅能够有效传达其核心价值，还能在全球范围内树立统一且令人信赖的品牌形象。

4. 招牌设计

招牌作为超级市场的象征，具有强大的指示与引导作用。顾客对超级市场的第一印象往往始于接触其招牌，因此它是传播品牌形象、扩大知名度和美化环境的有效工具。为了有效吸引消费者，招牌的色彩设计至关重要。色彩应温馨明亮、醒目突出，通常采用暖色或中色调，如红、黄、橙、绿等，以首先吸引顾客的注意力，再引导他们关注招牌的内容。色彩搭配需恰当，并考虑不同国家或地区的文化禁忌。招牌的内容表达应简洁明了，确保消费者容易记住，从而实现良好的信息传递。字的大小要兼顾远近距离的可视效果，确保在各种距离下都能清晰辨认。材质选择上，应选用持久、耐用且抗风的坚固材料，以保证全天候、不同气候条件下的视觉识别效果。作为公共场所的设施，环保材料也是优先选择，以体现社会责任。此外，招牌的数量不宜过多，以免分散注意力。适量的招牌能够确保每一块都得到充分的关注，从而发挥更大的效能。通过精心设计和合理布局，招牌不仅能够吸引顾客，还能有效传达超级市场的品牌信息，增强其市场竞争力。

5. 橱窗和货架设计

橱窗作为商品陈列宣传的重要手段，对于超级市场展示其经营类别、推销商品、吸引消费者购买具有重大意义。橱窗要面向客流量大的方向，设计上以突出商品经营品种、经营特点、展示商品为原则。多采用封闭式，便于管理。高度要适中，便于顾客观看。灯光的使用则越隐蔽越好，应设置在顾客不易直接看到的地方。光线色彩要柔和，避免使用过于复杂、鲜艳的灯光。橱窗的背景形状一般要求大而完整、单纯，避免小而复杂的烦琐装饰，颜色要尽量用明度高、纯度低的统一色调，即明快的调和色。

对于商品的展示和货架的陈列规划应遵循“引导消费”的原则，尽量采用开放式，这既便于顾客挑选，又表示对顾客的信任和尊重。一些贵重且体积小的商品应摆放在封闭的柜台内，以便管理。为了确保收到良好的宣传效果，在卖场中央的商品最好能低于成年人的视线高度，以便顾客能够同时看到更多的商品；儿童用品应选择更低一点的货架，以方便小顾客拿取。不同商品摆放高度上要考虑人们的生活习惯等因素，如帽子应放在成年人胸部以上的高度，鞋子一般不超过人的腰部高度，否则会让顾客感到不方便和不舒服。商品的陈列要整齐，且不要太过拥挤。要向顾客重点推荐的商品，一般应放在平行或稍低于人的视线的高度以及其他突出的位置。在超市的每个入口和内部每层楼的入口应设置不同商品的区域示意图或指示牌。因前来购物的多为女性，可以把食品、化妆品等摆放在入口处，以吸引妇女和儿童顾客。总之，要为顾客设计一条浏览全部商品的路线，把潜在需求变为现实的购买。

6. 停车场设计

有一定容纳，且最好是免费的停车场，是超级市场店面设计的一项基本考虑，它有助于提升超级市场的竞争力，扩大销售额。但是，修建停车场需要投入相当大的资金，因此停车场规模必须坚持适当超前的原则。停车场设计要便于顾客停车后便利地进入超级市场，购物后又能轻松地将商品转移到车上，这是对停车场设计的总体要求。超级市场的停车场通常要靠近路边，易于进出，入口外的道路要与场内道路自然相接，场内主干和支干道路的宽度以能让技术不十分熟练的驾驶者安全地开动车辆为宜，步行道要朝向商店，停车场院内的地面上应有停车、行驶方向等指示性标志，主停车场与商店入口应在180度范围内，便于顾客下车就能看到商店。

7. 出入口设计

超级市场的出入口设计需综合考虑营业面积、地理环境、客流量、商品特点及安全管理等因素，确保数量合理、布局科学。大型超市的出入口最好分开设置，以便利顾客出入，顺畅客流；中小型超市则可根据建筑规模在适当区域设置出入口，总的原则是方便顾客进出，确保人流顺畅。门面应保持清洁，以免影响顾客光顾。门窗尽量采用透明设计，使顾客在店外就能看到部分商品，增加吸引力。入口处应保持通畅，一般不设门，如需设置，建议使用自动伸缩门。空间布局要合理，屋顶高度适中，避免给顾客带来压迫感。通道应平坦无阶梯或坡度，宽度适当，确保顾客进出便捷。安全是设计中的重中之重。建筑结构必须预留安全通道，以便在火灾、地震等紧急情况下迅速疏散顾客。大中型超市应有多处宽敞的出入口，并且安全出口和通道的指示标志应十分醒目，确保顾客在紧急情况下能够快速找到疏散路线，保障人身安全。通过合理的出入口设计，不仅能够提升顾客的购物体验，还能确保其安全，提高超市的整体运营效率。

除了上述七个部分之外，超市也应配备多种便利顾客购物的设施，如电梯、休息区、服务台等；在室内外环境、装饰、POP 广告、购物袋、购物车以及员工着装设计方面，也需充分顾及顾客需求，全方位构建一个充满人文关怀的购物环境。

三、店内布局设计

连锁经营分店店内的布局设计直接影响着顾客的购买行为，影响着连锁店的销售业绩。好的店内布局设计不仅体现了一定的艺术美，也反映了连锁店独特的经营理念与风格；不仅能够方便顾客购物消费，而且要求独特新颖，在众多的竞争者中能够脱颖而出，给消费者留下深刻的印象，使他们产生重复购买行为。

（一）店内布局设计原则

1. 凸显经营特色

连锁经营分店店内设计与布局应依照经营商品的范围和类别以及目标顾客的习惯和特点来确定，以别具一格的经营特色，将目标顾客吸引到连锁店来。

2. 使顾客停留更久

据一项市场调查显示，有明确购买目标的顾客只占总顾客的 25%，而 75% 的消费者属于随机购买和冲动型购买。因此，如何增强商品存在感，使店内商品最大限度地让顾客目之可及，伸手可得，进而吸引顾客更长时间停留，最终实现冲动购买，便成为一个关键性问题。

客观上商品丰富、店面宽敞会扩大消费者选择余地，加强对消费欲望的刺激，卖出更多的商品，但也会使企业为店面租金、进货成本而背上包袱。所以，通过科学设计购物主副通道，合理安排淡旺季商品，是留住顾客、扩大销售效果的关键。

3. 明亮清洁，使顾客心旷神怡

顾客“逛商场”已经不是一种纯粹的购买活动，而是一种集购物、休闲、娱乐及社交于一体的

综合性活动。因此，连锁店铺既要拥有充足的商品，还要创造出一种适宜的购物环境，使顾客享受到最完美的服务。

明亮清洁、优雅轻松的购物环境，往往使顾客对店内商品产生一种新鲜、优质的感觉。把握住整洁与优质之间的心理连接，合理运用和安排有效空间内的灯光、音响、摆设、色彩，使之相互配合，才能营造出一种令顾客心旷神怡的物质、精神双重消费场所氛围。

4. 提高效率、增加效益

连锁店铺内部环境设计科学，则能够使进、存、运、销各个环节紧密配合，从而节约劳动时间，降低劳动成本，提高工作效率，增加企业的经济效益和社会效益。如果能够充分利用原来建筑的特点，在装修上本着既美化环境，又勤俭节约的原则，就更能增加企业的经济效益和社会效益。

（二）店内布局设计内容

1. 出入口设置必须合理

店内布局第一关是出入口的设置。招牌漂亮只能吸引顾客的目光，而入口开阔才能吸引顾客进店。入口选择的好坏是决定连锁商店客流量的关键。

出入口选择应依据行人流动路线，车水马龙的大马路边不宜设口，行人川流的步行街是开口的好位置。所以，出入口设置务必以人流量、路线选取规律、目光辐射取向调查为基础，把门开在行人最多、路径最顺畅、最引人注目的地方。对于一些开设在楼上或地下室的连锁店，其入口要设立醒目而有特色的标志，并采取人员促销等方式克服出入口的不足。

另外，连锁店的入口与卖场内部布局也存在密切关系，布局时应以入口位置为先，优先设计入口。

2. 通道设置要畅通

连锁商店内顾客流动的主线是主通道，顾客流动的副线是副通道。主、副通道的区分不是依据畅通程度而设定的，也不是顾客实际涉足点的统计结果，而是根据连锁店营销目标和商品的布局及陈列设计安排的。

良好、高效的通道设计，要求能引导顾客按设计自然地走向步入卖场的每一个角落，能接触尽可能多的商品，消灭死角和盲点，使入店时间和卖场空间得到最高效的利用。连锁店通道的设置既要“长”得留住顾客，又要“短”得一目了然，还得考虑顾客走动的舒适性和非拥挤性。以下是设计通道时要注意的问题。

（1）主通道的设计中最具代表性的是“凹”型主通道，可以让顾客顺利并明显地看到陈列的各大类商品，并能走过店内主要的商品陈列区，较快找到目标商品。

（2）大中型连锁商店主通道的宽度一般在 2 米以上，副通道为 1.2 ～ 1.5 米，最窄的通道也不能小于 0.9 米，因为这是两个人并行或逆向非侧身避让相遇时的最小宽度。结算台前的通道应适当宽一些，一般在 2 米以上。因为这里集中了大量购物袋和购物车，最容易形成排队拥挤的情况，因而也最容易成为使顾客产生厌购心理的区域。

（3）主、副通道要错落有致，把不同商品的陈列在空间感受上加以显著区别。

（4）通道内尽量少摆放广告牌、品尝台等设施，更不能陈设与所售商品无关的器具、用品，以免阻碍客流，影响该区域销售。

总之，连锁店内通道的走向设计和宽度设置是根据商店规模、预计客流、商品品种、性质等来确定的，既不造成阻塞不畅的感觉，又不造成空间使用不经济，是通道设计不断探索的目标。

3. 卖场与后场衔接要紧密

连锁店的后场包括仓库、作业工场、更衣室、办公区等，是连锁店的补给后方。它的设计与布局对卖场商品布局安排有重大影响，因此也属于连锁店内设计与布局的重要一环。

后场设计的重点在于如何最合理、最经济地解决后场与卖场连接的补给线路规划。在设计中应遵循以下原则。

（1）从后场到卖场的商品补给线路要选择最短的距离。

（2）从仓库到卖场的流通路线要采取单行道方式，减少各种商品补给线的交叉和共用。

（3）仓库、作业工场与卖场的地板要平整一致，落差要以缓坡连接，切忌出现台阶、门槛等，以保证商品补给的平稳、顺畅。

（4）前后场连接处既不能门户大开，也不能铁将军把门，建议使用推拉门，一可使出入口宽敞，消除对大件商品进出的限制；二可节约开门空间；三则美观实用，隔离感强，又容易与背景融合。

（5）对于实行正规配送货制的连锁店，按国外经验数据，后场与卖场的面积比约为 2∶8。仓库中的存货与上架商品之和是连锁店前一天销售量的 1.5 倍。

本章小结

本章主要介绍了连锁经营开店模式的构成要素、分店选址分析以及分店布局设计的基本理论与实践方法。通过系统讲解网点空间布局战略、门店 S&B 战略、开店路径选择和开店原则，学生能够深入了解连锁企业在追求规模效益与竞争力提升时所采取的战略规划。在分店选址分析部分，本章全面探讨了影响选址决策的关键因素。在分店布局设计方面，本章强调了店铺外观和内部设计对于塑造品牌形象的重要性，提出了布局设计应遵循的原则。通过本章的学习，学生不仅全面掌握了连锁经营开店模式、选址分析和布局设计的核心知识，还提升了数据分析、决策支持和实际操作的技能。本章的内容不仅帮助学生理解连锁企业运营的核心要素及其管理实践，还为他们未来的职业发展提供了坚实的理论基础和实践经验。

【思考练习】

1. 解释为什么连锁企业在选址时需要考虑商圈的大小和形态，并举例说明。

2. 门店 S&B 战略的实施原因有哪些？请列举并简要说明。

3. 在分店布局设计中，如何通过内部布局设计促进消费者的购买行为？请结合具体原则进行阐述。

【拓展训练】

1. 某连锁餐饮企业计划在一个已有成熟商圈的繁华地段开设新店，但该地段已有多个同类型竞争对手。请分析该企业在这种情况下应采取何种开店路径，并说明理由。同时，提出具体的选址策略和布局设计建议，以确保新店的成功运营。

2. 某连锁药店计划在一个大型购物中心内开设新店。请结合本章所学内容，分析该药店在购物中心内的选址策略，并提出具体的布局设计建议，以吸引更多的顾客。同时，讨论在购物中心内开设分店的优势和挑战，并提出应对措施。

5

第五章 连锁经营商品管理

本章概述

本章聚焦于连锁经营的商品管理，深入介绍了商品定位与组合、采购与调拨、商品开发以及商品陈列等关键环节。通过分析商品特征、分类和定位原则，探讨了如何根据目标顾客需求优化商品结构；阐述了商品采购策略和程序，强调了总部与分店在采购权限上的协调；讲解了新产品的开发流程和疲软商品的淘汰机制；详细描述了商品陈列的原则、工具、方法及其对销售业绩的影响。整体内容旨在帮助学生理解连锁企业在商品管理方面的实践操作和战略规划，以提高运营效率和市场竞争力。

学习目标

知识目标

（1）理解商品定位与组合。

（2）掌握商品开发原则。

（3）了解商品陈列技巧。

能力目标

（1）能够根据市场需求和消费者行为，制定合理的商品定位和组合方案，优化商品结构。

（2）能够参与新产品开发的全过程，并识别和淘汰滞销商品，保持商品的新鲜度和竞争力。

（3）能够根据店铺布局，设计科学合理的商品陈列方案，提升顾客的购物体验，激发顾客的购买欲望。

素质目标

（1）培养对市场变化和消费者需求的敏锐洞察力，能够及时调整商品策略以适应市场动态。

（2）鼓励学生在商品组合、开发和陈列等方面提出创新思路，推动企业不断优化商品管理和提升竞争力。

（3）树立诚信经营的理念，遵守商业道德和法律法规，确保商品质量和服务水平，维护企业和消费者的合法权益。

思政目标

（1）增强学生的法律意识，使其在商品采购、开发和销售过程中，严格遵守国家法律法规，确保企业的合法合规经营。

（2）激发学生的民族自豪感和爱国情怀，鼓励他们为推动中国零售业的发展贡献力量。

（3）培养学生在商品管理中始终坚持诚实守信的原则，树立良好的企业形象和社会信誉。

思维导图

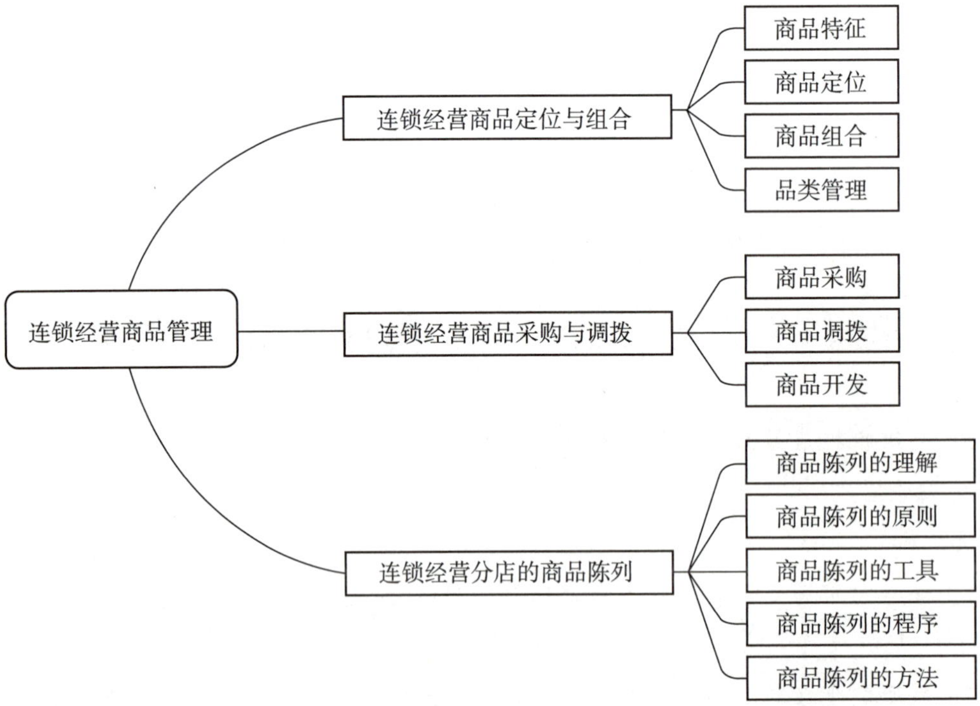

第一节 连锁经营商品定位与组合

一、商品特征

连锁企业经营是为了满足人民群众的日常生活的需要，大众化、日常需要、经常使用是其经营商品的基本特点。

（一）连锁企业经营的商品特征

（1）大众化、实用；

（2）以一般消费者购买得起的价格为主；

（3）质量和数量上都能满足消费者需求；

（4）方便顾客；

（5）满足消费者的心理需要，使消费者心情愉快。

当然，由于需求是多层次的，因而不同的连锁店经营的商品也不同。

（二）连锁企业经营的商品分类

为了使企业经营者能进行有效的商品定位，需先对商品进行分类。根据分类方法不同，商品可以分为不同类别。

1. 根据商品自身属性分

（1）大众化品种和实用品种。70% 的消费者需要的品种，或者说大众日常生活离不开的，每天或者经常要使用的品种，也就是购买频率特别高的品种。

（2）发展性品种。消费者需要但目前尚不能满足，需要连锁店进行开发的商品品种。发展性品种是体现连锁经营精髓的品种，也就是说连锁店要开发自有品牌。只有靠发展性品种，连锁体系才能真正做到丰富、便捷人民群众的日常消费生活。

2. 根据消费者购物习惯分

（1）便利品。便利品是指消费者购买频繁，希望一需要即可买到，并且只花最少的精力和时间去比较品牌、价格的消费品，如香烟、报纸等。

（2）选购品。选购品是指消费者为了物色适当的商品，在购买前要去许多家零售商店了解和比较商品的花色、样式、质量、价格等的消费品，如儿童衣料、女装、家具等。

（3）特殊品。特殊品是指消费者能识别哪些牌子的商品物美价廉，哪些牌子的商品质次价高，而且许多消费者习惯上愿意花精力和时间去购买的消费品，如奢侈品、名牌时装、贵金属等。

（4）非渴求品。非渴求品是指顾客不知道的物品，或者虽然知道却没有兴趣购买的物品，如刚上市的新产品、百科全书等。

二、商品定位

连锁企业在目标市场、业态确定了以后，就要考虑用什么样的商品来满足目标顾客要求，也就是商品定位。商品定位的好坏将直接影响到连锁店的销售额和店铺在顾客心目中的形象。商品定位不是一个静态的过程，它是一个随着季节、时尚、文化、顾客偏好等因素的变化而随时进行调整的动态过程。

（一）商品定位的概念及特征

商品定位是指连锁企业针对目标消费者和生产商的实际情况，动态地确定商品的经营结构，实现商品配置的最优化状态。商品定位包括对商品品种、档次、价格、服务等方面的定位。商品定位既是企业决策者对市场判断分析的结果，同时又是企业经营理念的体现，也是连锁企业通过商品而设计的企业在消费者心目中的形象。

商品定位是一种经营策略，商品定位正确与否、结构是否合理、能否保持正常运转，关系到连锁企业的生存和发展，所以需要进行深入研究。因为消费者对商品的评价，主要是看其功能和所代表的形象能满足他们需要的程度。成功的商品有一个共性，就是始终如一地将商品的功能与消费者心理上的需要联结起来，通过这种方式将商品定位明确传递给消费者。例如，“仙女露”总给人以高雅、温柔的感觉；“高露洁牙膏”使人联想到可信赖的牙齿护理；“舒适牌织物柔软剂”让人联想到爱的温柔。一种商品特别是著名商品的影响是在消费者心目中被唤起的想法、情感、感觉的总和，因此，只有当消费者心目中关于商品定位的内容得以确认，企业为此进行的各种资源的利用才会有价值。

商品定位考虑的主要因素有以下三方面。

1. 顾客满意度

这是商品定位的首要条件，是企业赖以生存的主要因素。

2. 长期性

企业只有长期满足消费者需求，才能树立企业的良好形象。

3. 竞争性

这是指能够从竞争商品中显示出自己的独到之处，这样消费者才容易选择并重复购买，也只有这样才会赢得竞争优势。对企业来讲，最重要的挑战就是针对目标消费者的喜好来为商品定位。最能持久的竞争优势，就是让消费者认为你的产品比别人的好，这就是制胜“定位”。

（二）商品定位原则

由于连锁企业确定自己的商品结构十分复杂，并受多种因素制约，所以在进行商品定位时，应遵循一定的原则。

1. 准确把握店铺业态原则

每一种零售业态都有自己的基本特征和商品经营范围，正是由于这种业态的差别，才决定了连锁经营商品的重点不同。

换言之，连锁企业的商品定位一定要与其所选择的业态相一致。无论哪种业态，作为企业都应该明确：谁是我的顾客？他们到这里来要买什么样的商品？我应该如何满足他们的需求？

国际零售巨头沃尔玛根据零售业态的不同而采取不同的商品组合。例如，山姆会员店向消费者提供“一站式购物”服务，商品结构宽广度、中深度，即商品总的种类齐全，但单一商品类别适度齐全，商品种类为 3 万～ 6 万种，而且 50% 以上的商品为食品类；折扣店商品结构窄而浅，不但商品大类少，每类品种也少；购物广场商品结构广而深，商品种类在 8 万种左右，商品种类齐全；社区店商品结构窄而深，商品大类少，但每类的商品品种多，主要是日常生活品。

2. 适应消费者需求变化原则

知己知彼，才能百战不殆。只有摸清目标消费者的详细情况，才能有针对性地组织商品服务，才能满足消费者的消费需求。随着经济的发展，消费者的生活水平在不断提高，其消费日益成熟。在这种情况下，连锁企业的商品定位一定要与消费者的消费结构相适应，要随时调整自己的商品经营结构。

3. 掌握影响目标顾客因素的原则

影响目标顾客的因素很多，但最主要的是地理因素、人口因素、心理因素。地理因素是指连锁商店所处的位置和周围的环境，如交通状况等。人口因素是指目标顾客的性别、家庭状况、收入水平、文化程度、年龄及其对顾客的消费习惯和消费心理产生的影响。心理因素是指随着人们收入水平和教育程度的提高，越来越显著地影响到人们的消费习惯，并进而深刻地影响到连锁企业的商品定位。连锁企业只有将对目标顾客影响较大的一些因素作为重点进行分析，才能准确地进行商品定位。

4. “3S”原则

连锁经营商品定位，应遵循以下“3S”原则。

（1）特殊化、个性化。要与以往传统零售商店或其他区域商店有不同商品定位，面对激烈的竞争，主动让顾客了解本连锁店特色，使顾客想买商品时，马上想到这家店，产生必须光临的冲动。这里所指的特殊化或个性化，并不是在店内摆设奇珍异品，重点在创造自身的与众不同。

（2）简易化、单纯化。

①商业活动的共同行为目标就是单纯明快。

②简化程序，简洁迅速，便于提高效率、降低成本。

③商品定位及筹备作业简易化，让采购人员及现场人员容易执行操作。

（3）标准化、统一化。

①这是由连锁经营的特点决定的。

②标准化有利于降低成本，因为标准化简化了谈判程序和内容，各店分摊商品开发成本。

三、商品组合

（一）商品组合的定义及结构

商品组合也称商品的经营结构，是商品定位的核心。简单地讲，商品组合就是连锁企业把同类商品或不同类商品，按某种规格样式进行的销售组合和搭配模式。商品组合由若干个商品系列（类型）组成，而商品系列又由若干个商品项目组成，且这种组成是有一定规律的。商品系列有的是由于其中的商品均能满足消费者某种同类需求而组成，如替代商品（如牛肉和羊肉）；有的是其中商品必须配套在一起发生作用才售给同类顾客，如互补性商品（如手电筒与电池）；有的可能是同属一定价格范围之内的商品（如特价商品）。商品项目是指企业商品销售目录上的具体品名和型号。

（二）商品组合原则

1. 保持适当规模

适当规模是指顾客能够感觉到丰富且充足的商品种类。这时的衡量标准是顾客，而不是店铺经营者。就顾客而言，只有自己所需要的商品齐全才是问题的关键，而不需要时，商品再多也没有用，所以，店方必须做好商品数量的管理工作。

2. 正确运用补充原则

陈列架上必须保持一定的最低陈列量。所谓最低陈列量，是指商品继续减少时将导致销售停顿的数量，换言之，就是快要缺货的数量。因此，须在最低陈列量以上来补充商品，以利于销售的持续进行。

补充后的商品陈列量变成了最高，这就意味着本次的补充量等于直到下次补充时的销售量。因此，当决定补充商品时，必须预计到从现在直到下次补充商品时为止的销售量才行。反过来说，决定补充量的人必须是能够预测销售量的人。然而，采用这种补充的方法将产生另一个问题，在采用定期补充时，每次的补充量会有所不同；但如果采用定量补充制，则每次的补充时间又会变动。站在生产者的立场来讲，定量补充会比较方便，但如果是在成本较高的终端流通点（连锁店），则以定期补充较佳。

3. 保持适当的库存年龄范围

所有商品应以先进先出的原则来销售，这是保持库存商品新鲜的绝对条件。倘若没有先进先出的要求，或无法按照预测销售商品时，应该检查出超过库存年龄的商品，并且做好明确的标示。管理人员应该做清楚的记载，以此为依据决定其正确的库存年龄范围。为了避免竞争对手对资料的窃取，应避免使用数字，可以用符号或颜色来表示。

（三）商品群及组合方法

商品群是一群、一类商品的称呼，是根据连锁企业的经营观念，用一定方法来集结商品，将一些商品组合成一个战略经营单位，以吸引顾客并促进销售。商品群并不代表具体的商品，而是商品经营分类上的一个概念。商品群可以是商品结构中的大、中、小分类，也可以是一种新的组合。连锁企业必须能够及时发现消费者的多样化需求变化及其特征，并适时地组合有创意的商品群，使商品群的战略单位不断地充实新的内容，使这种商品群可以打破商品原来的分类，成为新的商品部门。一般来讲，可采用的新商品群的组合方法有以下几种。

1. 消费季节组合法

如在夏季可组合灭蚊蝇的商品群，辟出一个区域设立专柜销售；在冬季可组合滋补商品群、火锅料商品群；在旅游季节推出旅游食品和旅游用品的商品群等。

2. 节庆日组合法

如在中秋节推出组合月饼系列的商品群，在重阳节推出老年人用品的商品群等，也可以根据每个节庆日的特点来组合使用。

3. 消费便利性组合法

根据城市居民生活节奏加快，追求便利性的特点，可推出微波炉食品系列、组合菜系列、熟肉制品系列等商品群，并可设专柜供应。

4. 商品用途组合法

在家庭生活中，许多用品在超级市场中分属于不同的部门，但在使用中往往就没有这种区分，如厨房系列用品、卫生间系列用品等，都可以用新的组合方法推出新的商品群。

四、品类管理

品类管理是一种新的商品管理模式，更符合零售企业发展的要求，已有越来越多的连锁企业开始重视品类管理。品类管理是一种以发展品类（而非某个商品的品牌）竞争力为目标，通过满足消费者价值提高业绩的商品管理方法。开展品类管理，主要集中于解决内部和外部两个方面的问题。

（一）内部

通过品类优化来平衡和协调品类内部的各种关系。

1. 种类与数量的关系

在做品类优化时，首先要决定：销售哪些商品？它们在店铺中将扮演什么角色？每种商品要采购多少数量合适？这些问题是每天都要面临的，也是零售企业在商品管理上最重要的职能。

2. 种类与空间的关系

每个商品（供应商）都希望取得更多的排面，更好的展示位置；每个采购员都发现很多新品可能有很好的销售潜力。但零售企业的空间资源有限，不能满足所有的期望。

3. 价格与销售的关系

商品价格包含商品本身价值和商品附加服务价值两个部分。相同商品在不同零售商店里价格都可能不同。一方面和商品进货价有关，另一方面也与零售企业对商品附加服务定出的价格有关。如在逛超市时，顾客可能倾向于某个低价单品，但也可能主动接受其他商品的高价，即使明知后者的价格稍高。后者的高价位，就是家乐福为自己的销售策略而定出的附加服务价格。

4. 促销与销售的关系

在评估促销效果时，除了看它的短期效益，同时也要看它对品类销售的影响。例如，低价促销短时间可促进销售，但长时间使用又会影响品类发展。像食用油这个种类，其价格敏感度非常高，价格促销自然有效。但如果进行定位不清晰的促销，会使这个品类的促销影响越来越小。所以，促销与商品销售的关系也是微妙的，需要从策略的层面去协调。

5. 服务与零售品牌的关系

连锁企业可以通过提供商品附加服务而获益，同时也能建立和加强自己的品牌。但要注意，连锁企业的品牌形象是可以变化的：一方面，顾客对店铺过去的服务有既定的评价和印象；另一方面，店铺也可以通过提供更加准确或独特的服务而新建某种品牌形象。在此，品类管理即可作出不少贡献。

（二）外部

外部问题可通过品类竞争解决。通过品类竞争，使企业凭借一个品类的综合表现来赶超对手，并赢得当地的一个细分的消费者市场。

1. 品类组合

对于品类中各商品的生产和开发，零售企业很少有主动权（除非做自有产品）。但通过商品品种的组合、价格的组合、促销的组合，就能体现企业提供商品附加服务的独特性，从而争取其目标顾客群。

2. 品类策略

某一时期品类组合的优势，并不预示着持续的竞争力。因此，必须将每个品类视为零售企业可控的服务单元，定期进行品类定位和竞争力的评估，进而确定店铺发展的方向和营销策略。

第二节 连锁经营商品采购与调拨

一、商品采购

商品采购是物流管理的起点，是营销活动的起点和基础。由于连锁企业实行的是统一的标准化经营管理体制，所有连锁分店经营商品都要由商品采购部门集中采购配送，采购环节显得尤为重要，商品采购的良好运作，将给连锁企业带来较好的效益。

（一）商品采购策略

连锁企业的商品来源一是由自己生产，二是采购他人的商品。因此，连锁企业采购部门的决策主要包括两方面的内容：一是确定自己生产和外购的比例；二是确定总部与分店各自采购的比例。连锁企业自己生产商品不一定完全由自己建厂来生产，可以自创品牌委托生产厂家进行生产（OEM）。大多数连锁企业的商品来源是依靠外购来解决的，特别是一些中小型企业，采取完全外购的策略更为合理。一些规模较大的连锁企业，有的则坚持自制与外购相结合、以外购为主的做法。无论采取哪种方法，有一点是肯定的，就是必须具有严格的商品采购制度。

（二）商品采购程序

采购活动是一个循环往复的过程，所以又叫采购循环。采购循环由确定采购内容、选择供应商、采购洽谈和跟踪管理构成，其中采购洽谈是关键步骤。

1. 确定采购内容

（1）采购什么：明确需要采购的商品种类。

（2）采购多少：确定所需商品的数量。

（3）存货：考虑库存管理策略。

（4）季节、款式、品质：根据季节变化和市场需求选择合适的款式和品质。

2. 选择供应商

（1）最佳采购地点：选择最合适的采购地点。

（2）选择单个或多个供应商交货、使用：决定是与一个供应商还是多个供应商合作。

3. 采购洽谈

（1）何时、何价得到货物：确定交货时间和价格。

（2）各自权利、义务：明确双方的权利和义务。

（3）运费、包装费：商定运费和包装费用。

4. 跟踪管理

（1）问题处理及改善：解决采购过程中出现的问题并进行改进。

（2）现供应商评价：评估现有供应商的表现。

（3）搜寻新的供应商：寻找新的供应商以备不时之需。

（三）商品采购方式

连锁企业商品采购一般有以下五种方式。

（1）总部统一集中采购；

（2）总部采购大部分商品，分店采购少部分商品；

（3）总部采购少部分商品，分店采购大部分商品；

（4）自己贴牌生产（OEM）和外购相结合；

（5）完全销售自己生产的商品。

通常而言，第一种采购方式较为普遍，即商品采购活动由总部统一执行。由于连锁企业为了实现规模效应，往往采取集中统一的采购策略，这不仅实现了采购与销售职能的分离，而且通过专业化分工，有助于提高经营效率。此外，总部从厂商处大批量进货，增强了议价能力，从而能够以更低的价格获取商品，并享受到更优质的服务及各种优惠条件。第二种采购方式是为了提升企业对市场的适应性，总部有时会赋予分店一定的商品采购自主权，这一点在特许连锁体系和自由连锁体系中尤为显著。第三种采购方式并不利于连锁经营商业模式优势的发挥，但对缺乏核心竞争力的企业而言，此方式可能是不得已而为之的选择。第四种采购方式多为具有较强实力的连锁企业集团所采纳，有助于塑造自身品牌。第五种采购方式则多见于生产厂商直接开展的连锁经营商店。

（四）采购时应注意的问题

连锁企业在运用外购方式时，需要特别注意以下几个方面的问题。

1. 总部与分店之间采购权限的划分

在连锁经营活动中，总部与分店采购权限的划分是一个会经常引起纠纷的问题。其划分的基本原则应该是：使加盟者成为具有一定权利的老板，而且总部也能使企业销售产品达成一致性。所以，总部必须负责以下事项。

（1）制订连锁企业整体营运的商品计划。

（2）开发全国性商品。即开发适合每一个连锁店销售的产品或适合 80% 以上连锁店销售的商品。

（3）商品进价的协商与洽谈。由总部统一与供货商谈判，以量议价，可促使进价降至最低。

（4）价格策略的运用与制定。即总部制定一个统一的售价，让全国每个分店都能够接受，但各分店可根据区域的差异或竞争力的原则作适度的调整。

（5）商品分类，设定编号。一般商品先做一个明确的分类和编号，以利于商品管理。

（6）货源厂商的开发与掌握。就分店而言，重点在于单店的经营，所以货源厂商的开发与掌握，由总部来执行为宜。

（7）商品淘汰规划与执行。有些商品在分析与规划上，不只是一家分店，而是全局性的，所以必须考虑整体的效益及单店的差异。因此，在规划与分析上必须由总部来执行，以保持连锁企业内部的一致性。

（8）商品调拨与处理。有些商品因各种原因销售状况差些，在商品开发时难以全面掌握，这些商品可以经由总部转入销售状况好的店铺。对整体而言，这样做可以降低库存成本，也可以提高商品周转率。

（9）对厂商的管理事项。对配合优良的厂商，可给予奖励，这应该由总部来落实执行。

2. 分店与总部要密切配合

在商品的采购上，分店应与总部相配合。以下四种商品分店一定要从总部采购：总部拥有商标权的商品；总部拥有专利的商品；独特性强的商品；总部自行进口的商品。分店只要专心地经营就可以了，不需要自己去提货送货，总部可以把商品配送过来。这就要求总部的进价绝不可高于邻近零售店的商品的进价，必须以低于或等于周围零售店的进价进行采购。

另外，如果因为采购量很低，供应商不愿意配送且又是政策性商品时，则分店必须配合总部。

有些加盟系统中，总部对加盟店尤其是自愿加盟店的商品采购给予了较大的弹性空间，允许加盟店自行采购其他厂商的商品进行销售，但必须严格遵守契约中对于采购和销售产品范围的规定，切不可自作主张，违反契约规定，自行采购总部明文禁止的商品。

3. 重视商品的采购谈判

采购谈判是商品采购的关键环节。商品采购谈判的核心是议价，即企业的采购员与供货商就商品价格及交易条件直接进行谈判，这主要是围绕价格问题进行的。对连锁企业来讲，总希望以最低的折扣价获得高流转率的商品，并争取延迟付款。商品的采购如要达到这一目的，需要做到以下几点。

（1）谈判前要做好充分准备。

①对供应商的资质进行详细调查，弄清是全国性的、地方性的还是区域性的；

②设定两个以上的谈判目标，一个是理想的目标即单赢，另一个是合理目标即双赢；

③要准备齐全各种相关资料，如市场调查报告和有效证件等。

（2）谈判中要有礼有节、策略灵活。

①要讲礼貌，从各方面尊重对方，要充满信心；

②通过提问，从对方回答中获得有用的信息，引导供货商说出我们所需要的东西；

③主动掌握谈判的进程；

④强调合作，我们所倡导的是以信任为理念，追求的是双赢效果，强调的是双方的合作；

⑤妥善处理异议，当供货商提出的条件过于苛刻时，可以据理力争，要善于说“不”，并作出谈判破裂的暗示。

（3）谈判后要追踪效果。商品采购谈判结束，并不是商品采购的终结，一个合格的采购员还要追踪因商品采购所延伸的一些工作，进行谈判后的效果追踪。主要考察以下六个方面。

①商品是否满足消费者的需求？顾客的满意度如何？

②商品采购总量、商品结构、批量是否合适？

③商品质量是否稳定？能否满足顾客的需求？

④商品货源是否来自制造商？

⑤售后服务是否良好、可靠？对投诉是否能够作出迅速反应？索赔是否简便易行？

⑥交货是否及时？供货量是否有弹性？交货时间是否合适？能否保证购货所需时间内的正常销售。

二、商品调拨

分店与连锁总部之间会发生商品调拨，可分为总部要求分店做商品调拨、分店向总部提出申请做商品调拨两种情况。

（一）总部要求分店做商品调拨

总部要求分店做商品调拨又有下列两种情况。

1. 总部要求分店将部分商品调拨给其他分店

总部应发出商品调拨单一式三联，一联交调出单位，一联交调入单位，一联交财务部门入账。对特许连锁而言，当加盟店内的商品产权属于总部时，加盟店就必须依照契约及管理规定办理；当加盟店内的商品产权属于分店时，分店可视实际情况与总部协商办理。

2. 总部要求分店将商品调拨回本部

（1）试销新产品成效不佳，撤回做淘汰处理。

（2）商品的品质有瑕疵或已过期，为维护企业形象，避免损害消费者的权益，统一收回总部或物流中心进行处理。

（3）商品要更换包装，以新面貌重新推出。

（4）分店的存货过多，管理不良或滞销，总部主动协助分店做商品结构调整，以降低存货，做好库存管理。在操作程序上，总部仍然应依照规定发出调拨通知及商品调拨单给分店。对于特许连锁，当商品产权属于加盟店时，商品调拨可由总部与加盟店协商进行。

（二）分店要求总部做商品调拨

分店要求总部做商品调拨也有下列三种情况。

1. 分店临时缺货

分店临时缺货而总部又无法立即支援供货，改向其他分店或门市组织调拨。这时分店可以向总部区域主管提出申请，要求支援，由区域主管人员查询并确认后可向分店办理调拨手续，要由总部人员填写调拨单。

2. 分店存货过多

分店的商品存货过多，造成积压，自身无法消化，需要向总部要求将商品调拨回总部的物流中心，或调拨给其他分店。当采用的方式是调回物流中心时，即当做退货处理。

3. 分店商品滞销

分店的商品滞销，分店向总部申请，要求将滞销商品调拨至畅销地区进行销售，经总部核查无误后，由总部开出商品调拨单，移转滞销品至畅销地区的分店。

三、商品开发

商品的管理与开发是连锁企业配送中心和分店的重要任务，是提高企业经济效益和竞争力的有效方法和途径。连锁企业的商品开发主要包括新产品的开发和疲软商品的淘汰。

（一）新产品的开发

新产品的开发包括外购品牌商品的开发和自制品牌商品的开发两类。这两类商品的开发都由企业与厂商通力合作，共担风险，共享利润，共同管理。开发新产品的原则主要有以下两点。

1. 系列化

以商品系列来开发，品种齐全而且声势浩大。

2. 组合化

以商品组合来开发，建立适合生活形态的销售方式，可提高依照商品淘汰计划来开发新产品的速度。

需要注意的是，毛利润偏低而且属于非必需品，还有保存期限太短，不易保存的产品，对人体健康不利或不符合有关法律法规规定的产品都不宜开发。

（二）疲软商品的淘汰

疲软商品即滞销商品。淘汰疲软商品是为了保持店内商品的活性化与商品正常的更新换代。在连锁店空间有限的情况下，疲软商品的淘汰是开发新商品的前提。符合下列基本情况的商品应淘汰。

（1）发货中心以计算机分析出货资料，出货排行榜内累计销量在95%以下的商品；

（2）厂商直接配送的商品，每月销售额在每店平均进货金额1/2以下者；

（3）厂商货源不稳，无法控制者；

（4）与商品标志不符，有违政府法令法规或有害身体健康者；

（5）市面售价紊乱，毛利太低而且属于非必需品者；

（6）新商品试销结果不理想者。

总之，总部可以通过网络分析并通知分店对滞销商品进行淘汰，此建议也可以由分店主动提出，使总部与分店的商品库存成本降至最低，并不断提高周转率和经济效益。

对于疲软商品的淘汰要注意以下两点。

（1）持慎重态度，关键是要辨别疲软的趋势，要进行耐心细致的分析，综合判断；

（2）对那些确实需要淘汰的商品，可以根据实际情况采用立即放弃策略、逐步放弃策略或自然淘汰策略。

第三节 连锁经营分店的商品陈列

在大型超市中，商品种类繁多，顾客与商品的初次接触至关重要。若缺乏恰当的商品摆放，将无法营造出温馨舒适的购物氛围。商品的陈列方式直接影响着销售业绩的高低。商品陈列作为连锁企业商品管理的关键组成部分，反映了企业的管理水平与服务理念。合理的商品陈列，既科学又美观，既合理又实用，能够有效促进销售，简化购物流程，节约人力资源，最大化空间利用，并美化购物环境。商品陈列不仅涉及操作技巧，还蕴含了丰富的美学元素。

一、商品陈列的理解

连锁店铺的商品陈列，旨在通过有限资源的合理运用，遵循店铺整体布局的指导原则，进行货架的有序排列、商品的规范摆放以及店内广告的精心设计。此外，通过合理配置照明、音响、通风等设施，旨在营造一个理想的购物环境。科学而合理的商品陈列策略，能够有效地刺激销售、简化顾客的购买流程、节约人力资源、最大化空间利用以及美化购物环境。

商品陈列不仅是艺术，更是科学，它通过视觉与顾客沟通，以商品本身为主题，借助其形状、色彩和性能，结合生动的艺术造型及与环境的协调，向顾客展示商品特征，增强吸引力，并加深对商品的认知。整齐美观是卖场陈列的基本思想，直接决定着顾客的第一印象。陈列的变化与方式的选择不仅影响着商品的销售数量，也是零售现场管理的重要组成部分。

作为无声却有力的推销手段，商品陈列在吸引顾客进店、激发购买欲望和促成交易中扮演着关键角色，尤其对拥有几万种商品的大型连锁超市而言尤为重要。规范、科学且生动的陈列方式能够帮助顾客快速找到心仪的商品，节省时间和精力，提升购物体验。因此，将这一基本思想融入货架、堆头等陈列形式中，是提高销售效率和服务质量的有效途径。

知识之窗

IKEA：体验式陈列与购物路径优化

IKEA是全球知名的家居零售商，以其独特的陈列方式和沉浸式的购物体验而闻名。IKEA的门店通常采用“迷宫式”布局，引导顾客沿着特定的路线走遍整个店铺。这种布局通过巧妙的设计，让顾客在不知不觉中走过更多的区域，增加了他们在店内的停留时间。每个转角、每个展示区都可能带来新的惊喜，激发顾客的兴趣和好奇心。门店内设置了多个完整的家居场景，如客厅、卧室、厨房、儿童房等，每个场景都像一个真实的家庭空间，配备了齐全的家具、装饰品和日常用品。

除了大型家居场景，IKEA 还在各个展示区设置了小型的局部展示，如书架、衣柜、厨房台面等，展示了不同风格和功能的搭配方案。顾客可以通过触摸、试用等方式，深入了解产品的细节和特点。为了帮助顾客作出更明智的购买决策，IKEA 在每个展示区都设置了详细的产品说明和搭配建议。每件商品旁边都有清晰的价格标签、尺寸信息和材质说明，方便顾客了解产品的具体参数。此外，IKEA 还提供了丰富的搭配建议，展示了如何将不同的产品组合在一起，创造出美观实用的家居环境。无论是新手还是有经验的消费者，都能从 IKEA 的展示中获得有价值的参考，从而更加自信地作出购买决策。

除了迷宫式布局和场景化陈列，IKEA 还非常注重购物路径的优化。整个购物过程被设计得非常流畅，顾客从入口进入后，首先会经过大型家居场景展示区，然后进入小件商品区和样板间，最后到达收银区。每个区域之间通过清晰的标识和指示牌进行引导，确保顾客不会迷失方向。

通过迷宫式布局、场景化陈列、详细的产品说明和优化的购物路径，IKEA 成功创造了一个既有趣又高效的购物环境。顾客不仅可以在这里找到心仪的家居产品，还能享受到一次充满启发和乐趣的购物体验。

参考部分资料，自行撰写。

二、商品陈列的原则

（一）容易选购原则

容易选购、便利购物是商品陈列的出发点。

1. 商品一目了然

在当前国内市场，营业面积超过 100 平方米的便利店通常经营 2000 ～ 2500 种商品；而营业面积介于 500 ～ 1000 平方米的超市，则多提供 5000 ～ 10000 种商品。面对如此繁多的商品种类，为了使顾客能在较短的时间内迅速找到所需商品，便利店和超市的商品纵向分类（产品线的深度）必须做到清晰易懂，并以简洁的展示形式、创新的风格来凸显自身的品牌形象。

2. 符合购买习惯

顾客习惯购买商品的先后顺序、关联商品顾客的适应程度，店方应研究透彻。对节假日、季节性、新商品的推销区和特价区商品的陈列要引人注目。

3. 标价准确醒目

最容易出现的情况是标价与商品互相混乱，还要顾客将其一一对上号，这容易产生以下几个方面的负面作用。

（1）导致顾客投诉，认为店方素质差，管理不到位；

（2）因为搞不清产品价格，无法作出购买决策，导致销售额下降；

（3）容易激发事端，产生矛盾，影响店铺形象。

4. 商品易于拿取

所购商品容易拿取是最基本的陈列要求。

5. 过道畅通无阻

过道以能够容纳 2 人并行通过（宽度在 90cm 以上）为宜。

（二）愉快购物原则

容易购物是连锁店商品陈列的基本条件，而顾客的心理满足才是最重要的。要达到这一点，只有让顾客愉快购物。良好的心情，会使顾客停留的时间长，顾客会多看、多比较，甚至会不自觉地购买计划外的商品。连锁店可以通过以下几方面的努力来使顾客感到愉悦。

1. 及时供应商品

货架上的商品要丰富、充足，目的是使顾客有挑选的空间，避免产生脱销现象。

2. 保持整洁

保持清洁整齐，这是基本工作要求。货架要整洁，陈列的商品要干净、完整；有破损、有污渍、外观上不合要求的商品要及时撤下。

3. 优化商品布局

商品陈列要经常变化翻新，但不能影响整体效果。不过不能太频繁，不能给消费者“穷折腾”的印象。

4. 优化商品陈列

商品陈列要有美感，有艺术性，要赏心悦目。

5. 突出新品陈列

商品陈列要能及时宣传新产品新项目，迎合顾客兴趣，体现阶段经营商品的特色，强调广告效果。

（三）便于管理原则

商品销售后需及时进行补充陈列，采用“先进先出法”从后排开始补货，确保较早陈列的商品优先售出。这种方法不仅有助于商品保鲜和有效管理，尤其对于有保质期的食品，能保证顾客购买到更新鲜的产品，保护消费者利益。同时，商品的前后周转有利于保持清洁，减少损失，降低管理成本。先进先出法通过优化库存流动，提高了货架管理效率和商品新鲜度，增强了顾客满意度。

三、商品陈列的工具

（一）货架

货架设计多采用可拆卸组合的钢制结构，尤其在东亚地区，普遍使用高 170cm、长 100cm 的货架，这种规格适应东亚人的平均身高。货架高度的选择还受到店铺业态、建筑层高和商品尺寸的影响。例如，购物中心和仓储超市通常使用更高的工业货架，以充分利用空间并减少库存成本。当建筑物层高较高时，较高的货架可以避免空旷感，最大化利用垂直空间。对于大件商品，货架也需要相应增大，以确保足够的陈列空间。总之，货架设计需综合考虑人体工程学、空间利用和商品特性，以优化购物体验，提高运营效率。

（二）价格卡

价格卡主要用来标示商品售价并进行定位管理。价格卡一般以电脑打印，内容包括商品名称、商品号码、条形码、售价、排面数，经常贴于该商品陈列的货架凹槽内。

（三）端架

端架通常用来陈列一些高毛利商品、新品、季节性商品、促销商品或要处理的滞销商品。

（四）堆头

堆头是在连锁店铺卖场的主通道、出入口、开阔的空间上摆放一些平台或筐篮，陈列一些价格优惠或促销的商品。目的是吸引顾客的注意，突出商品的独特个性以及焦点促销的效果。

除上述陈列工具外，连锁店铺商品陈列的工具还有柜台、托盘、挂钩、水箱、木桶、玻璃罐、网状筐、堆头筐、悬空架、衣架、拍子（木托盘）、地老虎、叉车、取货架等。

四、商品陈列的程序

连锁店商品陈列的操作程序绝非仅限于局部的陈列方法，也非单纯地将商品通过特定方式，在货架或其他容器中进行展示。陈列方法仅为商品陈列这一广泛领域中的一个组成部分，即具体实施操作的技能。这里所探讨的商品陈列程序，则是从宏观视角出发，对商品陈列进行的全面考量。它包括以下八个步骤。

（一）陈列调查

1. 市场调研

定期进行市场调研，了解顾客需求和市场趋势，为陈列提供依据。

2. 竞争对手分析

观察竞争对手的陈列策略，吸取经验，避免重复错误。

（二）陈列规划

在进行商品陈列之前，需要进行下列详细的规划。

1. 确定陈列目标

明确希望通过陈列达到的具体效果，如提升销量、清理库存等。

2. 选择陈列位置

根据商品特性、店铺布局和顾客动线，选择最佳陈列位置。

3. 制定陈列方案

设计具体的陈列方式，包括商品摆放顺序、颜色搭配、关联商品组合等。

（三）陈列准备

陈列前的准备工作包括以下几点。

1. 订货与收货

确保陈列所需的商品已经到货，并且数量充足。

2. 清洁与整理

对陈列区域进行彻底清洁，确保货架、地面等干净整洁。

3. 工具与材料准备

准备好所需的陈列工具和辅助材料，如标签、价格牌、装饰品等。

（四）陈列上架

1. 按照陈列方案

严格按照预先制定的陈列方案进行商品摆放。

2. 保持整齐有序

确保商品排列整齐，便于顾客拿取。

3. 定期调整

根据销售情况和季节变化，定期调整陈列布局。

（五）陈列检查

1. 确认与检查

定期检查陈列情况，确保符合陈列标准，如商品是否齐全、标签是否正确、陈列是否整齐等。

2. 及时调整

发现问题时及时进行调整，确保陈列效果。

（六）陈列销售

1. 对顾客的影响

良好的陈列可以显著提升顾客的购物体验，增加购买欲望。

2. 信息收集与资料分析

通过观察顾客行为和销售数据，收集陈列效果的信息，并进行分析，以便优化未来的陈列策略。

（七）陈列信息收集

收集顾客反馈和销售数据，了解哪些陈列方式更受欢迎。

（八）陈列资料分析

1. 数据分析

通过对收集的数据进行分析，找出陈列的有效性和改进点。

2. 持续优化

根据分析结果，不断优化陈列策略，提升销售效果。

通过以上步骤，可以系统地进行商品陈列，不仅能提升店铺形象，还能有效促进销售，提高顾客满意度。

五、商品陈列的方法

（一）日用杂货陈列

1. 封闭式陈列

封闭式陈列，又称柜台式陈列，是通过使用柜台来展示商品的一种方式。部分商品陈列于柜台上，而另一些则置于柜台内部。此方法主要用于展示价值较高的商品，如照相机、贵金属、数码摄像机、手机等。同时，也适用于展示一些体积较小的商品，如装饰品、化妆品、电池、手表等。其主要功能在于保护商品，避免被盗。

2. 开架式陈列

这主要是放在货架上或在类似货架的物品上陈列商品。根据陈列方式的不同，主要有以下几种。

（1）集中陈列法。这是连锁店中最常用的方法，就是把同一种商品集中陈列在一个地方的方法。集中陈列法适合于周转快的商品。

（2）整齐陈列法。就是把商品从包装中一件一件取出，并按一定层面整齐地堆放在一起。如瓶装饮料、罐装饮料、啤酒、酱豆腐、辣椒酱、卫生纸等。目的是使顾客感到商品丰富且量大，以激起消费者的购买欲望。这种陈列法适用于季节性、购买频率高、购买量大、高折扣的商品。常用这种方式的商品不能怕挤压。

（3）盘式陈列法。盘式陈列法又称割箱陈列法，是整齐陈列法的一种变形。它不像整齐陈列法那样，将商品从包装中一件件取出，再整齐地堆积起来，而是将包装纸箱底部以上一半左右割去，露出一排排的商品，再以底为盘，以盘为单位将商品一盘盘码放在一起。其目的是为了突出商品的量感，并说明可以整箱出售。此方法主要用于陈列饮料、啤酒等商品。

（4）随机陈列法。这种陈列方式指的是理货员在上货时，不注重商品的排列造型与图案，而是将商品随意堆放在固定货架上。通常使用四角形或圆形网状容器或带有凹槽的货架，主要用于展示特价品或希望给消费者留下“特价印象”的商品。例如，随意堆放的便宜皮鞋、围巾、内裤、过季服装，以及榨菜、糖、盐、咸菜和小食品等。这种方式通过简单直接的陈列，强调商品的价格优势，吸引追求性价比的消费者。

（5）端架陈列法。端架是指陈列架的两端，距离通道最近，是顾客首先看到的位置，也是卖场内最能吸引顾客注意的黄金地段。由于客流量大，端架是提升销售和利润的关键区域。通常，这里陈列的商品包括高利润商品、特价品、新开发产品、自有品牌商品、国内外名牌商品以及热销商品。端架可以展示同一种商品或不超过两种的不同商品组合，以确保视觉效果和吸引力。为了最大化利润，应充分利用这一位置，重点陈列知名品牌或高利润商品，从而吸引顾客并促进销售。

（6）岛式陈列法。在连锁店铺的卖场入口处、中部或底部，有时不设置陈列架，而配以特殊陈列的一组展示台、展示柜、展示桶等，这种方法称为岛式陈列法。岛式陈列法的主要工具有大型矮式冰柜、网状货筐、平台、木桶或塑料桶、屋顶架等。岛式陈列位置一般处在零售店铺的入口处、中部和底部，高度不能超过消费者的肩部，否则会影响整个卖场的视野，所以顾客可以从四个方向看到岛式陈列的商品。既然容易看见，那么商品必须吸引人，所以，包装华美、色彩艳丽的新产品、特价品最适合岛式陈列。

（7）悬挂式陈列法。即将扁平形、细长形，不能站立的无立体感的商品悬挂起来的一种方法。有些商品由于物理性能方面的限制，其外面平淡无奇，不足以打动消费者，而运用悬挂式陈列，可以增加其观赏性，有利于销售。悬挂式陈列能使顾客从不同角度观察商品，具有化平淡为神奇的促销作用。适用于悬挂式陈列的商品有衣架、拖把、衣服、皮带、书包等。当然有的商品在实际运用时，就需要悬挂，所以连锁店铺为增加陈列效果，也将商品悬挂起来，以增加感性认识，如电热水器、空调器等。食品类像牛肉、火腿等悬挂陈列也是为了销售需要。

除以上几种方法外，日用杂货的陈列方法还有狭缝陈列法、突出陈列法、定位陈列法、关联陈列法、比较陈列法等。

（二）日配品陈列

日配品主要是指消费者每天生活必备的、商家需每天进行配送的商品，如面包、牛奶、豆制品、饮料、熟食品等。其特点是保持商品的新鲜度。其陈列方法主要有冷藏柜陈列法和集中陈列法，如牛奶、冷饮、熟食品等多采用冷柜陈列；面包、饮料等多采用集中陈列。有些连锁店有面包制作车间，其成品面包陈列在车间前的货架上，用散发出的面包的香味吸引顾客。

（三）水产品陈列

连锁店中的水产品分为三大类，即新鲜水产品、冷冻水产品、盐干类水产品。

1. 新鲜水产品

活鱼活虾等新鲜水产品用无色的玻璃水箱陈列，水中游弋的鱼虾能满足消费者的新鲜感，很受消费者喜爱。非活新鲜水产品，其特征是出水时间较短，新鲜度高，一般用木板或白色托盘陈列，陈列时鱼头朝里，尾朝外，肚朝下，周围撒上冰块，覆盖部分不超过鱼身长的1/2，以求达到次序感和新鲜感。陈列时讲求艺术造型，达到生动化的效果。

2. 冷冻水产品

冷冻水产品一般陈列在敞口的连续制冷的冰柜内，商品多用塑料袋包装，但必须能从外透过包装看到产品的实体。有的用小塑料托盘封塑后进行冷冻陈列，这样便于消费者少量选购，如冷冻排虾、冻鱼等。

3. 盐干类水产品

盐干类水产品由于被食盐腌制过，短期内不会变质，为突出新鲜感多用平台陈列，有些则用标准货架陈列，如干贝类、壳类等。

有些水产品太大，必须进行切割，分成段、块、片来陈列。这样做一是便于销售；二是便于保存陈列。这些水产品一般用塑料袋包装后陈列于冰柜中，或是用深底托盘放置冰块，陈列于平台上。有些则从下至上摆出层次感。

（四）果蔬品陈列

果蔬品的质量关系到消费者的身体健康，所以果蔬品的陈列要注意两个问题：一是新鲜；二是干净。蔬菜的单位价值低，人们购买的出发点就是新鲜。

1. 果蔬品的陈列方式

由于果蔬种类很多，在此介绍几种基本的陈列方法。连锁店铺中果蔬品的陈列主要有排列、置放、堆积、交叠、装饰五种基本方式。排列是指将果蔬有序地并排放置在一起。置放是指将商品散开放置在容器中。堆积是指将商品自上而下放置在一起，上少下多立体感强。交叠是指将大小不一、形状各异的商品进行交错排列，交叠的目的就是为了美观，使商品看起来整齐一些。装饰是指将一些商品放在另一些商品上，起陪衬的作用，故称为装饰。

2. 果蔬品的陈列形态

（1）圆积形。这主要用来陈列圆形的水果和蔬菜，如苹果、柚子等水果以及西红柿、茄子等蔬菜。陈列的顺序是先排底层的前边部分，然后排底层的两侧和后边，最后再排底层的中间部分。第二层商品的重心放在底层两个商品的联结位置，以此向上排放。

（2）圆排形。这是陈列体积较大一点果蔬的形式，如冬瓜、椰子等。首先用挡板将商品的两侧固定起来，防止其松垮塌落。然后放置低层商品，每层商品重心相对，层层向上，给人一种整齐有序的感觉。

（3）芹排形。这是陈列葱、芹菜、茭白等长形蔬菜的一种形式。摆放时，蔬菜根部向外，茎部向里，呈纵向排列。

（4）交错形。这是陈列韭菜、蒜黄等长身、瘦体蔬菜的一种形式。摆放时，层层之间要根茎相对，整体呈方形。

（5）格子形。这是陈列青萝卜、胡萝卜等尖形蔬菜的一种形式。摆放时，要根部向外，尖部相对，纵横交错。匀称的圆形根部或带叶的根部朝着顾客，反映出商品良好的质地。

（6）盘子形。这是陈列豆芽菜、青豆等形状不一蔬菜的一种形式。用白色盘子将这些蔬菜固定陈列起来。

（7）斜立形。这是陈列大白菜的一种形式，棵棵白菜紧靠在一起，根部朝下斜立着。由于相互之间是侧靠着的，重心在侧面，其根部不易损坏；顶部或菜心部分既不易张开，又确保了蔬菜的新鲜性。

（8）植入形。这是将蔬菜根部和顶部相接，根部植入前排蔬菜顶部下面的一种陈列方式。它与斜立形的区别在于：采用斜立形陈列的蔬菜是站立着的，而采用植入形陈列的蔬菜是平躺的。采用植入形陈列的蔬菜，根部朝里，叶部朝外，将翠绿色直接展现给消费者，以体现蔬菜的新鲜感。

（9）散放形。这是陈列形状不一的根菜类和香蕉的一种形式，只要面对消费者的部分摆齐就可以了。这类果菜怕挤压，不能堆积，只能散放，一般做法是根部朝里，顶部面对消费者。

（10）堆积形。将包装过的商品、袋装商品、长形的商品先排好前面和周边的部分，然后向上堆到一定高度，就是堆积形。在运用堆积形陈列商品时，前面的商品要排放整齐，两个侧面可用挡板或商品自身进行固定，第二层商品的重心应该在底层两个商品的联结点上，依次上堆，数量递减。

（11）面对面形。将包装过的蔬菜两排为一组，组与组之间根对根或头对头地陈列。这种陈列形式整齐划一，有利于零售店铺果菜卖场的整体布局，有利于维持良好的店堂环境。

（12）围绕形。用甲商品将乙商品围绕起来，或者用隔物板、容器将商品围绕起来，这种形式就称为围绕形。采用围绕形陈列的商品一般单位价值较高，形体较小，被围绕起来能显示出良好的视觉效果。

（13）搭配形。这是将两种以上的商品陈列在一起，来获得理想的对比效果。例如，大小搭配、长短搭配、红绿搭配、粗细搭配、黑白搭配、黄绿搭配等。通过搭配对比，各种商品的色彩显得更加鲜明，更引人注目，形体特征也更加明显。

（14）阶梯形。事前准备好阶梯形的陈列架，将不能堆积陈列的果蔬置于架上。架上的商品要排放整齐，层层有序，以显示商品的丰富与多样。

（15）段积形。段积形与阶梯形的差别在于，阶梯形要用阶梯形的货架，而段积形则依靠商品自身的摆放而成形。段积式形同积木，顶部到底部的线条呈阶梯状的形式。

（五）商品陈列要领

连锁商店商品的陈列，最大原则就是要促使商品产生“量”感的魅力，使顾客觉得商品极为丰富。所以除前面所讲技巧之外，还要注意以下要领。

1. 重视粘贴价签

商品不论种类、性质如何，其价签的粘贴位置一定力求固定。但绝对不宜贴在商品说明或制造日期标示处。标签应贴牢、贴正，以防止脱落或被顾客更换。

2. 注意顾客流动形态

据统计，顾客进店以后通常先从柜台看起，走 6 ～ 8 步，而后停下来看货品陈列，然后再走一小串步子再看。因此，商店对于商品的陈列应注意顾客流量最多的区域在哪里，以及尽量安排完整的商品陈列，使顾客从头到尾都经过，才不会造成死角，失去售货机会。

3. 进行最有利的分配

通常最畅销品排在最前面，次畅销者次之，以此类推，到后面则必须摆设较吸引人的商品，使顾客能继续走到最后。此外，需注意属于顾客冲动性购买的商品一定要陈列在必需品附近，以形成乘数作用。

4. 揭示标语

在众多商品的陈列当中，如果在一些商品旁适当的位置陈列各种标语，如“新产品”、“新项目”、“特惠价”、“新包装”、“新上市”和“特别物品”，或标示品质、特色等，时常会大幅增加销量。

5. “前进立体”式陈列

市面上很多商店都采用“后退平面”式陈列，由于这种陈列方式的错误，使商品失去陈列的多量感魅力，常易使顾客对货架上的商品产生陈列不足或缺货的感觉。

6. 互补效益，造势销售

靠陈列技巧亦可帮助商品的销售。例如，一家商店中销货金额较大的是 30 元的商品，它平常保持有 50 个的陈列数量，现在您想促销 100 元的商品的销货量，那么，100 元商品的陈列数量就必须增多，至少也应该和 30 元商品的陈列数量一样，甚至还要超过，并将它陈列在较醒目的位置。我们都知道，商品的畅销与否，受所陈列位置、数量的影响非常大。这种方法，也是目前超市或商场常用的方法，若要大量销售某一种商品时，都会将该商品陈列在最醒目的位置，并且加大陈列面积。

本章小结

本章系统介绍了连锁经营中的商品管理，深入探讨了商品特征、分类和定位原则，阐述了如何根据目标顾客需求优化商品结构，详细讲解了商品采购的策略、程序及总部与分店在采购权限上的协调，强调了新产品的开发流程和疲软商品的淘汰机制。此外，还重点描述了商品陈列的原则、工具和方法。通过本章的学习，学生不仅掌握了连锁企业在商品管理方面的理论知识，还提升了实际操作技能，如商品定位、采购管理、产品开发和陈列设计。这些内容不仅帮助学生理解连锁企业运营的核心要素及其管理实践，还为他们未来的职业发展提供了坚实的理论基础和实践经验。

【思考练习】

1. 解释“3S”原则在连锁企业商品定位中的具体含义及其重要性。
2. 为什么连锁企业在商品开发中要重视新产品的系列化和组合化?
3. 简述商品陈列的基本原则及其对销售业绩的影响。

【拓展训练】

1. 请设计一个连锁超市的陈列方案，涵盖货架布局、端架陈列、堆头展示等具体方法。解释这些陈列方式如何吸引顾客并促进销售。

2. 假设你是一家连锁餐饮企业的负责人，计划开设一家新门店。请结合本章所学内容，制订一个开店计划，包括商品定位、采购策略、商品开发和陈列设计等方面的具体措施。讨论这些措施如何帮助新店在竞争激烈的市场中脱颖而出。

6

第六章
连锁企业营销管理

本章概述

本章深入探讨了营销管理的重要性、现存问题及优化策略，阐述了市场细分的概念及其对选择目标市场的重要性，并提供了具体的市场细分步骤与方法。同时，还探讨了目标市场的评估与选择策略，以及如何通过市场定位来塑造独特的企业形象和产品特色。此外，还介绍了连锁企业的市场营销策略，涵盖了产品、价格、渠道和促销四个方面。整体内容旨在帮助学生理解连锁企业在营销管理方面的实践操作和战略规划，以提高运营效率和市场竞争力。

学习目标

知识目标

（1）理解连锁企业营销管理的重要性。

（2）熟悉连锁企业营销管理的优化策略。

（3）了解市场营销组合（4P）的核心内容。

能力目标

（1）能够运用市场调研工具和技术，进行有效的市场细分，识别并评估不同细分市场的吸引力。

（2）学会根据企业的资源和能力，选择合适的目标市场，并制定相应的市场定位策略。

（3）能够设计和管理高效的营销渠道，协调总部与分店之间的采购和销售活动，提高渠道效率。

素质目标

（1）培养学生的创新思维，鼓励他们在营销管理中提出想法，推动企业创新发展。

（2）提高学生的沟通技巧，使他们能够在营销过程中有效地传达信息，影响消费者决策。

（3）培养学生灵活应对市场变化的能力，使他们能够在快速变化的商业环境中保持竞争力。

思政目标

（1）引导学生认识到企业在追求经济效益的同时，应承担相应的社会责任，关注环境保护、消费者权益和社会公益。

（2）教育学生树立可持续发展的观念，鼓励他们在营销策略中考虑环境和社会因素，推动绿色营销和循环经济。

（3）帮助学生了解国家有关市场营销的政策和法规，确保他们的营销活动符合国家要求，支持国家战略发展目标。

思维导图

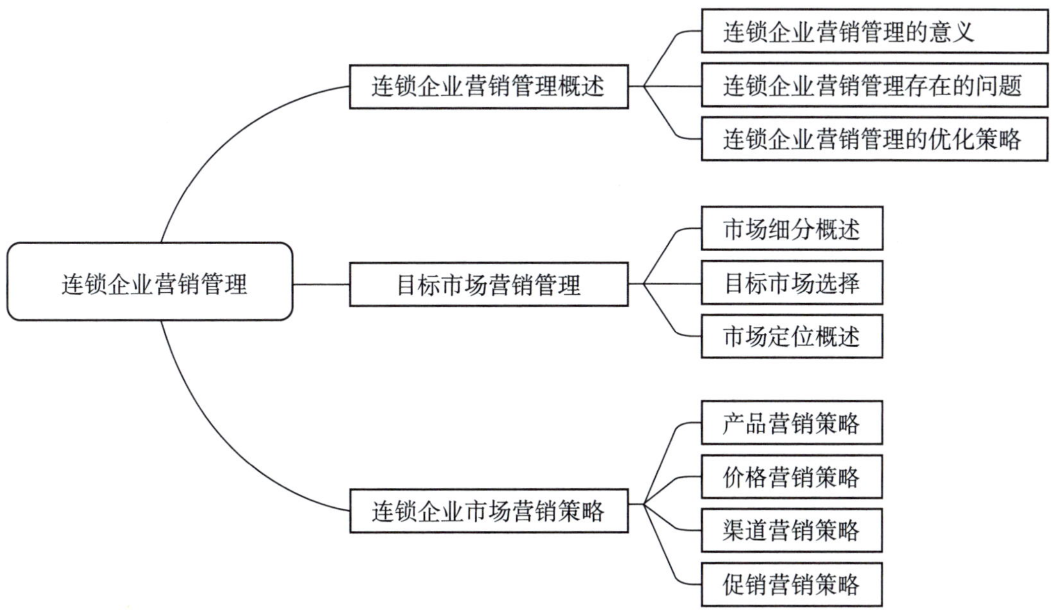

第一节 连锁企业营销管理概述

连锁企业因其经营特性，需在营销管理方面投入更多精力与资源。确保连锁企业的营销管理得当，对于企业的持续发展具有至关重要的意义。然而，当前连锁企业在营销管理方面仍面临若干问题，这些问题制约了企业连锁效应的充分发挥。

一、连锁企业营销管理的意义

（一）发挥产品优势的基本要求

连锁企业因其标准化、规模化的经营形式，通过整体营销规划和管理创新，带动旗下产品和服务的升级，扩大产品优势，优化产品概念，提升产品层次，并强化企业组织策划，带动消费者从满足需求向创造需求转变，增强消费潜力和购买力。因此，营销管理是连锁企业产品优势发挥的基本要求。加强营销管理，对于连锁企业的发展起着至关重要的作用。

（二）提高盈利能力的前提保障

营销管理是指企业为实现经营目标，制定并实施市场营销策略的动态、系统的管理过程。有效的营销管理是企业增强竞争力的保障，是企业提高盈利能力的基石，是企业扩展版图的基本要求。连锁企业必须立足实际，制定适合企业自身情况、长远可实施的营销策略，从而达到增强企业核心竞争力、提高盈利能力的目的。

（三）促进企业持续发展的重要基石

连锁企业如果缺乏营销管理，在规模扩张以及持续发展中就会失去突出优势。对连锁企业而言，不仅要加大营销策略的规划与落实力度，打造企业自己的营销工作手册，营造良好的企业氛围和文化。同时，还需要充分重视整合营销，在产品、价格、渠道、促销等方面都应制定可行的营销策略，强化连锁企业的营销管理，打造企业品牌形象，形成品牌效应，这也是连锁企业持续发展的重要基石。

二、连锁企业营销管理存在的问题

（一）营销管理理念缺乏创新

目前，多数连锁企业仍受传统经营思想的影响，营销管理意识薄弱、理念陈旧，对营销管理缺乏正确科学的认识，将营销管理片面理解为产品推销，缺乏全局观念，导致部分连锁企业的营销管理水平较低，缺乏相应的工作流程与规范，缺乏市场竞争力。

（二）未真正建立品牌形象

不少连锁企业在营销管理过程中，缺乏科学的营销管理策略，品牌策略并未充分确立，加之品牌管理意识薄弱、运营经验不足，使得连锁企业陷入经营困境之中。多数连锁企业在经营过程中过分注重市场行为的短期效应，对于投资回报周期较长的建设力度相对较低。

（三）营销渠道尚不完善

绝大多数连锁企业都充分认识到信息化策略在营销管理中的作用，但我国连锁企业的信息化投资尚无一套完整的管理体制，一定程度上限制了我国连锁企业的发展。此外，我国连锁企业的销售网点通常设置在大城市的商业中心，而城乡地区的销售网点却乏善可陈，导致多数连锁企业的消费市场覆盖面较窄。

（四）缺乏高质量营销管理人才，企业培训力度不足

目前连锁企业的营销管理效率低下的主要原因是连锁企业中缺乏高素质的营销管理人才。在连锁企业中，总部和分店人员的管理和培训制度尚未建立完善，导致营销管理人员在工作过程中，理论知识缺乏，实践能力无法得到提升。在现阶段的市场经济环境下，企业的营销管理理念和方法正在不断发生变化，营销管理人员缺乏继续教育和专业培训，容易造成与现代企业管理脱节，无法实现连锁企业营销效益的提升。

三、连锁企业营销管理的优化策略

（一）重视营销管理，强化营销管理理念

当前的市场，早已从推销时代过渡到营销时代。连锁企业单纯从自身角度出发的营销方式，已经日渐失效；而以顾客需求为中心的营销方式，才能更好地打动消费者。随着营销理念的转变和营销手段的更新，连锁企业只有重视营销管理，不断强化营销管理理念，掌握最新的营销管理方法，才能在市场竞争的环境下，实现连锁经营的规模效益、市场效益等目标。

（二）完善相关制度建设，实现规范化管理操作

连锁企业应当建立营销战略及方向，并建立相应的战略管理体系、信息管理体系、销售组织体系。通过完善的管理体系和制度，明确连锁企业营销管理部门各层级、岗位的职责，制定工作标准和工作流程，将人力资源、渠道、市场信息以最佳方式整合利用，使得企业所有部门和员工紧密地协作，充分发挥企业的整体能力，实现最佳的营销目标。为提高连锁企业门店科学化、规范化管理水平，落实连锁门店的统一管理要求，连锁企业要狠抓制度落实，建立、健全制度，不折不扣落实制度，不断完善、规范连锁经营行为，提高管理质量和水平。此外，监管部门还要加强日常检查，善于发现问题并及时解决问题，抓严抓细，确保经营管理不出差错。

（三）注重营销管理人才培养，为连锁企业提供内在动力

党的二十大报告强调，人才是实现民族振兴、赢得国际竞争主动的战略资源。为了更好地把握市场机遇，实现新的突破，连锁企业必须始终在人才队伍建设上保持高度重视和持续投入。通过不断完善培训内容，持续开拓培训新模式，强化营销人员的协同意识和市场攻坚能力，有效提升连锁企业营销人员的产品知识、业务水平和管理能力，激发员工的斗志，积累实战经验，提升服务客户的技巧和技能，从而为提升连锁企业的市场份额奠定坚实的基础。

（四）转变营销方式，实现多元化营销

近年来，随着互联网科技的迅猛发展，连锁企业的线上销售额持续攀升，网络营销已成为各企业竞争的新焦点。网络营销的目的不再局限于单一的销售目标，而是细分为覆盖、传播、影响和销售等多个阶段。借助大数据的支持，受众群体日益精细化，营销策略也变得更加多维度和复杂化。整合营销成为关键，即将品牌与企业的所有接触点作为信息传递渠道，以直接影响消费者购买行为为目标。从消费者的角度出发，根据不同平台的特点进行协作优化，确保信息传达的一致性和有效性，从而实现最佳营销效果。线上线下相互统一、相互促进的新型营销模式逐渐成为主流，推动了连锁经营企业的营销创新和多元化发展。因此，连锁企业应积极拓展网络营销，转变传统营销方式，充分利用大数据和技术手段，构建全方位、多层次的营销体系，为企业发展开辟更多可能性。通过整合各种营销资源，提升品牌影响力和市场竞争力，最终实现可持续增长。

第二节 目标市场营销管理

美国著名营销学者菲利普·科特勒提出，目标市场营销管理通常需经历三个阶段，即营销 STP 策略，包括市场细分、市场选择和市场定位。首先，这一策略以消费者需求为核心，将市场划分为若干具有不同购买需求的群体，并总结出这些群体的共同特征（市场细分）。其次，企业依据自身资源状况及市场调研结果，挑选一个或多个可有效接触的细分市场进行专注营销（市场选择）。最后，企业需确立并传达产品在市场中的关键属性与利益点，以形成明确的市场定位。

一、市场细分概述

为弥补连锁企业在营销能力方面的局限性，并适应及满足消费者需求的多样性，连锁企业必须对广阔的市场进行细分，并挑选出哪些产品或服务能够触及目标消费群体且预期能实现盈利的市场，作为企业积极实施营销策略的核心市场，这是针对细分市场所采取的目标市场营销策略。市场细分的概念最早由美国市场学家温德尔·史密斯于 20 世纪 50 年代提出。市场细分是指连锁企业或组织

通过市场调研，依据消费者的需求、偏好、购买力等关键指标的差异性，将整个市场划分为若干具有不同特征的消费群体的过程。不同的消费群体构成了不同的细分市场。

（一）市场细分的作用

迄今为止，市场细分已成为现代营销策略的核心基础，缺乏市场细分，则无法进行目标市场的选择，进而无法实现目标市场营销，因此，市场细分的作用不容忽视。

1. 有利于选择目标市场，制定并落实有效的市场营销策略

市场细分后的目标市场更为具体，连锁企业可以根据自己的经营思想、方针及生产技术和营销力量等，制定并落实特殊、有效的营销策略。同时，细分后的市场信息容易了解和获取，一旦消费者的需求发生变化，连锁企业可迅速改变营销策略，制定相应的对策，以适应市场需求的变化，提高连锁企业的应变能力和竞争力。

2. 有利于发掘市场机会，开拓新市场

通过市场细分，连锁企业可以对不同细分市场的消费者行为、市场环境、销售情况等进行分析对比，掌握有关自身连锁企业的市场动态信息，及时调整连锁企业的生产或供应计划，为产品或服务创新提供理论依据，掌握市场主动权。

3. 有利于集中资源，提高经济效益

任何一个连锁企业或组织的人力、物力都是有限的。通过细分市场，连锁企业可以选择适合自己的目标市场，并集中一切可利用的人力、物力，掌握细分市场的主导权，进而提高连锁企业的投入回报比。

此外，通过市场细分后，连锁企业可以扩大生产适销对路的产品，既能满足市场需要，又可增加收入；产品适销对路可以加速商品流转，加大生产批量，降低连锁企业的生产销售成本，提高生产工人的劳动熟练程度，提高产品质量，提高连锁企业的经济效益。

值得注意的是，细分市场并不是针对产品或服务本身进行的，而是从消费者角度出发，以“同中求异，异中求同”为原则，根据消费者的需求、欲望、行为、忠诚度、购买偏好和购买力等差异来划分的。

（二）市场细分的步骤

美国营销学者罗杰 · J. 贝斯特以消费者需求为中心，设计了市场细分的七个步骤。

1. 以需求为中心

消费群体细分成需求或利益相似的小组。

2. 细分识别

通过调研，找出每个细分小组的独特性和可识别性。

3. 细分吸引

使用细分吸引标准，如市场增长、竞争密度等，确定每个细分市场的吸引力。

4. 细分概括

确定细分市场概况。

5. 定位

以细分市场为基础，为每个细分小组制定产品价值和价格。

6. 细分测试

测试细分市场定位的吸引力。

7. 营销组合战略

把细分市场定位扩展到营销组合中。

（三）市场细分的方法

1. 单一变量法

根据调研结果，把影响消费群体需求最主要的因素作为细分变量，从而达到市场细分的目的。这种细分法以连锁企业的实践经验和对客群的了解为基础，找到一种能有效区分客户并使连锁企业的营销组合产生有效对应的变量而进行的细分。

2. 主导因素排列法

用一个因素对市场进行细分，如按性别细分化妆品市场等。这种方法简便易行，但难以反映复杂多变的顾客需求。

3. 综合因素细分法

用影响消费需求的两种及以上的因素进行综合细分，如用生活方式、收入水平、年龄三个因素可将妇女服装市场划分为不同的细分市场。

4. 系列因素细分法

将多项因素按照一定逻辑排列，逐步进行细分，这种方法称为系列因素细分法，目标市场在这一过程中会变得越来越具体。

（四）市场细分的有效性判断

随着消费者需求的不断提升，连锁企业的生产成本与营销开支也相应增加。为了在竞争激烈的市场中占据一席之地，连锁企业必须在市场细分带来的收益与由此增加的成本之间进行审慎权衡。基于此，我们得出结论，有效的市场细分应具备以下特征。

1. 可衡量性

连锁企业在市场上选择的细分市场必须是能够明确衡量的，比如市场的人口数量、年龄构成、收入水平、购买力等指标是可以从人口统计资料中得到的，都是可以准确衡量的。然而，也有一些无法准确衡量的标准，如文化标准、消费者心理等指标。

2. 可进入性

可进入性是指所选的细分市场必须是连锁企业可以有效地到达并能够为之提供产品或服务的。可进入性的影响因素表现在多个方面，如语言沟通上的障碍、民族之间的差异以及政治体制和价值观念上产生的差距等。

3. 可获利性

可获利性决定了某个细分市场是否有价值，是否值得进入的问题。连锁企业市场营销往往是跨区域的，为了使产品适应当地市场的要求，需要投入大量资金开拓渠道、改进经营方式、获取商业信息等。因此，进行投入和收益之间的比较是很有必要的。如果进入成本太高，连锁企业就要考虑放弃进入这一细分市场。

4. 可实施性

依靠连锁企业的自身力量，通过制订计划和具体实施能够达到连锁企业的目的，这样市场细分才有意义。否则，即使细分市场具有可衡量性、可进入性和可获利性的条件，但如果连锁企业无法真正实施细分市场的策略，再完美的策略也只是纸上谈兵。

二、目标市场选择

连锁企业经过调研与决策后，预判每个细分市场的吸引力与潜力，进而根据连锁企业自身情况选择进入某个或多个细分市场的过程就是目标市场选择。

（一）目标市场评估

1. 有一定规模和潜力

连锁企业进入市场的首要目的是盈利，如果市场规模较小或处于下行市场，连锁企业贸然进入后，一般难以全身而退。连锁企业也不能以吸引力为唯一考量指标，避免“多数谬误”，即绝大部分连锁企业将资源放在吸引力强的同一市场中，反而引起过度竞争和资源浪费，同时消费者的需求遭到冷遇。有时候“剑走偏锋”，或许会取得“柳暗花明”的意外收获。

2. 相关利益方的威胁性

根据波特的五力模型可知，同行业竞争者、潜在竞争者、替代产品、购买者和供应商的威胁，会直接影响到连锁企业的产品、价格、渠道、促销等，直接影响连锁企业的营销计划和市场开拓计划，甚至导致连锁企业综合成本增加，引发行业不稳定进而影响消费者利益和社会利益。

3. 符合连锁企业目标和能力

某些细分市场虽然有很大的吸引力，但并不符合连锁企业发展战略目标，甚至会分散连锁企业的精力，阻碍其完成既定目标，这样的市场应及时舍弃。此外，连锁企业可提供的资源和能力是否适合在某一细分市场经营，也是需要考虑的因素。尽量选择有条件进入、能充分发挥连锁企业优势的市场作为目标市场，才能促进连锁企业利益最大化。

（二）目标市场策略

1. 无差异性目标市场策略

把整个市场作为一个目标开展营销业务，强调消费群体的共同需要，不考虑差异，运用一种产品、一种价格、一种推销方法，吸引尽可能多的消费者。采用这一策略的连锁企业，一般都是规模化生产，并且依靠其稳定的分销渠道来完成销售。

2. 差异性目标市场策略

把整体市场划分为若干细分市场，针对不同的子市场，设计不同的产品，制定不同的营销策略，满足不同的消费需求。这种策略的优点是能满足不同消费者的不同要求，有利于扩大销售、占领市场、提高企业声誉。其缺点是由于产品差异化、促销方式差异化，增加了管理难度，提高了生产和销售费用。

3. 集中性目标市场策略

选择特定的细分市场作为营销目标，集中连锁企业的核心优势，对特定细分市场实施积极的营销战略，以期在市场中占据有利地位。通过实施集中性目标市场策略，可以集中资源，有利于产品精准定位，降低运营成本，同时提升企业和产品的知名度。然而，该策略存在较大的经营风险，原因在于其目标市场范围相对狭窄，产品线较为单一。一旦目标市场消费者的需求和偏好发生转变，企业可能因调整不及时而面临困境。通常情况下，资源有限的中小型连锁企业倾向于采用集中性市场策略。

（三）目标市场选择

1. 产品—市场集中化

无论从消费群体还是产品角度出发，连锁企业的目标市场都集中于一个细分市场。连锁企业规模生产一种标准化产品，只供应给某一顾客群。一般情况下，规模较小的连锁企业采用这种策略，虽然利益有限，但此战略可以帮助连锁企业在专业化生产、提高生产率的同时，稳步向其他细分市场迈进。

2. 产品专业化

连锁企业面对所有的细分市场只生产经营某一种或一类产品，面对不同的顾客群，产品会有所不同。但选择此战略的连锁企业，一般以批量生产谋求发展。

3. 选择专业化

连锁企业有选择地进入一个或多个细分市场，并向对应市场提供对应的产品。这种战略可以在一定程度上分散连锁企业的经营风险，“不把鸡蛋放在同一个篮子里”，一般生产资质良好的连锁企业采用这种策略。

4. 市场专业化

连锁企业向同一细分市场提供不同类型的产品，以不同价格、不同品质的产品提供给统一市场的消费客群，以提高连锁企业总体的市场占有率，较为常见的是集团下属多品牌产品的营销方式。

5. 全面覆盖

连锁企业为所有细分市场提供消费群体需要的不同类型的产品。一般是发展成熟的连锁企业为保持市场领导地位或垄断地位，采取全方面营销的战略。

三、市场定位概述

企业依据竞争产品在市场上的定位，针对消费者群体对这类产品特定特征或属性的关注程度，为本企业产品塑造独特且深刻的形象，并将这一形象生动地传达给顾客，从而为本企业产品在市场中确立了恰当的定位。市场定位理论的核心是区分市场、差异经营。公司在进行市场定位时，不仅需要了解竞争对手的产品特色，也要研究消费者对产品属性的重视程度，进行综合分析，再选定连锁企业的产品特色和独特形象。

（一）市场定位影响因素

1. 产品属性

连锁企业可以依据产品独特的属性定位。如国内服装连锁品牌海澜之家在广告语中宣导“男人的衣柜”，其独特的品牌定位和营销模式使得海澜之家的产品属性深入人心。

2. 产品性价比

性价比是产品的又一重要特征，基于性价比优势进行市场定位的，在实际商业中并不少见。如某食品生产企业，在产品包装中使用“加量不加价”的广告语。

3. 产品功能

强调产品的独特功能，迎合当下消费群体需求的多样化。例如，宝洁公司先后推出了“海飞丝”和“飘柔”，分别以“去头屑专家”“头发柔顺专家”定位产品。

4. 使用者

消费群体越来越个性化与定制化的需求，促使连锁企业站在客群角度，强调产品与众不同的特征。如美国米勒啤酒公司曾将其原来唯一的品牌“高生”啤酒定位于“啤酒中的香槟”，吸引了许多不常饮用啤酒的高收入女性消费者。

5. 产品类别

连锁企业也可根据产品类别的不同进行产品的市场定位，达到类别和需求直接能够激发产生联想的目的。

6. 竞争者

针对竞争者的定位，确立连锁企业自身产品的市场定位也是一种常见的定位方法。如可口可乐在与百事可乐的竞争中逐步确立了自己的品牌形象与定位。

（二）市场定位的策略（见表 6-1）

表 6-1 市场定位策略表

定位策略	内容	优点	缺点
避强定位	企业避免与实力较强的连锁企业直接竞争，通过差异化的产品特征或属性吸引特定消费群体	风险小，有助于企业在市场上站稳脚跟并树立形象	可能需要放弃最佳市场位置，限制了市场份额的扩展
迎头定位	企业根据自身实力，选择与较强竞争对手在同一市场位置展开正面竞争	形成轰动效应，快速进入消费者视线，易于树立市场形象	风险较大，易受竞争对手牵连，可能导致资源浪费和市场份额流失
创新定位	寻找市场上未被占领但有潜在需求的位置，提供创新型产品或服务	适应市场与消费者需求变化，易占据未饱和或被忽略的市场	定位错误或不当可能导致品牌难以被消费者接受，技术实现难度大
重新定位	当原定位不准确、市场情况变化或竞争者定位接近时，企业调整其市场定位以实施更有效的策略	改变企业和产品在消费者心目中的形象，增强市场竞争力，获得新的发展机遇	对企业生产经营战略影响极大，需综合考虑多方面因素，特别是消费者的反应和接受度

（三）市场定位的方法

市场定位的核心是差异化，所以市场定位的方法可理解为差异化方法。

1. 产品差异化

连锁企业将差异化产品进行有效组合，如产品质量、价格、渠道、促销、包装、功能、用途、客群等各方面。而产品质量和价格定位是连锁企业运用最普遍的，也是消费者最熟悉的定位。

2. 服务差异化

连锁企业向目标市场提供与竞争对手不同的优质服务。现代连锁企业的竞争，既是产品的竞争，又是服务的竞争。产品日趋同质化的市场中，各连锁企业生产的同等价位的产品，品质悬殊不明显，产品服务水平会直接影响消费群体购买决策。连锁企业打造服务差异化，可以从购买的便捷性、物流的配送速度、产品的安装调试及维修售后服务等方面入手。

3. 形象差异化

连锁企业形象指产品、品牌或连锁企业在消费群体心目中的总体印象，与连锁企业文化息息相关。所以，连锁企业要树立良好的企业形象，首先必须要形成良好的企业文化。

（四）市场定位的步骤

市场定位的关键是连锁企业设法找出自身产品比竞争者更具有竞争优势的特性。竞争优势有两种基本类型：一是价格竞争优势，即在同样的条件下比竞争者提供更低的价格；二是偏好竞争优势，即能提供特色产品或服务来满足顾客的特定偏好。因此，连锁企业想在商战中取得一席之地，必须要在特色上下功夫。连锁企业市场定位的全过程可通过以下三个步骤来完成。

1. 获取竞争优势

这一步骤须明确以下问题：一是目标市场的竞争连锁企业及产品如何？二是目标市场的消费饱和度如何，是否还有潜力？三是本连锁企业还能够做什么（产品上升空间考虑）？要回答这三个问题必须通过市场调研，系统全面地调查、分析与总结有关资料和结果，从中确定连锁企业的竞争优势。

2. 初步定位目标市场

通过调研，获取连锁企业的竞争优势，建立完善的指标体系，通常包含经营、技术、采购、生产、营销、财务和产品等，综合比较连锁企业与竞争对手之间存在的差异，谨慎选择最合适连锁企业的竞争优势，以初步确定连锁企业在目标市场上所处的位置。

3. 竞争优势传播

遵循“了解、知道、熟悉、认同、喜欢和偏爱”这一步骤，开展系列宣传促销活动，将连锁企业的竞争优势准确传播给消费客群，以在客群中留下深刻印象。在这一环节，需要注意在消费者心目中建立稳定、一致的形象，如出现市场占有率下滑、消费者需求变化等现象，须及时纠正，进行市场再定位。

知识之窗

盒马鲜生：新零售的创新典范

盒马鲜生自 2015 年创立，2016 年 1 月上海首店开业。该品牌通过线上线下一体化模式，重新定义零售业，融合超市、餐饮和物流功能，提供全新购物体验。

盒马鲜生以“生鲜超市 + 餐饮 + 物流”为核心理念，门店提供丰富生鲜产品和餐饮区，实现现场加工美食。强调 3 公里内 30 分钟快速配送，提升顾客满意度。依托阿里巴巴大数据和云计算，实现精准商品选品、库存管理和个性化推荐，确保线上线下价格一致，提高配送效率。

盒马鲜生注重商品品质和新鲜度，鲜活海鲜为亮点，与全球供应商建立直接采购关系，确保商品高品质和性价比。推出自有品牌商品，增强竞争力。商业模式不仅限于线下门店，还拓展线上渠道，如盒马 APP，连接线上线下，提供便捷购物体验。推出 F2 便利店、盒马云超等创新业态。

盒马鲜生面临挑战如地域歧视事件、标签门等，但公司迅速应对，展现对社会责任的重视。其快速发展和创新引领中国新零售领域变革。

综上所述，盒马鲜生通过技术创新和模式创新，打造集生鲜零售、餐饮体验和快速配送于一体的新零售平台，为消费者提供便捷、优质的购物体验，为传统零售业转型升级提供经验。

参考部分资料，自行撰写。

第三节 连锁企业市场营销策略

在当今新时代，信息科学技术的迅猛发展导致市场环境和消费模式经历着深刻变革。对任何连锁企业而言，要在纷繁复杂的市场中占据一席之地，采取恰当的营销策略显得尤为关键。美国学者杰罗姆·麦卡锡从错综复杂的营销环境中归结出核心的营销组合策略，包括产品、价格、渠道、促销，即所谓的“4P 理论”。

一、产品营销策略

（一）产品营销策略的概念

产品营销策略是连锁企业制定经营战略的核心，明确了企业提供的产品和服务种类及其比重，旨在满足消费者的需求。从营销理论角度看，产品营销策略是 4P 理论（产品、价格、渠道、促销）的基石，直接影响其他营销策略的制定。

从社会经济角度，产品是连接企业和市场的纽带，承载着社会分工与交换的功能；从企业内部看，产品是业务存续的命脉，支撑着企业的持续发展。连锁企业的一切生产经营活动都围绕产品展开。

营销学者菲利普·科特勒将产品定义为：为满足某种欲望或需求而提供给市场的一切物品或服务。随着社会经济的发展，顾客需求日益个性化，产品的内涵也从核心产品（基本效用）扩展到形式产品（外观和设计）、期望产品（消费者的期望属性）、附加产品（额外的服务和利益）和潜在产品（未来发展的可能性）。

在竞争激烈的市场环境中，核心产品的同质化趋势明显，优秀的企业通过提供附加价值来区分自己，满足消费者更广泛的需求。因此，连锁企业不仅关注产品的基本功能，还致力于提升产品的外延价值，以增强市场竞争力和顾客满意度。

（二）产品组合优化

连锁企业进行产品组合的基本方法是，按照市场反馈进行产品线的宽度、长度、深度或关联度的增减。连锁企业产品在适应市场需求的同时，还要考虑连锁企业的盈利最大化，这一过程需要采用系列选择与调整，是一项任重而道远的工作。

1. 宽度

连锁企业的产品种类、系列的总数，是指使用相同的生产技术，或者具有类似功能，或者拥有同类顾客群体，或者价格幅度相同的产品线总数。产品组合的宽度说明了连锁企业的经营范围和多元化经营程度。

2. 长度

连锁企业各产品线的产品项目总数。产品项目指各产品线中具有不同规格、型号或价格的产品数量。通常，每一产品线中包括多个产品项目。

3. 深度

产品线中每一产品有多少品种。产品组合的长度和深度反映了连锁企业满足不同细分市场的程度。

4. 关联性

连锁企业产品的用途、渠道等方面的关联程度。较高的产品的关联性能带来连锁企业的规模效益，提高连锁企业的声誉。

产品的组合优化是指产品的深度、长度、深度和关联性组合。产品组合的深度越深，其专业化程度和关联性越强；产品组合的宽度越广，其综合化程度就越高。产品组合的宽度和深度必须根据连锁企业所处市场的特性和商圈的条件来确定。

（三）新产品开发战略

在市场营销领域，新产品的含义广泛，包含科技发明创造的产品，还包括因功能、包装等生产因素变化而改进的产品。按产品研究开发过程，新产品可分为全新产品、模仿型新产品、改进型新产品、形成系列型新产品、降低成本型新产品和重新定位型新产品。

新产品开发战略包括以下几个方面。

1. 创新战略

连锁企业通过自主开发、联合开发或技术引进等方式，实现创新突破，率先投放产品，迅速占领市场。实施此战略的连锁企业须有技术优势和资金优势，常见于大型连锁企业。

2. 进取战略

不影响连锁企业现有的生产状况，针对产品的功能、包装、目标市场、定位等方面的改进，形成改进型新产品、重新定位型新产品等。这一战略也可能会出现技术创新的新产品，但整体风险相对较小。

3. 紧跟战略

连锁企业紧跟行业内实力强大的竞争者，迅速仿制竞争者的新产品，以开展连锁企业自身业务。此战略创新程度不高，研发费用较低，关键在于紧跟竞争者，及时获取竞争者新产品的设计、生产信息等，常见于发展之初的连锁企业。

4. 防御战略

以保持或适当扩大市场占有率，维持连锁企业的生存为目标，产品进入市场的时机通常会滞后，新产品开发的频率不高。成熟产业或夕阳产业的中小连锁企业常采用此战略。

（四）新产品的开发与推广

1. 产品构思

新产品构思是新产品开发的首要阶段和关键因素。连锁企业通常可以从内部管理或职能人员中寻找新产品构思的来源。还可以从外部来源获取构思，如消费者、渠道商、行业内其他连锁企业和关注者、咨询公司等。

2. 构思筛选

采用科学系统的评价方法对构思进行分析和比较，竭力选择可盈利、可落实的新产品构思。构思筛选的主要方法是建立评价模型，一般包括评价因素、评价等级、权重和评价人员。其中，评价因素和权重是评价模型是否科学的关键。

3. 新产品概念

连锁企业从消费者的角度，将新产品构思具体化，尽可能详细地确定产品的功能、外形、价格等，从而指导生产。

4. 制订营销计划

根据新产品概念制订营销计划，包括目标市场和消费者行为的描述、4P 策略落实和预算规划、长期营销计划与愿景。

5. 财务分析

对新产品的销量、成本和利润等进行财务估算，判断它是否满足连锁企业目标和实际情况。

6. 产品生产开发

主要解决构思到实际生产的可行性问题，从构思、研发、测试到检定，技术投入与经济投入较高，是最具挑战的一个阶段。

7. 新产品试销

将新产品投放到有代表性的、小范围的目标市场进行测试，尽可能地模拟新产品最终要进入的目标市场情况，观察市场反应，包括但不限于消费者、竞争对手、渠道商等。连锁企业相关部门收集资料并反馈分析，便于后期调整。

8. 商业推广

新产品调整后，连锁企业制订详细的新产品上市计划，包括营销策略、财务预算、人力资源管控等。

（五）产品生命周期

产品从投入市场到最终退出市场的全过程称为产品的生命周期。产品生命周期有典型和非典型两种形态。典型的产品生命周期要经过导入期、成长期、成熟期和衰退期，如图 6-1 所示。非典型形态有“循环—再循环型”“扇型”“非循环型”等。

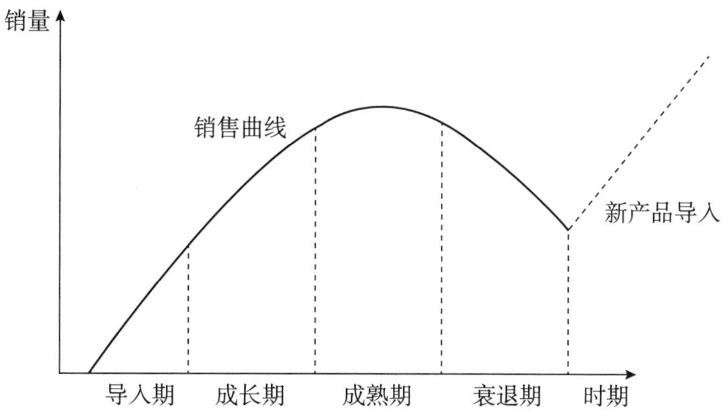

图 6-1 典型的产品生命周期

一般产品的生命周期经历不同的阶段，产品的市场表现和盈利情况各不相同。

1. 导入期

导入期是新产品上市的最初销售期，购买人数较少，销量增速慢，营销和生产投入较多，盈利较少。这一阶段，连锁企业主要把人力和物力放在“营销爆点”上，发挥意见领袖的作用，加快新产品的扩散速度，缩短导入期的时间。

2. 成长期

当销售量迅速增长、利润逐渐增加时，新产品进入成长期。前期营销工作初见成效，目标市场的消费者基本熟悉产品，销量增长变快，此时，更多竞争者进入，市场竞争加剧。为增加市场占有率，连锁企业不断改进、完善产品，寻求新的细分市场，增加宣传促销等。

3. 成熟期

快速增长的销量逐渐趋于稳定，利润增长放缓，说明产品成熟期来临。在成熟期的后期，产品销量出现拐点，利润开始下滑；为尽量延长产品的成熟期，维持市场占有率，连锁企业深入挖掘潜力客群和产品亮点，更新产品，增加附加价值，招徕客户。

4. 衰退期

当销量和利润较快下降时，产品步入了衰退期。连锁企业可选择维持现状、收缩放弃市场或者开发新品替代已有产品等策略。

二、价格营销策略

连锁企业给商品和服务定价时要兼顾获利和品牌两方面，并根据各种因素加以调整。由于定价直接与公司目标相关，且与其他营销组合要素相互作用，因此定价是营销策略的基础。定价策略必须与连锁企业的定位、销售、利润及投资回报目标相一致。连锁企业的价格营销策略主要包括定价目标、定价策略、定价方式、价格策略实施及价格调整五个方面。

（一）定价目标

连锁企业的定价策略必须反映其总体目标，财务目标可以用销售额及利润来衡量，销售目标可以用销售收入及销量来衡量，还有以下其他定价目标。

1. 稳定价格

鼓励消费者重复购买，让供应商及顾客体验价格保持稳定性与一致性。

2. 防止竞争

形成行业壁垒，阻止竞争者进入市场。

3. 维护企业形象

维持或提升企业形象，塑造产品或行业领导者形象。

4. 维持企业生存

清理库存商品，缓解仓储压力，促进资本流动。

5. 合理利润

保持必要的利润空间，在不引起价格战的前提下与对手进行价格竞争。

基于以上目标，在选择的细分市场中，连锁企业会选择不同的价格政策，确立稳定一致的价格形象，制订短期和长期的营销计划。

（二）定价策略

连锁企业根据市场细分和定位制定价格策略之前，必须先明确价格在整个营销策略中的角色及定价目的，还需要考虑价格如何与其他营销手段结合等问题。连锁企业一般采取三种定价策略：撇脂定价法、渗透定价法和适中定价法。

1. 撇脂定价法

企业在产品生命周期的最初阶段把价格定得很高，以尽快收回投资。撇脂价格高于大多数购买者的心理价位，往往针对细分市场中的高端客户。撇脂定价法牺牲销量来获得较高的毛利，一般只有在价格敏感度低的市场，或者扩大单品毛利比薄利多销增加销售所能获得更多利润的情况下，才采用这一策略。

2. 渗透定价法

将价格定得比经济价值或市场价值低，以此吸引并赢得大量客户。与撇脂定价法相反，渗透定价法牺牲毛利以获得高额销量。这一策略只在特定的环境下有利，消费者对价格比较敏感，且有足够大的市场获得销量。同时，企业还要考虑到成本因素，如果销量增加部分的成本仅占总成本的小部分，销量部分能产生较大的利润贡献，那么渗透定价是有利的。此外，企业还要考虑竞争的情况。竞争者也可以降低自己的价格来对付他人的渗透定价，只有在竞争者缺乏能力或动机去这样做时，渗透定价才有利于赢得市场份额。

渗透价格并不是指必须便宜，而是相对于价值或市场价格较低。对于有代表身份或具有独占性的产品来讲，低价是没有吸引力的，反而会破坏品牌形象。

3. 适中定价法

连锁企业既不利用低价来占领市场，也不利用高价制约市场，维持价格稳定在同一水平。适中定价法尽量降低价格因素在营销策略中的地位，重视其他有利因素和手段。当细分市场不适合撇脂定价和渗透定价时，连锁企业一般采取适中定价。适中定价法虽然缺乏主动进攻性，但可以保持产品定价的一致性，消费者体验较好，易获得更高顾客满意度。

对连锁企业而言，只有自己独有的商品可以采取撇脂定价的方法，对于价格敏感的商品或者新门店可以采取渗透定价的方法迅速占领市场并建立良好的价格形象。而一旦商圈成熟和稳定以后，使用适中定价和渗透定价相结合的方法占领市场，防止其他竞争对手进入的同时，争取合理的商业利益。

（三）定价方式

定价方式一般有需求导向定价、成本导向定价和竞争导向定价。

1. 需求导向定价

企业根据顾客需求定价，顾客需求决定目标市场接受的价格区间。

2. 成本导向定价

企业设定一个价格下限，即企业为达到特定利润目标可接受的最低价。

3. 竞争导向定价

企业根据竞争者的价格来决定自己的价格，关键竞争者的价格水平直接影响着其定价。

在竞争日趋激烈的今天，连锁企业应结合使用这三种定价方式。目前企业广泛使用的是参照竞争对手的价格，核算单位成本、运营费用以及期望利润，根据产品定位、商圈区域、购物环境、附加价值等因素，决定低于或高于市场价格。一家竞争导向的企业可能不会因需求或成本的变化而改变其价格，除非竞争者调整价格。而零售连锁大卖场因为其占据大部分市场份额，或地理位置偏远等，必然选择较为低廉的定价方式。

（四）价格策略实施

1. 习惯定价与可变定价

习惯定价即按照顾客的要求习惯和价格习惯对产品进行定价。可变定价即根据市场成本和需求的变化改变价格。大部分连锁零售卖场都在这两种定价方式之间徘徊。

2. 弹性定价

根据价格弹性确定价格调整方向的原则或技巧，充分考虑消费者的议价能力。

3. 尾数定价

在确定零售价格时，利用消费者求廉的心理，制定非整数价格，以零头数结尾，使用户在心理上有一种便宜的感觉，或者是价格尾数取吉利数，从而激起消费者的购买欲望，促进商品销售。目前，尾数定价被零售企业广泛采用。

4. 特价

挑选出某些商品组合以低于成本价或者市场价的价格出售，是连锁零售大卖场广泛采取的销售手段。

5. 多单元定价

即对于大量购买的顾客给予折扣，限定一个价格范围，该范围内介布若干价格点，每个价格点代表不同的品质水平，服装类的百货商场一般多使用这种定价方式。

（五）价格调整

在竞争激烈的市场环境中，连锁企业常因竞争者调整、季节性波动、原材料成本变化和需求变动而采取降价或加价措施。为了保持价格竞争力，企业通常设有专门的价格调查部门，每日监控竞争对手的定价，并据此调整自身售价。虽然降价是常见的促销手段，但频繁降价可能导致顾客总是等待更低价格，削弱企业的价格信誉。

对于新品，零售商往往初期定价较高，随后通过大幅降价吸引顾客，这种策略可能使消费者对初始价格产生怀疑，影响品牌信任。因此，企业在进行价格调整时，尤其是大幅加价或降价，应及时通知顾客，解释原因，以维持良好的价格形象和顾客信任。透明的价格沟通有助于减少消费者的疑虑，提升品牌的长期竞争力。

三、渠道营销策略

渠道营销策略是连锁企业营销策略的重要组成部分，直接影响着其他的营销决策，对连锁企业成本控制和竞争力提升具有重要意义。

（一）营销渠道的作用

1. 提升竞争优势

渠道一般是集结连锁企业的人、财、物合力建立的长期营销系统，是基于连锁企业成员之间密切配合的稳定组织，是连锁企业保持连锁企业竞争优势的重要力量。

2. 降低营销成本

有效的营销渠道管理能够降低连锁企业内部的运营与流程再造成本，共同摊销流通费用，为连锁企业节约产品流通费用。

3. 提高营销效率

多渠道经营，整合营销，共同实现销售目标，合作共赢，增加效益增长点。

（二）营销渠道策略选择

1. 长渠道或短渠道的营销策略

产品从生产者流向消费者的过程中，每经过一个对产品拥有所有权或负有销售责任的机构，称为一个“层次”。层次越多，分销渠道就越长。

2. 单一渠道或多渠道的营销策略

生产者在一定的时间与空间条件下，只能选择一种分销渠道模式，是单一渠道营销；两种及以上可供选择的模式，则是复合型的多渠道营销。

3. 宽渠道或窄渠道的营销策略

分销渠道的宽窄度，取决于渠道每个层次中使用同种类型中间商的数目。

宽渠道推进商品转入流通领域，促进再生产；有利于中间商展开竞争，迅速实现商品的价值。但生产者与中间商之间的关系松散，与消费者之间无直接联系。

窄渠道中间商少，生产者可指导和支持中间商开展销售业务，有利于相互协作，产品上市后迅速取得信息反馈。但生产者灵活性不足，市场覆盖面狭小，不利于消费者选择。

4. 直接渠道或间接渠道的营销策略

直接销售渠道，是指产品从生产者流向消费者的过程中不经过任何中间商，即由生产者将其产品直接销售给消费者或用户。虽然直接渠道分散了生产管理的精力，但生产商可以直面消费者，直观了解客户需求，便于及时调整生产计划。消费者可以直接询问生产商产品信息，熟悉产品性能，使用更便捷。间接分销渠道，是指产品从生产者流向消费者的过程中经过若干中间商，即生产者通过若干中间商将其产品转卖给消费者或用户。间接分销渠道是两个层次以上的分销渠道，节约了生产连锁企业的销售费用，扩大流通范围，但流通环节增多，进而产品成本增加。

（三）连锁企业渠道营销策略

连锁企业渠道营销是一种纵向发展的体系，生产者和渠道商相结合，总部和分店各司其职，发挥业务作用。总部集中采购，形成规模效应，便于取得价格优势，增加竞争实力，总部还会在采购过程中及时调整，不断提高选购的准确性和科学性；各分店既能享受集中进货带来的低成本优势，还可集中力量从事销售业务，深入消费腹地的同时与消费者建立密切联系，及时掌握消费者动向与需求变化，及时调整销售策略，并为总部采购提供依据。对于连锁企业的渠道营销策略，有如下管控和落实措施。

1. 提供稳定优质的产品

连锁企业应致力于延长产品的生命周期，通过不断改进设计、外观和包装，满足客户的需求变化。注重研发，推出高质量的新产品，以迎合消费者对新奇和优质商品的追求，确保渠道获得持续的优质供应。

2. 保持价格体系的稳定性

稳定的价格体系有助于培养消费者的信任和偏好，进而形成忠实的客户群体。这不仅体现了企业的定价策略，也是其管理战略的重要组成部分，为品牌塑造和企业形象树立打下坚实基础。

3. 打造专业销售团队

优秀的销售团队是连接企业和消费者的桥梁。他们能够有效贯彻公司战略，解决渠道中的各种问题，确保业务流程的顺畅。通过培训和引进高素质人才，提升团队的专业素养，并通过企业文化与规章制度保障团队的稳定性和敬业精神。

4. 建立完善的管理体制

连锁企业的核心在于统一的管理体制，涵盖采购、生产、营销、人力资源等各个环节的协调运作。完善的制度包括产品研发、营销扩张、门店管理、物流配送和人力资源管理等方面，确保每个业务流程都能高效完成。制度的制定和执行需紧密结合企业自身情况和行业特点。

5. 全渠道营销与创新商业模式

连锁企业应突破传统渠道限制，充分利用线上线下资源，直接触达消费者，实现销售目标。通过特色产品吸引顾客，提供线下增值服务，扩大商圈价值；同时，拓展线上获客渠道，构建完善的顾客服务体系，增强客户黏性。

6. 灵活应对市场变化

连锁企业需要根据市场形势的变化，及时调整经营策略，建立健全应急处理机制，避免管理滞后、产品老化和服务水平下降等问题。企业应在坚持核心原则的基础上，因时制宜、因地制宜，作出适应市场的调整，确保长期稳定发展。

四、促销营销策略

促销营销策略是市场营销的基本策略之一。促销营销策略是指连锁企业通过人员推销、广告、公共关系和营业推广等方式，向消费群体传递产品信息，引起注意和兴趣，激发购买欲望和行为，以达到扩大销售、加深品牌印象的目的。连锁企业在适当地点、以适当的价格出售合适的产品，并通过人员推销或大众传播媒介，向目标市场传递信息。

（一）促销活动的确定

1. 市场调研

确定目标客户群体，选择线上或线下的模式，并在消费群体中进行调研与路演。

2. 设定促销时间

推广活动时间的设定，一般选择节假日，主题式活动的起止日期由总部统一安排。

3. 确定促销规模

根据企业实际情况和对市场的调研情况，确定营销推广的规模，测算推广费用。

4. 确定促销方案

做好前期准备工作，如方案策划、物料设计与制作、场所的确定、人员的调配和安排、商品库存数量的落实及销售额的预测等。促销方案必须具有可行性，且需全面考虑后期实施的具体情况，加强总部与分店之间、部门与部门之间的沟通和协调，监督检查使活动顺利完成。

5. 活动评估

推广活动之后进行有效总结，把握好经济效益和社会效益的平衡，推动促销活动制度化，便于落实、监督和管理。

（二）促销方式

1. 会员制业务

（1）顾客方面。可能带来低价优惠、礼品赠送等利益，根据会员信息可享受个性化与定制化的产品与服务。

（2）企业方面。建立长期稳定的顾客管理，培养忠诚客户，给企业带来稳定持续的收入。会员的变动情况可为企业提供消费者的一手信息，便于连锁企业进行消费分析。

2. 活动策划促销

（1）演出类活动。可以吸引客户，活跃气氛，增加收益。

（2）创意节目活动。结合产品或服务，利用现有资源或技术，开展企业策划和推广。

（3）娱乐类活动。增加顾客兴趣，招徕顾客参与，增加客源，塑造品牌形象。

3. 奖励活动

刺激顾客消费欲望，增加经营效益，树立和强化品牌形象，提升销售量。较为常见的有抽奖和竞赛推广两种形式，如征求连锁企业广告语或标志等，推动顾客参与，促进对产品与企业的认知和兴趣。

4. 折扣活动

让利给消费者，招徕顾客。有限时折扣推广、累积价格折扣、批量作价优惠、特价、优惠券等分类活动，在吸引顾客的同时，还可以促进产品的宣传，抵制竞争品牌，提高顾客品牌忠诚度。

5. 赠送活动

扩大认知，提高市场知名度。吸引顾客消费，维持市场份额，扩大品牌影响。此类活动主要有免费样品赠送、免费礼品赠送等方式。

6. 服务促销

服务活动的推广在企业营销策略中的作用越来越突出，服务促销有助于提高企业形象和美誉度，赢得客户的好感，进而促进销售。服务促销主要有售前服务、订购服务、送货服务、维修服务等。

7. 现场制作

现场制作促销方式能够以其独特的技巧性、示范性、教学性吸引消费者驻足，同时营造气氛，激发购买欲。

8. 展销推广

企业邀请多家同类厂家共同举办商品展销会，形成一定规模，让消费者有更多的选择机会，通过竞争促进销售，扩大消费者对商品乃至行业的认知。

9. 广告促销

这是现代连锁企业最常用的促销手段之一，运用广告手段向消费者、厂商及社会机构提供各种商品和服务的信息，传播企业形象，扩大知名度，提高销售额。开展广告促销主要有以下几个步骤。

（1）目标市场的定位。目标市场的划分依据可以为性别、年龄、收入、职业、地域等。

（2）对目标消费者购买动机的把握。消费者购买动机按其特点不同可分为感情动机、理智动机和惠顾动机，把握住消费者的需求欲望，才能使广告促销有的放矢。

（3）确定广告目标。广告按其目的可分为通知、说服、提醒三种形式。通过广告宣传，提醒顾客关注有关商品和服务的信息。

（4）广告预算及信息决策。对广告预算的把握有利于财务控制和管理，信息决策保证广告促销的有效性。

（5）广告效果的评价。通过调查评估广告的传播效果、品牌知名度和产品销量提升，以便后续调整。

本章小结

本章系统介绍了连锁企业的营销管理，讲解了目标市场营销管理的基本理论与实践，还探讨了目标市场的评估方法。通过本章的学习，学生不仅掌握了连锁企业营销管理的理论知识，还提升了市场细分与定位、定价策略制定、渠道管理和促销策划的实际操作能力。这些内容为学生未来的职业发展提供了坚实的理论基础和实践经验，使他们能够在复杂的市场环境中制定和执行有效的营销策略，提升企业的市场竞争力和盈利能力。

【思考练习】

1. 你认为连锁企业在营销管理方面最需要关注的是什么？为什么？

2. 什么是市场细分？为什么说市场细分是选择目标市场的基础？请举例说明市场细分的具体步骤。

3. 当前连锁企业在营销理念、品牌形象建设、营销渠道和人才管理方面面临哪些主要问题？这些问题对企业的影响是什么？

【拓展训练】

1. 假设你正在为一家连锁零售企业开发新产品，你会如何进行产品构思、筛选和概念化？请详细描述每个阶段的关键步骤。

2. 假设你是一家连锁企业的 CEO，面对快速变化的市场环境和技术进步，你会如何调整企业的营销策略，以保持竞争力？请结合本章所学内容，提出具体的措施。

7

第七章 连锁企业配送管理

本章概述

本章深入探讨了连锁企业配送管理的关键问题及其优化策略。首先，介绍了配送中心的定义、功能及其在连锁经营中的重要性，强调了配送中心作为物流节点和信息中枢的角色。其次，分析了不同配送模式（自营、共同、供应商、第三方）的特点、优劣势及适用范围，为企业选择合适的配送模式提供了参考。再次，详细讨论了配送中心的规划与建设，包括选址原则、规模决策和技术应用，旨在帮助企业构建高效的配送系统。最后，展望了未来配送行业的发展趋势，如冷冻生鲜品配送的加强、第三方物流的加速发展、信息技术的深化应用以及工业和物资企业对商业物流的进一步介入。总体而言，本章旨在帮助学生全面理解连锁企业在配送管理方面的各项内容。

学习目标

知识目标

（1）理解配送中心的定义与功能。

（2）熟悉不同配送模式的特点。

（3）掌握配送中心规划与建设的关键要素。

（4）了解配送行业的发展趋势。

能力目标

（1）能够根据企业的规模、资金实力、销售需求等因素，评估并选择最合适的配送模式，制定合理的配送策略。

（2）具备选址分析、规模计算和技术选型的能力，能够参与或主导配送中心的规划与建设工作。

（3）通过合理安排配送路线、提高仓储管理效率、引入现代化设备等手段，提高配送中心的运营效率和服务质量。

（4）熟练使用管理信息系统、电子订货系统等工具，实现供应链各环节的信息共享和协同运作。

素质目标

（1）培养与物流、采购、销售等部门协同工作的能力，增强跨部门沟通与合作的意识。

（2）鼓励学生关注行业发展动态，提出创新性的解决方案，以应对不断变化的市场需求和技术进步。

（3）培养学生分析问题、解决问题的能力，特别是在复杂多变的物流环境中找到最优解。

（4）强调配送管理中准确、高效、安全的服务要求，培养学生的责任感和专业精神，确保无脱销、货损等事故的发生。

思政目标

（1）引导学生认识到物流配送不仅是企业内部的运营管理问题，还涉及环境保护、资源节约等社会议题，培养学生的社会责任感和可持续发展理念。

（2）帮助学生理解国家关于物流产业发展的方针政策，增强学生的政策敏感性和执行力。

（3）通过对比国内外物流配送的发展现状，激发学生的民族自豪感和使命感，鼓励他们为推动中国物流行业的国际化、现代化贡献智慧和力量。

（4）强调配送管理中的诚信原则和职业道德，培养学生在工作中遵守法律法规、维护企业信誉的职业操守。

思维导图

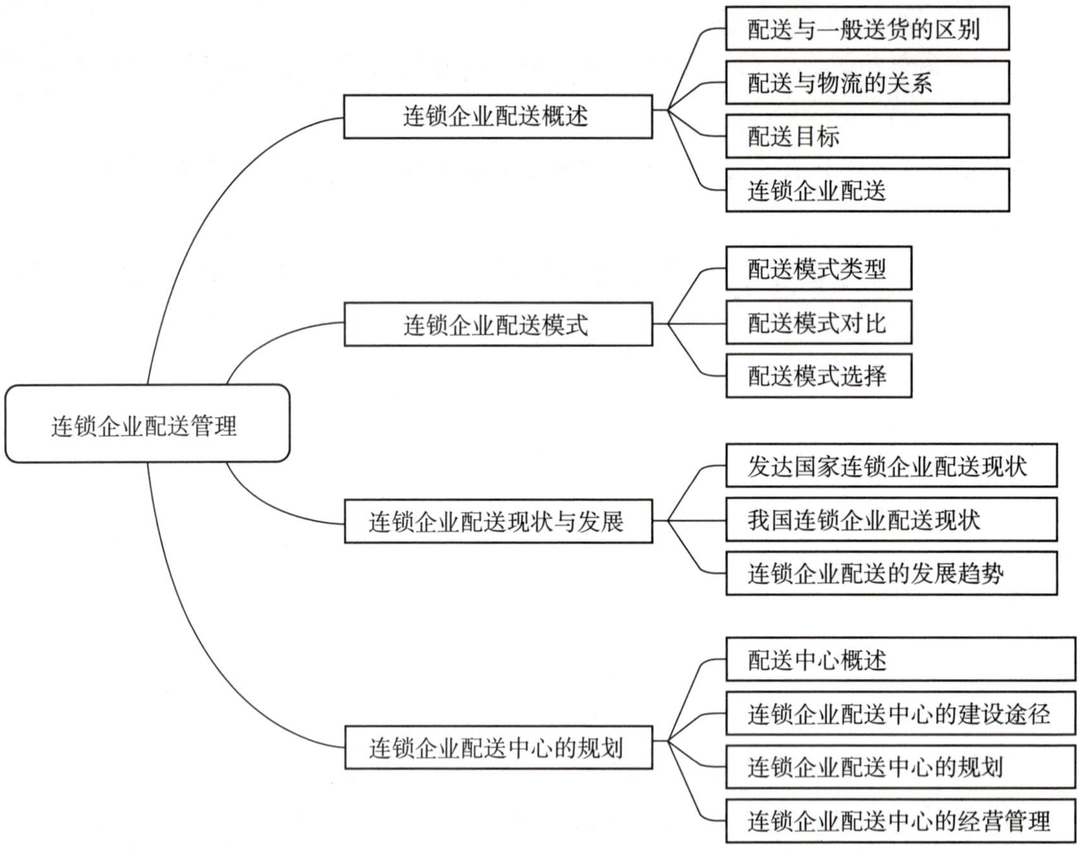
连锁企业配送管理
连锁企业配送概述
配送与一般送货的区别
配送与物流的关系
配送目标
连锁企业配送
连锁企业配送模式
配送模式类型
配送模式对比
配送模式选择
连锁企业配送现状与发展
发达国家连锁企业配送现状
我国连锁企业配送现状
连锁企业配送的发展趋势
连锁企业配送中心的规划
配送中心概述
连锁企业配送中心的建设途径
连锁企业配送中心的规划
连锁企业配送中心的经营管理

第一节 连锁企业配送概述

随着连锁经营模式的迅速扩张，连锁企业对商品配送的需求日益增长，商品配送的效率已成为衡量连锁企业管理现代化程度的重要指标。配送效率的高低直接影响连锁企业的运营成本，进而影响其盈利状况。

一、配送与一般送货的区别

配送作为物流领域内一种特殊的、综合性的活动方式，它将商流与物流紧密地融合在一起，涵盖了物流中众多功能要素的各类物流活动。它并非仅是被动的发货行为，而是将“配”与“送”两个环节有机地融合，根据用户对于商品种类、规格、品种组合、数量、时间、送货地点等多方面的需求，在物流节点高效地运用分拣、配货、装载、车辆调度、路线规划等优化措施，以实现规模化的送货，从而利用规模效应来降低物流成本。

配送的最终目的虽然是将货物有效地送达客户，但与一般的送货相比有着本质的不同，主要体现在以下几个方面。

配送是从货源地集货，通过特定的地点加以整理而送达用户的一种特殊送货形式。从功能看，其特殊性表现为：配送中从事送货的是流通企业，而不是生产企业；一般送货是由厂商到用户的直达型送货，而配送是“中转型”送货；一般送货是有什么送什么，配送则是按用户的需求，需求什么送什么。

配送不是单纯的运输送货，而是包括集货、分货、配货、配装等活动在内的难度较大的工作。它必须完全按照用户的需求，包括商品的品种、品牌、数量、时间等方面的要求进行运送。所以，除了各种“运”“送”活动外，还要进行“配”的工作，是“配”和“送”的有机结合。

配送在规模、水平、速度、效率、质量等方面远超过一般的送货。要圆满完成配送中的分货、配货、送货等复杂工作，除了要有现代化的设施装备（如各种传输设备、分拣机、识码器、运输工具等）和先进的经营管理水平外，还需依赖强大的信息系统，保持配送系统内部以及与上下游之间的紧密联系。所以，配送是技术进步的产物。

一般送货是销售性送货，即生产什么送什么，而配送是客户需要什么送什么。一般的送货只是推销的一种手段，配送则是一种专业化的商品流转组织形式，是社会分工的产物。如果说送货是一种服务方式的话，配送则是一种物流体制形式。

二、配送与物流的关系

配送是物流系统中由运输派生出来的。从一次配送活动中可以看出，配送包含了物流的所有功能，如运输、集货、储存、分拣、配装等，有些还附带加工，而且在配送的过程中始终贯穿着收集信息的操作。从这些方面来讲，配送实质上是一个多项目、多环节的物流活动，只是范围相对较小的微型物流活动。配送与物流的关系见表 7–1。

表 7–1　配送与物流的关系表

对比维度	配送	物流
活动范围	配送的距离较短，辐射范围小。随着交通条件和信息技术的发展，配送的距离逐渐增长、辐射范围逐步扩大。以往仅限于本市、本地区，目前突破城市界限（如沃尔玛通过卫星通信系统对各城市门店进行配送）	物流涉及整个供应链上的运输，覆盖范围广泛，可能跨越多个国家和地区
在供应链中的位置	位于供应链的末端，处于支线运输，一般发生在靠近最终消费者的地方	涵盖供应链的各个环节，从原材料采购到最终产品的交付，涉及多个节点和环节
处理的商品特点	多品种、小批量、多批次	少品种、大批量、少批次
主体活动	运输及分拣配货，分拣配货是配送的独特要求，也是配送中有特点的活动	运输及储存
商流与物流的关系	配送是商物合一的产物，商流与物流紧密结合。虽然在具体实施时也有以商物分离形式实现的，但从发展趋势看，商流与物流越来越紧密的结合是配送成功的重要保障	物流是商物分离的产物，商流与物流相对独立，但在实际操作中也存在一定的结合
功能涵盖	包含物流的所有功能，如运输、集货、储存、分拣、配装等。有些配送还附带加工。在配送过程中始终贯穿着收集信息的操作	主要包括运输、储存、包装、装卸搬运、流通加工、信息处理等功能

（一）配送的特点

1. 多项目、多环节

配送实质上是一个多项目、多环节的微型物流活动，尽管其范围相对较小，但涵盖了物流的所有基本功能。

2. 信息化程度高

随着信息技术的发展，配送过程中的信息收集和处理变得更加高效，尤其是在大型连锁企业中，信息化手段（如卫星通信系统）的应用使得配送的效率和准确性大大提高。

（二）物流的特点

1. 覆盖面广

物流涉及整个供应链，从原材料的采购到最终产品的交付，覆盖的地理范围广泛，可能涉及跨国运输。

2. 主体活动突出

物流的核心活动是运输和储存，尤其在长距离、大批量的货物运输中，运输和储存占据了主导地位。

（三）商流与物流的结合

1. 配送的趋势

随着电子商务和新零售的发展，商流与物流的结合越来越紧密，尤其是在最后一公里配送中，商流与物流的协同作用显得尤为重要。

2. 物流的灵活性

虽然物流通常是商物分离的，但在某些情况下，尤其是针对小批量、多批次的配送需求，物流也可以与商流紧密结合，提供更加灵活的服务。

三、配送目标

配送目标可概括为：高服务水平、低配送成本、高配送效率、高配送质量。

（一）高服务水平

在规定的时间内完好无损地把货物送到客户手中。这里的高服务水平还不仅仅是像人们通常所想象的服务态度热情、友好，还包括了很广泛的内容。配送系统是一个服务系统，它的所有活动都是服务活动，为生产服务、为流通服务、为客户服务。而这种服务的核心，就是满足客户的需求。而满足客户的需求表现在各个方面，最主要的是满足客户对所需货物的需求，不能缺货，还要保质、保量、及时送货，安全可靠地运输、储存、包装、装卸，做到配送成本低、服务态度好，为客户提供信息支持、技术咨询、技术支持和售后服务等，几乎遍及配送活动的各个方面、各个环节。因此，要服务好，实际上就是需要配送系统全面做好各个方面的工作。

（二）低配送成本

低配送成本是指配送的总成本最省，不仅满足客户需求，也满足企业自身盈利目标，要实现“双赢”。配送系统是由多个单元构成的，配送活动又由多种类型、多个环节构成，因此，各种配送方式、各个配送环节都会产生配送费用。一个配送系统所有的物流方式、配送环节所产生的配送费用的总和，就是这个配送系统的总费用。配送系统的第二个目标，就是要使这个配送系统的总费用最小。要做到配送系统的总费用最小，就要求整个配送系统要优化，各个单元也要优化，要尽量利用各种优化技术，充分利用和努力节约资源，提高工作效率，降低配送成本。

（三）高配送效率

以最少的投入获得更多、更好的产出是每个企业追求的目标。只有提高配送的效率，才能提高配送系统的经济效益。配送系统的效率是指“配送系统的产出与投入之比”。配送系统的产出是配送服务，产出的多少可以用配送服务水平的高低来衡量与评价；配送系统的投入是为提高配送能力所消耗的活劳动与物化劳动，体现为配送成本。以最低的配送成本达到可以接受的服务水平，或以可以接受的配送成本达到最高的服务水平，这都是企业所追求的目标。

（四）高配送质量

配送质量直接与客户有关，配送质量的高低直接代表企业的形象和信誉，对企业的市场占有率有很大影响。

四、连锁企业配送

连锁企业以各连锁店铺为配送对象，把零售经营与满足自己需要的物流活动以“联购分销”方式有机地结合在一起，实现经营上的规模效应。它的配送行使者与配送对象具有隶属关系，是实行统一经营条件下的商品配送，即特定配送。其购销关系连续、稳定，是一种真正意义上的配送。连锁企业配送的特点有以下几点。

（一）预约配送

连锁企业对各连锁店的配送是配送之前有约定，按各连锁店的订货要求进行配送。

（二）货物种类多

连锁企业，特别是现在的大型连锁超市，货物规格多样，种类成千上万。

（三）物流活动集中化

连锁企业把各连锁店的商品采购、储存、运输活动集中起来，统一管理，并按各店铺的要求对商品进行分类、编配、整理、配装后，将商品送交各门店。

（四）配送点多，线路复杂

连锁企业经营的分店数目较多，导致了配送线路比较复杂。

（五）购销关系稳定

连锁企业的配送对象是所属的连锁店，因此形成了比较稳定的购销关系，这种稳定的购销关系不是靠行政手段来维持，而是以经济利益，即通过配送取得规模效益，使连锁店降低经营成本，提高经济效益。

（六）附加增值服务较多

一般连锁企业配送中心除了配送服务以外，还会为连锁企业提供一些其他的增值服务。如拆零，当供应商大包装供货时，其可能不适合直接销售，要求配送中心按照各个分店的订货进行拆零，然后再拼装。另外，大部分配送中心还附带有处理运货等增值业务。

知识之窗

顺丰配送：全方位、高效、智能的物流服务

顺丰速运，中国领先的综合物流服务商，以快速、安全、高质量服务闻名。通过技术创新和网络扩展，建立了覆盖全国及全球的高效配送体系，具备航空运输、地面配送、信息技术支持、特色服务和安全保障等优势。

顺丰拥有中国最大的民营货运航空公司——顺丰航空，运营超过100架全货机，实现24小时不间断运营，确保货物快速中转和配送。航空运输能力在高峰时段或紧急情况下为客户提供可靠保障。

顺丰还拥有庞大的地面配送网络，覆盖中国大陆所有省份和主要城市。通过智能化的仓储管理系统（WMS）和运输管理系统（TMS），实现对货物的实时监控和精准调度，确保按时、准确送达。

顺丰重视信息技术应用，通过大数据、人工智能、物联网等技术提高配送效率和服务质量。推出电子面单、无人车、无人机等创新技术，提高自动化和智能化水平，降低运营成本，提供便捷服务体验。

顺丰提供多种特色服务，如"顺丰即日"和"顺丰次晨"服务，确保客户当天或次日上午收到包裹。针对高端客户和企业客户，提供"顺丰专送"和定制化物流解决方案，提高运营效率和竞争力。

顺丰将安全放在首位，建立严格的质量控制体系和安全管理制度。每个环节都经过严格操作规范和监控措施，确保包裹的安全性和完整性。配备先进安检设备和技术，防止违禁品和危险品流入。为每件包裹提供全程追踪服务，增强透明度和信任感。

顺丰积极履行社会责任，推动绿色物流和可持续发展。推广环保包装材料，减少一次性塑料使用；优化运输路线和提高车辆装载率，降低碳排放。

顺丰凭借强大的航空运输、广泛的配送网络、智能化技术支持和高标准安全，是中国领先的综合物流服务商。

参考部分资料，自行撰写。

第二节 连锁企业配送模式

连锁企业的配送是构成消费品供应链的终端环节，也是形成商品使用价值最重要的环节，涵盖运输、集货、储存、加工、分拣、配装以及为各环节提供配套服务的信息系统等。

一、配送模式类型

根据提供配送服务的主体，一般将其运作模式分为四类：自营配送模式、共同配送模式、供应商配送模式、第三方配送模式。

（一）自营配送模式

自营配送模式是指企业物流配送的各个环节由企业筹建并组织管理，实现对企业内部及外部货物配送的模式。这种模式有利于企业供应、生产和销售的一体化作业，系统化程度相对较高，既可满足企业内部原材料、半成品的配送需要，又可满足企业对外进行市场拓展的需求。其不足之处在于，企业构建配送体系所需的投资会显著增长，在配送规模尚处于较低水平时，相应的配送成本与费用也会相对较高，自营配送模式的运行流程如图 7–1 所示。

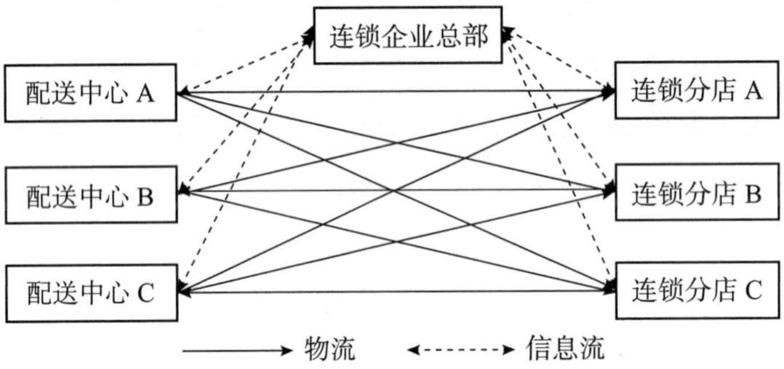

图 7–1　自营配送模式的运作流程

随着连锁经营的发展，以配送中心为核心的物流系统构建显得越来越重要。物流配送已经成为保证连锁零售运营体系正常运作的基本条件，也是构筑各企业核心竞争力的关键因素。目前大型连锁零售公司大多数选择自建物流配送中心，实行统一配送。特别是在常温仓储和冷冻品及生鲜产品仓储方面，这一现象更加普遍。

（二）共同配送模式

共同配送是指多家商业企业联合起来组成物流联盟，为实现整体的物流配送合理化，在互惠互利原则指导下，共同出资建设或租用配送中心，制订共同的计划，共同对某一地区的用户进行配送，共同使用配送车辆的配送模式。联盟各方通过契约形成优势互补、要素双向或多向流动、相互信任、共担风险、共享收益的物流伙伴关系。这一配送模式适用于经营规模较小或门店数量较少的连锁超市，共同配送模式的运作流程如图 7–2 所示。

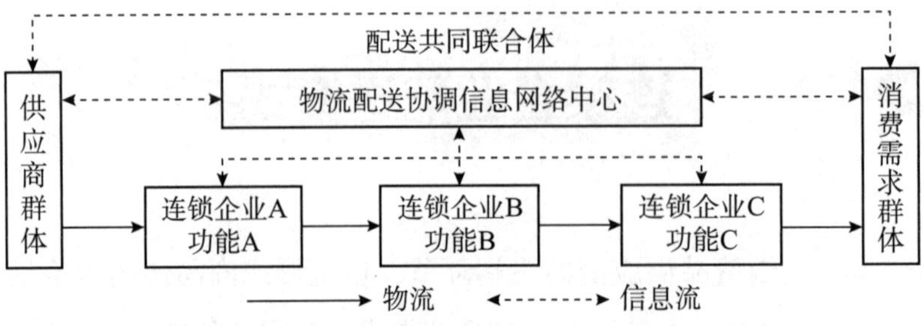

图 7–2　共同配送模式的运作流程

共同配送的核心在于充实和强化配送的功能，提高配送效率，实现配送的合理化和系统化。作为开展共同配送的联合体成员，首先要有共同的目标和利益，这样才能使联合体有凝聚力和竞争力，才能有利于共同目标和利益的实现。开展共同配送、组建联合体要坚持的原则为功能互补、平等自愿、互惠互利、协调一致。

（三）供应商配送模式

供应商配送模式是生产企业直接将商品配送至连锁企业的各个门店，甚至直接上架至货架，这一过程在特定的时间框架内完成。一般而言，中小超市公司更倾向于由生产厂商直接送货，而大型连锁超市公司则偏好利用自身的配送中心进行门店配送。据相关统计数据显示，通过生产厂商直接配送的商品仅占总商品量的 15% ～ 20%，供应商配送模式的运作流程如图 7–3 所示。

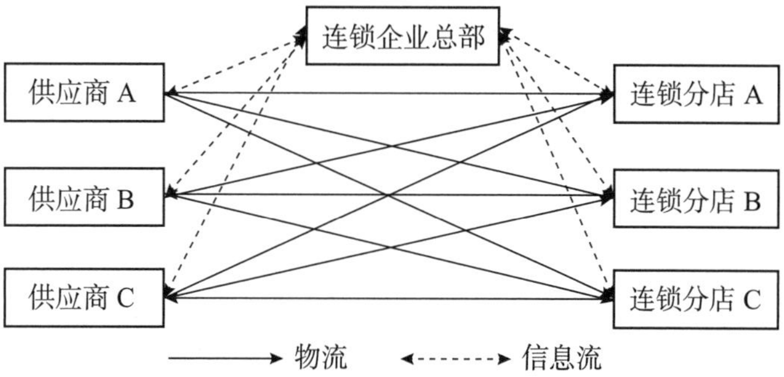

图 7–3 供应商配送模式的运作流程

我国的大型生产企业，大型电器厂家（如海尔、海信等）、食品生产企业（如康师傅等）以及国外有实力的日化产品厂家（如宝洁等）在全国范围内建立了自己的分销体系，将分销渠道直接介入连锁企业的分销配送活动中，并且根据商品的属性、运输距离、自己的运输能力以及季节等条件安排有关配送的活动。

一些大型的连锁企业与供应商之间的关系由竞争走向了协作，可以降低交易成本，保持双方之间供需信息的快速传递，但供应商配送模式也有一定的局限性，因此，它比较适用于销售量较大且需整车运输的商品配送。

（四）第三方配送模式

第三方是指提供物流交易双方的部分或全部物流功能的外部服务提供者，是物流专业化的一种形式，如国内的顺丰、“三通一达”、美团骑手等。第三方配送模式则是指交易双方把自己需要完成的配送业务委托给第三方来完成的一种配送运作模式，第三方配送模式的运作流程如图 7–4 所示。

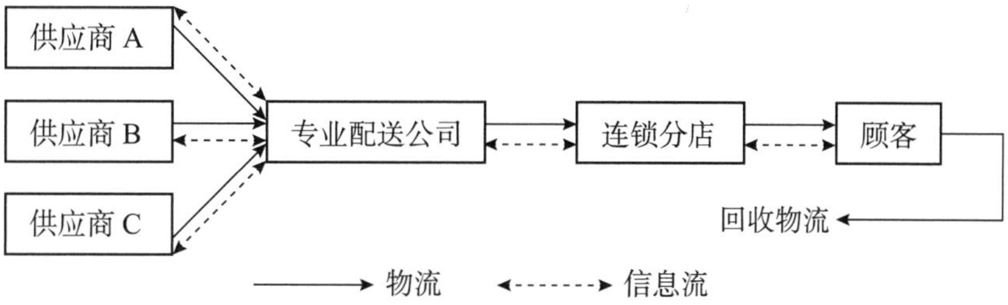

图 7–4 第三方配送模式的运作流程

大型连锁零售公司往往配送业务量大，即使有自己的配送中心和较为完善的配送体系，在某些业务方面仍需要与第三方物流公司产生业务合作，即超市配送的部分外包，在配送方面实行厂商协作，尤其是在长途运输、区域仓库等方面的业务，外包的优势较为明显。中小型连锁企业由于规模小，配送业务量也就相对较小，资金实力有限，不适合自己建设配送中心，因此，这些企业通常会与专业配送企业结成战略联盟，将业务外包，有效利用第三方物流配送来完成仓储和配送任务。我国连锁企业利用第三方物流的比例相对较低，行业的规模和服务水平尚待提高。但是，近年来随着连锁企业的发展，我国连锁企业利用第三方物流的比例也在逐渐提升。

二、配送模式对比

各种配送模式都有自己的优劣势，连锁企业采用何种配送模式，关键在于企业的实际情况如何。

（一）自营配送模式的优劣势及适用范围（见表 7–2）

表 7–2　自营配送模式优劣势及适用范围表

方面	内容
优势	快速灵活，直接管理配送业务以满足销售需求，提供高水平服务； 有效控制配送系统运作，降低交易成本，保护商业秘密； 避免竞争对手利用同一配送系统，确保物流优先地位
劣势	一次性投资大，涉及多个环节的资金占用； 单个企业难以实现规模效益，导致配送成本较高； 自建配送中心需要大量投资和管理资源，增加运营成本
适用范围	适合经济实力强、销售规模大或已有良好配送网络的大型连锁企业

（二）共同配送模式的优劣势及适用范围（见表 7–3）

表 7–3　共同配送模式优劣势及适用范围表

方面	内容
优势	资源利用率高：整合物流资源，优化配置，提高效率； 降低成本：通过混合装载和路线优化，降低运输成本； 减少投资：减轻企业投资负担，专注于核心业务，提升竞争力； 节约社会资源：避免重复建设，减少交通流量和卸货造成的不便
劣势	费用分摊难：核算运费和其他费用存在难度； 商业机密风险：共享信息可能导致商业秘密泄露； 合作磨合难：不同企业间的文化和目标差异可能阻碍合作
适用范围	适用于家电连锁企业与运输企业的合作，尤其是当企业希望在控制成本的同时保持灵活性和服务质量时

（三）供应商配送模式的优劣势及适用范围（见表 7–4）

表 7–4　供应商配送模式的优劣势及适用范围表

方面	内容
优势	降低成本：连锁企业无须承担运输成本，可专注于主营业务； 风险转移：责任与风险由供应商承担
劣势	依赖性强：要求连锁企业达到一定规模和订货量，否则供应商可能不愿意送货； 议价能力弱：供应商掌握主动权，削弱了连锁企业的讨价还价能力； 商品单一化：可能导致大批量采购同质商品，影响连锁经营的特色
适用范围	适用于大卖场和仓储式综合性超市，尤其是当企业希望减少物流管理负担并专注于销售时

（四）第三方配送模式的优劣势及适用范围（见表 7–5）

表 7–5　第三方配送模式的优劣势及适用范围表

方面	内容
优势	专注核心业务：企业可以专注于产品销售，无须分心于后勤工作； 减少固定投资：降低在物流设施上的资本投入，特别适合资金紧张的小型企业，有助于减少经营风险； 多样化服务：第三方物流公司通常更为专业，能够根据客户需求提供定制化的配送服务
劣势	磨合期长：连锁企业与第三方物流公司之间需要时间来适应和协作，以确保需求传达准确和服务融合良好； 标准化不足：配送服务和费用衡量标准不够统一，增加了评估难度，但随着行业发展和技术进步，这一问题正在逐步改善
适用范围	适用于配送能力较低或希望优化资金使用、专注于核心业务的连锁企业，尤其是小型和中型零售企业

三、配送模式选择

（一）连锁企业配送模式选择的指标体系

配送是连锁企业的核心，在选择配送模式时，应针对连锁企业的类型需要设计一套科学、完整且能够从全方位、多角度反映连锁企业配送模式的指标体系。配送成本和配送服务是连锁企业配送模式选择的最重要的两个因素。商品的特性对配送模式的选择也起到一定的作用，比如冷冻食品的配送一般是由供应商直接配送到零售店。连锁企业在考虑配送模式时一般会考虑地区经济的发展、物流网络的发达程度以及信息技术支持。此外，宏观的政府政策和市场环境也会对连锁企业配送模式的选择有一定的影响。因此，把影响配送模式的选择因素归纳为成本因素、服务因素、环境因素、内部因素等几个方面。

1. 成本因素

任何一个企业管理者都希望自身经营活动的各项成本最小、利润最大，所以配送成本是连锁超市在选择配送模式时必须考虑的核心要素。一般认为物流配送成本包括以下几方面。

（1）配送作业成本。配送作业成本主要是指某种物流配送模式下的配送作业产生的直接成本，包括库存成本、订单处理成本、装卸搬运成本、包装加工成本、运输成本等。

对自营配送模式以外的其他配送模式来说，其配送作业成本是每个配送单元的配送价格。而对自营配送模式来说，配送作业总成本的计算公式如下。

$$配送作业总成本 = 库存成本 + 运输成本 + 装卸搬运成本 + 包装加工成本 + 分拣成本$$

$$配送作业成本 = \frac{配送作业总成本}{配送单元数}$$

其中，

$$库存成本 = 库存持有成本 + 库存管理人员工资$$

$$运输成本 = 运输设备折旧成本 + 运输人员工资$$

$$装卸搬运成本 = 装卸搬运设备折旧成本 + 装卸搬运人员工资$$

$$包装加工成本 = 包装加工设备折旧成本 + 包装加工人员工资$$

$$分拣成本 = 分拣设备折旧成本 + 分拣人员工资$$

（2）投资成本。投资成本主要是指某种配送模式下连锁企业需要付出的投资成本，包括投资资金和投资的设备、设施等资源。

对自营配送模式来说，其投资成本就是用来建设配送中心的资金和用于购买各种设备的资金，其计算公式如下。

投资成本 = 自建配送中心的资金 + 配送中心的各种运输、装卸、分拣、加工等设备成本

对共同配送来说，其投资成本是连锁企业用于配送的各种设施设备成本。

若是选择供应商直接配送、第三方物流配送或者第三方物流企业联盟配送，超市基本不存在投资成本。

（3）投资风险。投资风险是指投资某种物流运作模式必须承担的各类风险，如技术的过早更新换代造成技术提前贬值、设备贬值等。

（4）与企业资源配置产生的组合效益。企业资源配置包括对资金、设备、人力、信息等的配置规模、配置结构和配置方式等。在现代连锁企业中，不同的物流运作模式在现有企业资源配置下会产生不同效益。

需要注意的是，这些成本之间有的存在着二律背反现象，如降低库存可以减少库存成本，但会带来运输距离和次数的增加而导致运输成本增加。所以，在选择配送模式时，不能仅仅以某一项成本最小为目标，而要对配送的总成本进行论证。对任何一种配送模式来说，它所对应的配送成本，都可以用“配送成本 = 配送作业成本 + 投资成本 + 选择成本 + 服务成本”来计算，最后要达到计算出来的配送总成本最小的目标。

2. 服务因素

连锁企业物流的基本服务是指企业在运输和配送、储存、搬运、流通加工、包装以及相关的信息处理等基本物流活动中，对顾客的服务承诺。随着竞争的加剧，连锁企业越来越意识到一味追求成本的最低并不能带来利润的最大化。配送服务水平的高低直接关系到连锁企业自身竞争力。衡量

物流基本服务的指标主要包括可得性、作业绩效和可靠性。

（1）可得性。可得性是指当连锁企业门店及相关顾客需要商品时所拥有的供货能力，可用三个方面来衡量。

①缺货频率。缺货频率是指在一定时期内缺货的概率。将全部产品发生缺货的次数汇总起来，就可以反映连锁企业物流实现其基本服务承诺的情况。

②供应比率。供应比率是指顾客需要的满足程度。例如，一家门店订货 500 个单位，有 450 个单位可得，那么订货供应比率为 90%（=450 ÷ 500 × 100%）。它主要用于衡量缺货的程度。

③订货完成率。订货完成率是指已完成的订单数量（实际交货数量）占已订货数的百分比。一般用来评价连锁企业物流服务的精确度，是一种较严格的衡量指标。

（2）作业绩效。连锁企业物流服务的作业绩效是用以衡量从订货到入库过程中的速度、一致性、灵活性等，以此说明所期望的作业完成状况。

①速度。完成周期的速度是指从开始订货时起至商品装运实际抵达时止的这段时间的长短。连锁企业根据物流服务方案的设计，完成周期所需要的时间会有很大的不同，可以短至几个小时，也可以长达几个星期。

②一致性。一致性是指连锁企业在众多的完成周期内按时递送的能力。确切地说，一致性是指必须按照递送承诺加以履行的处理能力。

③灵活性。服务的灵活性是指连锁企业处理门店及顾客异常需求的能力。连锁企业的物流能力直接关系到在始料未及的环境下如何去妥善处理问题。

（3）可靠性。服务的可靠性是指连锁企业能否并且乐意提供有关物流作业和门店订货状况的精确信息，这是衡量其物流能力的重要内容之一。它与存货可得性和作业完成能力构成企业物流服务质量。

3. 环境因素

（1）地区经济。地区经济的发展对于连锁企业的未来发展有着重要的作用，选择恰当的配送模式对于实现连锁企业的战略发展目标十分重要。地区经济发展前景越看好，连锁企业规模越有望扩大，恰当的配送模式能够维持企业经营目标期限内利益的最优化，因此，决策者会倾向能够支撑未来连锁企业发展目标的物流配送模式。

（2）政府政策。物流系统建设是一项长期艰巨的任务，如果政府在一定时期（特别是发展初期）给予某种配送模式（比如自建配送中心）一定的政策扶持，如制定相应的法规、提供贷款、给予税收上的优惠等，那么对有基本条件的连锁超市来说，就会倾向于选择政府政策扶持的配送模式。所以，这个指标可以通过政府政策扶持的力度来加以评判。

（3）物流网络。本地区物流市场发展的程度、物流市场是否规范、国内物流服务相应的法律法规是否完善，会影响到连锁企业决策者对物流配送模式的选择。物流市场不规范，对于连锁企业控制其配送环节、提高服务水平是不利的。

4. 内部因素

（1）商品特性。某些商品具有特殊配送要求，如玻璃、陶瓷等易碎品或生鲜、冷冻类商品，对配送工具有着特殊要求，一般是由供应商配送。而某些商品由于对运输时间有严格要求（如保质期短的商品），需要压缩中间配送环节，一般不会考虑第三方物流，而往往通过供应商直接配送。

（2）企业形态。不同的连锁企业形态对物流配送的需求是不一样的。对于大型连锁企业如家乐福，由于规模巨大，往往采用供应商直接配送，而对于便利店（如 7-Eleven），每家门店规模极小，但在一个地区内分布广泛且集中，采用自营或者共同配送就是比较理想的配送方式。

（二）我国连锁企业配送模式选择的动态性分析

追求规模效益是连锁经营企业的核心目标，促使企业持续扩展门店数量。面对国外大型连锁企业的竞争压力，国内连锁企业加速扩张，以规模优势提升竞争力。然而，快速扩张也带来了组织管理的挑战，尤其是配送系统的适应性问题。如果配送系统无法跟上企业扩张的步伐，成本难以控制，服务水平也可能下降，最终影响企业的整体经营。在不同的扩张阶段选择合适的配送模式对企业的成功至关重要。我国连锁企业发展时间较短，相较于国际同行，其规模较小，物流配送水平处于中等，仍有较大发展空间。因此，国内连锁企业的配送系统更具灵活性和动态性，随着企业的发展不断调整优化。

以山东三联集团为例，这家主营家用电器的全省连锁商业企业，其物流实践经历了三个关键阶段。

1. 初期自营

由于物流量有限且缺乏合格的第三方物流提供商，三联集团最初主要依靠自营物流。

2. 转向第三方

随着销售网络的扩大，特别是网上销售带来的分散配送需求，三联集团开始依赖第三方物流，以弥补自身物流能力的不足，提高配送效率。

3. 回归自营

当销售量急剧增加，集团建立了更为庞大和高效的自营物流网络，逐步替代第三方物流。此时，自营物流不仅成本更低、更可靠，还成为企业核心竞争力的一部分。

这一演变过程展示了连锁企业在不同发展阶段如何根据实际情况灵活调整配送策略，以适应市场变化和企业成长的需求。

第三节 连锁企业配送现状与发展

在发达国家，配送服务的出现相对较早，无论是在配送规模、配送功能、技术装备还是服务质量方面，均已达到较为成熟的阶段。随着我国零售业的蓬勃发展以及对物流领域认识的不断深化，当前我国连锁企业的配送模式呈现出多样化的发展态势。尽管我国连锁企业配送业务的起步较晚，但其发展速度迅猛，配送水平也在持续提升。

一、发达国家连锁企业配送现状

发达国家的配送服务兴起较早，随着经济的快速发展，配送行业亦获得了进一步的拓展。现今，配送已成为国外连锁零售业务运营的核心要素，并持续展现出强劲的发展势头。观察国外连锁超市的物流配送现状，可以发现无论是在配送规模、功能、技术设备还是服务质量方面，均已达到相当成熟的阶段。目前，美国、日本以及西欧各国的配送中心、加工中心等物流设施广泛分布，这些国家在物流配送领域的研究也颇为深入，形成了较为完善的理论体系，在硬件和软件方面，均展现出较高的发展水平。美国在物流配送机械设备方面尤为先进；而日本则在物流配送基础设施建设方面表现出色，物流配送的社会化和组织化程度较高，重视实用技术和方法的应用，并在物流配送成本控制方面表现出色。发达国家的连锁企业配送现状主要呈现出以下四个特点。

（一）配送规模的扩大

在发达国家，大型连锁超市自建的配送中心规模庞大，配送中心的数量显著增加。以美国为例，截至 2018 年，全国有 550 多家营业仓库，总面积约 2000 万平方米，从业人员达 10 万人，形成了高效有序的社会大物流体系。在日本，虽然有 6 万多家流通企业，但近年来许多企业选择将配送业务外包给专业的社会化配送中心，促进了这些中心的发展和专业化。

（二）配送功能的集成化与延伸化

发达国家的连锁超市不仅注重基本的储存、分拣、包装和运输服务，还强调配送功能的完善和延伸。增值服务如采购及订单处理、配送方案规划、库存控制等逐渐成为标配。物流与供应链其他环节的集成也日益重要，包括物流与商流的结合、不同物流渠道之间的整合以及物流与制造环节的协同。

（三）配送技术和设备的先进性

发达国家的连锁超市广泛采用先进的配送技术和设备，如条码技术、自动存货补货系统、自动分拣机和计算机智能化管理。这些技术的应用提高了作业效率，缩短了作业时间，增加了设备利用率，减少了等待时间和空间占用。现代化设备如自动分拣机、电动升降机、自动传送带等实现了机械化和自动化作业，提高了配送速度和准确性，降低了货损率，缩短了商品周转期。

（四）高质量的配送服务

提高配送服务质量是发达国家连锁企业发展的关键。服务质量分为基础质量和战略质量两方面。基础质量要求配送过程准确无误、发货及时、目的地正确、货物完好无损；战略质量则强调提供更全面、更好的服务。国外连锁超市不仅确保“基础质量”的稳定，还致力于提升“战略质量”，通过高效的配送管理和严格的规章制度，确保高水平的服务质量。

随着全球化和技术进步，配送行业的规模和服务水平不断提升。发达国家的连锁企业在配送规模、功能集成、技术支持和服务质量方面都取得了显著进展。中国的连锁企业也在借鉴国际经验，逐步优化自身的配送系统，以适应快速变化的市场需求和竞争环境。

二、我国连锁企业配送现状

（一）配送形式多元化

随着零售业的发展和物流意识的提升，我国连锁零售企业的配送形式呈现出多元化趋势。一方面，许多企业加大了自建物流配送中心的投资，特别是在规模和技术上有了显著提升。有实力的企业将物流建设视为发展战略的一部分。另一方面，越来越多的企业选择第三方物流服务或供应商直接供货，特别是外资大型超市在中国市场的布局。

（二）技术水平提升

国内连锁零售企业的配送中心在技术应用上不断进步，引入了高层立体货架、电动高位叉车、电子标签等先进设备，提高了仓储和分拣效率。信息系统和电子化设备的应用也大幅提升了作业速度和准确性，减少了差错率。托盘和物流笼车的使用进一步提高了门店的商品交接效率。

（三）生鲜配送中心加强

随着消费者对生鲜食品需求的增加，建立高效的生鲜配送中心成为提升竞争力的关键。一些大型连锁企业如上海联华超市、苏果超市、北京京客隆等加大了生鲜食品加工配送中心的建设。例如，上海联华超市的生鲜配送中心投资 6000 万元，年生产能力达 2 万吨，涵盖 15 大类 1200 种生鲜食品，同时提供水果、冷冻品及南北货的配送服务。

（四）物流水平差异明显

我国连锁零售企业数量众多，包括大型集团企业和中小型连锁店。由于企业规模和实力的不同，物流水平参差不齐。在北京，自营配送比例较低，多数企业的统一配送率在 60% ～ 70% 之间，少数能达到 80% ～ 90%，而中小城市和边远地区的配送比例更低。随着经济的发展和企业实力的增强，这种差距预计将进一步扩大。

我国连锁零售企业的配送模式正朝着多元化、技术化和专业化方向发展。虽然外资企业在物流体系建设上有一定优势，但本土企业的快速崛起和技术创新正在改变市场格局。未来，随着消费升级和技术进步，配送行业的竞争将更加激烈，企业需要不断创新以适应市场需求的变化。

三、连锁企业配送的发展趋势

（一）冷冻生鲜品配送备受关注

随着零售市场竞争的加剧和居民生活水平的提高，消费者对快速食品、生鲜半成品和冷冻食品的需求不断增加。大型零售企业将加强冷冻生鲜食品的配送功能，设立专门的食品加工中心和配送中心，提供从常温仓储、冷藏、包装到流通加工和配送的一站式服务。此外，一些实力较强的食品批发企业将面向独立超市门店开展以食品为主的配送服务，推动专业化物流配送中心的发展。

（二）第三方物流加速发展

在日本，约 30% 的连锁企业依赖社会化专业配送企业。随着专业化物流企业的成熟，越来越多的连锁企业会选择将部分或全部配送业务外包给第三方物流企业。这不仅提高了效率，还降低了成本。同时，一些自身具备物流配送能力的连锁企业也将利用其优势，开展社会化的物流配送服务，进一步提升市场竞争力。

（三）信息技术应用深化

信息技术的应用将进一步提升物流现代化水平。连锁企业将广泛采用管理信息系统（MIS）和电子订货系统（EOS），通过互联网与物流配送中心、上游供应商共享销售和库存信息，实现网上数据传送和订货。这将在电子订货、商品验收、退货、促销、变价、结算、付款等环节提供协同支持，优化供应链管理，提高运营效率。

（四）工业和物资企业介入商业物流

1. 生产企业物流扩张

在家电、服装、化妆品和保健品等竞争激烈的行业中，大型生产企业已经开始直接参与面向消费者的市场活动，其运输部门也逐渐从内部配送向社会化物流转变，以适应连锁企业的需求。

2. 传统物流企业转型

原有的储运企业正逐步将业务拓展到零售领域，特别是连锁企业。一些隶属流通部门的运输和仓储部门也从整体业务中剥离出来，独立从事专业的物流服务。未来，更多传统物流企业将转向为连锁企业提供物流服务，推动整个行业的专业化和高效化。

未来几年，连锁企业的物流配送将呈现出更加专业化、信息化和多元化的趋势。冷冻生鲜品配送、第三方物流的广泛应用、信息技术的深度整合以及工业和物资企业对商业物流的介入，将共同推动物流行业的创新和发展。这些变化不仅提高了企业的运营效率和服务质量，也为消费者提供了更好的购物体验。

第四节　连锁企业配送中心的规划

随着连锁企业规模的不断扩张，配送中心在连锁企业成长过程中的重要性越发凸显。当前，配送中心发展的滞后已经成为限制连锁经营进一步发展的关键障碍。因此，连锁企业亟须深入分析配送中心建设过程中所面临的显著问题，并探索构建配送中心的有效策略。

一、配送中心概述

现代物流体系包括运输、仓储、包装、装卸、搬运、流通加工、配送以及信息处理等多个作业环节。在这些环节中，运输作业占据了最大的成本比例（大约为50%），尽管其作业内容相对单一。而配送业务则是现代物流体系中最为复杂的环节。在执行配送业务的配送中心，作业流程整合了运输、储存、包装、装卸、搬运、流通加工以及信息处理等多项物流作业。因此，配送中心在供应链体系中扮演着至关重要的物流节点角色。对连锁企业而言，配送中心能够通过实现配送作业的经济规模效应，有效降低流通成本，加速商品周转，进而进一步提升连锁企业的市场竞争力。

配送中心是一种现代化的物流节点，旨在通过高效的货物配备和配送服务，降低运输成本、减少客户流失。它不仅是储藏仓库，更是具备多种功能的流通设施，能够进行倒装、分类、保管、流通加工和信息处理等作业，并根据客户需求准备货物，提供高水平的服务。

（一）配送中心的特点

1. 货物配备

配送中心的主要任务是完成货物的集货、加工、分货、拣选和配货等工作。

2. 送货组织

配送中心既可以自行承担送货任务，也可以利用社会运输企业完成送货。在我国，初期用户自提的情况较为常见，因此配送中心更多地扮演着组织者的角色。

3. 经营活动结合

配送中心不仅是物流活动的一部分，它还与销售或供应等经营活动紧密结合，成为企业经营的重要手段。

4. 现代流通设施

配送中心配备了先进的设备和信息技术，区别于传统的商场、贸易中心和仓库，能够高效处理商流和物流。

配送中心的形成和发展是物流系统化和规模化发展的必然结果。随着客户需求在服务内容、时间和质量上的不断提高，企业必须引入先进的分拣和配送设备，以及信息化管理，以建立迅捷、安全、正确、优质的作业体制。因此，许多企业建立了配送中心，以实现物流合理化和市场拓展的目标。

配送中心是从供应者手中接受多种大量货物，进行包装、分类、保管、流通加工和信息处理等作业，然后根据客户需求备齐货物，高效、准确、经济地进行配送的现代化流通设施或组织。它是基于物流优化和市场扩展的需求而逐步发展起来的，旨在为客户提供优质、便捷的服务。

（二）配送中心的类型

1. 按服务对象分

（1）生产企业配送中心。生产企业配送中心的服务对象是生产制造企业，配送业务包括用于生产的原材料、零部件、在制品流转、产成品销售等。生产企业配送中心对企业的生产物流起着控制、调节和平衡的作用。

（2）商业配送中心。商业配送中心是专门为商品流通中的批发、零售、连锁店、超市等提供配送服务的配送中心。其业务范围相对比较稳定，经营品种多，配送业务复杂。

2. 按企业性质分

（1）自有型配送中心。自有型配送中心是企业自己投资建立、自行使用和管理的配送中心，通常只为本企业服务。

（2）公用型配送中心。公用型配送中心是专业化、社会化服务的独立型配送中心。特点是规模较大、设施齐全、服务完善、成本较低。它是配送中心的主要形式。

（3）合同制配送中心。合同制配送中心是通过签订合同，为签约方提供长期配送服务的配送中心。其配送业务相对单一。

3. 按功能分

（1）流通型配送中心。流通型配送中心以流通配送为主，储存为辅。流通型配送中心的商品周转速度快、经营的品种多、配送作业比较复杂，理货区面积所占比重较大。

（2）加工型配送中心。加工型配送中心以流通加工为主要业务。通常少品种大批量进货，在配送中心根据顾客的订货要求进行各种流通加工作业。例如，进行商品分级、改换包装、刷标记、贴标签等。

（3）储存型配送中心。储存型配送中心以物品储存为主要业务。特点是库存量大、品种单一、配送作业比较简单、储存设施齐全。

4. 按经营范围分

按经营范围分类，配送中心可以分为许多种专业配送中心，如食品配送中心、日用品配送中心、药品配送中心、家电配送中心、电子产品配送中心、书籍配送中心、汽车零配件配送中心、服装配送中心等。

（三）配送中心的作用

1. 支持市场营销体系

配送中心不仅是物流活动的执行者，更是市场营销体系的重要支撑。它通过高效的货物配备和配送服务，增强了商品生产和消费、进货与销售之间的协调能力。例如，在向门店供货时，配送中心可以进行小批量的商品包装、装卸和发运，如同生产过程的延伸，确保商品及时到达销售终端。此外，配送中心保持一定的库存作为“蓄水池”，特别是在销售高峰期（如国庆节、春节），能够有效应对需求激增，确保供应稳定。这种集中库存管理方式相比传统的“前店后库”模式，大幅降低了整体库存量，增强了调控能力。

2. 成为信息中枢

配送中心是连锁企业信息系统的核心枢纽。它接收来自各门店的订货信息，编制拣选和配送计划，并通过自动拣送系统高效完成订单处理。计算机系统根据库存情况和销售数据，编制合理的配送计划，确保商品及时、按需送达各分店。同时，配送中心还能够将门店的订货信息反馈给供应商，帮助优化生产和采购决策，形成供应链上下游的信息闭环。

3. 实现物流系统化与规模经济

配送中心通过集中配送的方式，实现了多品种、小批量、高周转的商品运送，显著降低了物流成本。这种集约化的配送模式提高了流通社会化的水平，实现了规模经济带来的效益。此外，配送中心还通过集中大批量订货，获得更优惠的价格折扣和运输费用均摊，进一步降低供货成本，提升了企业的物流价值。

4. 实现零库存管理

配送中心通过大量采购、快速分拣、加工、配货和快捷运输，结合信息系统对各分店销售和库存的实时监控，解决了“什么时候送、送多少”的问题，使各分店无须自设仓库，实现“零库存”管理。这不仅节约了库存成本，还提高了分店的专业化销售效率，使营业场所能够专注于销售活动，提升顾客体验。

5. 完善连锁经营体系

配送中心为整个连锁经营体系提供了重要的支持，具体表现如下。

（1）统一进货和质量控制。通过集中采购，确保商品质量和供应稳定性。

（2）加速商品周转。减少商品损耗，降低流通费用，提高资金周转率。

（3）优化库存管理。提高分拣能力和存货水平，支持零星商品的无库存或少库存经营。

（4）简化门店管理。使门店专注于销售，减少后勤工作负担，逐步实现“只管销售”的管理模式。例如，流通加工和拆零作业减轻了门店的工作量，增加了商品品种数。

配送中心是连锁企业中不可或缺的重要环节，它通过高效的物流管理和信息化手段，支持市场营销、优化供应链、实现规模经济，并推动连锁经营体系的不断完善。配送中心的存在不仅降低了运营成本，提高了效率，还为企业的可持续发展提供了坚实的基础。

二、连锁企业配送中心的建设途径

纵观全球连锁经营的成功经验，只有结合我国的具体国情，并根据不同企业的特定情况，合理选择建设配送中心的路径，才能确保连锁经营的健康持续发展。

1. 连锁企业自建配送中心

一些规模大、资金雄厚的连锁企业集团，可以建立自己的配送中心，为整个连锁集团服务，同时有余力也可以服务其他的公司，这不仅能够取得更大的经济效益，同时能取得更大的社会效益。这种途径有利于协调总部与各连锁分店之间的关系，保持经营特色，如百联集团等。

2. 建立联合型的配送中心

目前，国内外都发展了一些联合型的配送中心，这类配送中心有两种不同的联合方式：一种是由一家或多家连锁公司与物流企业联合，分别承担不同功能，共同实现配送中心任务，为连锁公司和其他企业配货；另一种是连锁企业和生产企业联合，共同建设为连锁公司和其他企业提供配货的配送中心，此种形式是流通领域向生产领域的延伸。

3. 建立代理型的配送中心

代理型的配送中心是指连锁店本身并不经营配送业务，配送业务由某供应商或配送中心代理完成，以避免由于规模较小而导致入不敷出的问题，有利于提供专业化的配送服务，提高配送效率。

4. 建立改造型的配送中心

改造型的配送中心是指充分利用原有批发企业、商业储运企业的场地、设备和购销渠道优势，进行技术改造、管理创新、功能完善，使之变成现代化的物流配送中心。

三、连锁企业配送中心的规划

配送中心是连锁经营的核心所在。与仓储中心相比，配送中心所储存的商品种类显著增多，商品的数量、速度以及配送点的数量都在呈指数级增长。因此，其规划是一项复杂的系统工程，涉及时机选择、类型选择、所有者选择、地址选择、规模选择、设施选择、投资选择等多个关键要素，以下重点探讨配送中心的选址、规模两个主要方面。

（一）配送中心的选址

配送中心的选址标准在于确保商品能够以最低总成本送达所有连锁店。因此，配送中心的位置通常由连锁店的分布情况决定，而不应单纯追求成本最低，否则可能会降低配送效率并导致配送成本的增加。然而，这并不意味着配送中心必须位于各分店的几何中心。例如，如果各分店的中心恰好位于市中心，由于地价高昂、库房费用昂贵以及交通拥堵等问题，尽管距离较短，配送成本实际上并不低。鉴于主客观因素的影响，各分店的商品流通量存在差异，因此，单纯追求最短距离并不总是最经济的选择。

1. 配送中心选址的原则（见表 7–6）

配送中心的选址过程应同时遵守适应性原则、协调性原则、经济性原则和战略性原则。

表 7–6　配送中心选址原则

原则	内容
适应性原则	与国家及省市经济发展方针、政策相适应；符合物流资源和需求分布；与国民经济和社会发展相协调
协调性原则	将国家物流网络视为大系统，确保设施设备在地域分布、生产力和技术水平上相互协调
经济性原则	考虑建设费用和经营费用，选择总费用最低的地点；根据不同区域（市区、近郊区、远郊区）的建设规模和物流费用进行综合评估
战略性原则	具备全局和长远眼光，考虑当前和未来发展的需要；局部利益服从全局利益，短期利益服从长期利益

2. 配送中心选址的影响因素（见表 7–7）

表 7–7 配送中心选址影响因素

类别	因素	内容
自然环境因素	气象条件	考虑温度、风力、降水量、无霜期、冻土深度、年平均蒸发量；宜选城市年主导风向的上风口，避免风口
	地质条件	土壤承载力要高，避免淤泥层、流沙层、松土层等不良地质条件，防止沉陷和翻浆
	水文条件	远离易泛滥河川流域和地下水位过高区域，禁止使用洪泛区、内涝区、故河道、干河滩
	地形条件	地势高亢、地形平坦，理想为完全平坦或稍有坡度，避开山区陡坡；外形宜为长方形
经济因素	运输费用	优先选择靠近物流服务需求地，缩短运距，降低运输费用，提高效益
	服务水平	确保准时运送，提供快速、满意的服务，满足客户需求
	商品特性	根据商品特性选择不同地域布局，如生产型配送中心应与产业结构紧密结合
投资环境因素	交通条件	靠近港口、机场、铁路编组站、公路货运站场等，最好衔接两种以上运输方式
	公共设施状况	道路、通信等公共设施齐备，有充足的供电、水、热、燃气能力，周围有污水、固体废物处理能力
	经营环境	有利的物流产业政策，数量充足和素质较高的劳动力
其他因素	国土资源利用	节约用地，充分利用国土资源，地价高低对布局规划有重要影响，兼顾区域与城市规划
	环境保护要求	保护自然与人文环境，减少对城市生活的干扰，大型转运枢纽应远离市中心
	周边状况	避免设在易散发火种的工业设施（如木材加工、冶金企业）附近，不宜设在居民住宅区附近

（二）配送中心的规模

配送中心的规模决策主要涉及三个层次：总规模、数量及布局、单个配送中心的规模。这里讨论第一层次，即配送中心的总规模。

1. 总规模与服务能力的关系

配送中心的主要功能是为连锁企业的各店铺提供商品服务，因此其服务能力是衡量总规模是否适当的关键指标。通常，配送中心的总规模与服务能力成正相关关系。

（1）规模越大，服务能力越强。更大的配送中心能够处理更多的货物，支持更多的店铺需求。

（2）成本—收益平衡。尽管配送中心是服务性机构，但在扩大规模时必须进行“成本—收益”分析。起初，随着配送规模的扩大，单位配送成本会因规模经济效应而降低；但当规模达到一定程度后，继续扩大可能导致成本上升，效益递减。

2. 配送中心与店铺面积的比例

根据国外连锁经营企业的经验，配送中心与所配送店铺的总面积比一般为 1∶10，即 1 万平方米的配送中心可以支持 10 万平方米的连锁店铺。然而，这一比例会因以下因素而有所不同。

（1）业态差异。不同类型的零售业态（如超市、便利店、专卖店等）对配送的需求和流转速度不同。

（2）商品特性。主要配送的商品种类（如生鲜、电子产品、日用品等）也会影响配送中心的规模需求。

（3）流转速度。商品的流转速度越快，所需的配送中心面积可能相对较小；反之，则需更大面积以应对库存需求。

配送中心的总规模应与其服务能力相匹配，并在成本—收益之间找到最佳平衡点。一般来说，配送中心与所配送店铺的面积比为 1∶10，但具体比例需根据业态、商品特性和流转速度等因素灵活调整。合理的规模决策不仅能够提高配送效率，还能有效控制成本，提升整体运营效益。

四、连锁企业配送中心的经营管理

（一）经营管理内容

配送中心的高速运作离不开良好的经营与管理，其经营管理主要包括以下五方面。

1. 入库管理

入库管理是配送中心物流管理的第一个环节，其核心任务是将总部采购的来自各个厂家的货物汇集到配送中心，经过一系列的入库流程，按照规定方法将货物放置于合适的地点。

2. 储存管理

目前商品在仓库里的存放系统有两种模式：一是商品群系统；二是货位系统。商品群系统是指将同类商品集中放于一处；货位系统包括开放货位系统和统制货位系统，即每一个货位都有一个相应的编号，前者货位编号固定，某类商品可随机调换货位，后者商品被赋予同一编号，改变货位则改变编号。两种存货系统各具优缺点，如商品群系统定位容易，但搬运困难；货位系统定位复杂，但搬运方便。在计算机系统应用广泛的情况下，采用开放货位系统比较适宜，在存放货物时必须及时将其存放的货位号输入计算机，以方便、快捷地查找货物。

3. 发货管理

发货管理是配送中心物流管理的最后一个环节，目标是把商品准确且及时地运送到各个连锁店铺。这就要求采取经济、科学的配货方法和配货流程，在现代信息管理设备的辅助下，顺利完成发货这一管理职能。

4. 信息管理

信息流系统和物流系统是结合在一起发生作用的，是支撑连锁企业营运的两个车轮。可以说，信息流系统畅通与否直接决定着物流系统的流畅程度，主要表现在以下三方面：一是提高订货与收货的准确性；二是及时掌握各分店的信息；三是缓解人力不足等问题。因此，做好配送中心的信息管理工作，对连锁企业的发展十分重要。

5. 财务管理

财务管理对于任何一个部门都是非常重要的，配送中心当然也不例外。随着配送中心由自营型向共营型等社会化形态的转变，财务管理这一职能将日益重要。

（二）经营管理目标（见表 7–8）

表 7–8 连锁经营管理目标

目标	内容
服务性	为连锁门店提供全方位的准确、高效、安全的服务；确保无脱销、货损等事故；尽可能降低运营费用
速送性	迅速、及时地将商品送达各分店；取决于配送中心的位置布局和配送路线的合理组织
空间有效利用	立体空间利用：有效利用土地面积的立体空间，如采用高层货架等； 储存安排：合理安排商品储存，使用现代化机械设备提高运输效率
规模适当化	研究配送集中与分散的合理性，确保规模适当；实现机械设备和电子设备的合理设置及充分利用，避免资源浪费

本章小结

本章系统介绍了连锁企业的配送管理，涵盖了配送中心的定义、功能及其在连锁经营中的重要性。详细分析了不同配送模式的特点、优劣势及适用范围，并探讨了配送中心的规划与建设，包括选址原则、规模决策和技术应用。此外，展望了未来配送行业的发展趋势，如冷冻生鲜品配送的加强、第三方物流的加速发展以及信息技术的深化应用。这些内容为学生未来的职业发展提供了坚实的理论基础和实践经验，使他们能够在复杂的市场环境中制定和执行高效的配送策略，提高企业的运营效率和服务质量，增强市场竞争力。

【思考练习】

1. 自营配送、共同配送、供应商配送和第三方配送各有何特点？分别适用于哪些类型的企业？请结合实际案例进行分析。

2. 配送中心选址时需要考虑哪些自然环境因素、经济因素和投资环境因素？

3. 影响配送路线优化的主要因素有哪些？

【拓展训练】

1．配送中心在运营过程中应如何履行社会责任？请列举一些具体的实践案例，说明其对社会和环境的积极影响。

2．配送中心如何应对突发事件（如自然灾害、交通中断等）？请设计一套应急响应机制，确保在紧急情况下仍能保持高效的配送服务。

8

第八章 连锁企业人力资源管理

本章概述

本章介绍了连锁企业在人力资源配置、员工招聘与培训、员工考核与激励以及企业文化建设等方面的关键内容，详细阐述了岗位工作分析、人员编制方法、招聘原则与流程、培训特色和方法、考核指标体系及晋升制度，并强调了标准化管理、人员素质提升和文化一致性对企业发展的重要性。通过这些策略的实施，连锁企业能够有效应对市场变化和消费者需求的转变，确保在快速扩张的同时维持高效运营和服务质量，旨在帮助学生全面理解连锁企业在当前市场环境中的人力资源管理实践及其对企业成功的影响。

学习目标

知识目标

（1）理解连锁企业人力资源配置的基本原则。

（2）熟悉员工招聘与培训的流程和方法。

（3）掌握员工考核与激励的体系。

（4）了解企业文化建设的重要性。

能力目标

（1）能够根据连锁企业的经营状况，合理设置岗位并进行人员编制，确保人力成本最优化和服务水平提升。

（2）能够制订有效的招聘计划，选择合适的招募工具和方式，并设计和实施符合企业需求的培训方案。

（3）能够运用科学的考核方法对员工进行全面评估，并通过合理的奖励和晋升机制激励员工，提高工作效率。

（4）能够在企业内部推广和维护积极向上的企业文化，增强员工的归属感和使命感。

素质目标

（1）通过对连锁企业人力资源管理各环节的学习，培养全面分析问题的能力，能够从多个角度思考和解决问题。

（2）通过参与招聘、培训、考核等活动，提高与团队成员的协作能力，确保各项工作顺利推进。

（3）鼓励学生在复杂多变的市场环境中不断更新观念，探索解决经营管理问题的新方法，推动企业创新发展。

（4）培养学生遵守法律法规、尊重知识产权、维护企业形象的职业道德，增强社会责任感，为社会创造更多价值。

思政目标

（1）通过学习连锁企业的人力资源管理和企业文化建设，帮助学生树立正确的职业观、人生观和价值观，认识到个人发展与企业发展的关系。

（2）强调企业在招聘、培训、考核等环节必须遵守国家法律法规，培养学生依法依规办事的意识，确保经营活动合法合规。

（3）通过学习连锁企业的标准化服务流程和顾客满意度管理，增强学生的服务意识，树立“顾客至上”的经营理念。

（4）引导学生将社会主义核心价值观融入日常工作中，倡导诚信、敬业、友善等美德，为企业和社会的发展贡献力量。

思维导图

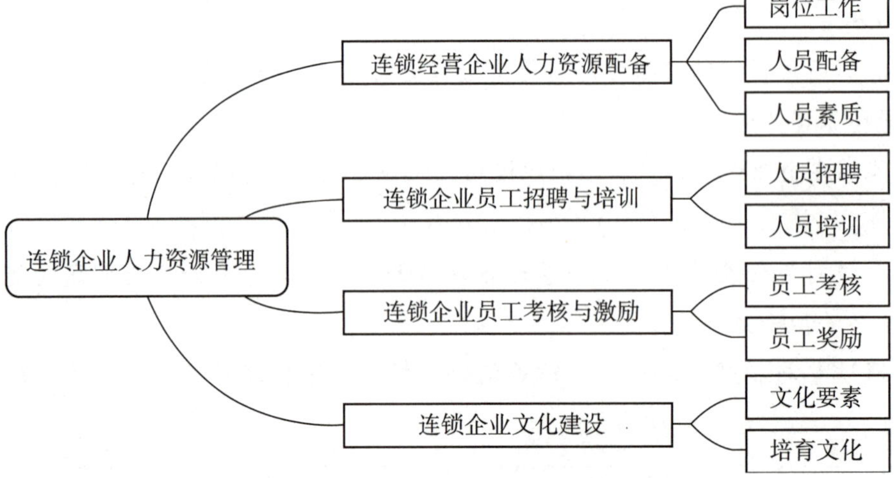

第一节 连锁经营企业人力资源配备

人力资源配置是企业管理的关键环节，对连锁企业来说，无论是既有的分店或计划开设的新店，都面临人力资源配置的挑战。对正处于快速扩张阶段的连锁企业而言，人力资源的筹备尤为关键，关乎企业发展的成败。连锁企业在组织架构中需明确各岗位设置及其职能与责任，才能进行有效的人力规划。否则，若岗位设置目的含混不清，极易导致人力资源配置不当及管理上的困难。

一、岗位工作

岗位工作分析是协助了解岗位设置必要性的最佳方法，是制定岗位评价标准的基础，亦是人员设置和人员考评的基础。

岗位工作分析的主要参考点如下。

（1）该岗位设置的目的是什么？对其他岗位有何帮助与影响？

（2）该岗位需要什么知识或技能？有哪些学历或体能等方面的要求？

（3）该岗位的工作内容是什么？岗位职责是什么？

（4）该岗位担负的责任是什么？影响度如何？在组织中的位置如何？

（5）该岗位需要多少人的编制？如何衡量？

二、人员配备

连锁企业随着分店数的增加，人力需求是一个重要问题。连锁企业应根据发展需要制定人力规划，进行适当的人力编制安排，并进行人员的培养和储备，使人力成本降至最合理的水平，而服务水准仍能维持或提高。

（一）总部各部门的人员配置

连锁企业总部各部门人员的编制应以精简为原则，并视公司发展的需要而调整。

1. 拓展部

采取快速开店策略的连锁企业（1～2个月开一家店）可配置4～5名开发人员；一般开店速度的连锁企业（3～4个月开一家店）可配置2～3名开发人员。

2. 运营部

可配置1～2人，负责各个分店的顺利运作，要指派熟悉流通业务、经营管理知识、店铺作业、现代化管理工具的人员担任；配置 1 人，负责商品质量稽查 / 控制；配置 1 ～ 2 人，负责营销策划、品牌运营推广等。另外，每 6 ～ 10 家店配置 1 名督导人员。

3. 采购部

水产、畜产、农产、日配、食品、糖果饼干、日用百货、烟酒等，每个部门可配置 1 名采购主管和 1 名助理，并根据采购工作量适当调整。

4. 财务部

各店的发票、费用、结算等可集中在财务部处理，可配置 1 ～ 2 名财务人员、1 ～ 2 名管理会计，出纳可每 5 ～ 7 家店配置 1 名。

5. 行政部

招聘（含培训）岗可配置 1 ～ 2 人，人事关系岗可配置 1 人，薪酬绩效岗可配置 1 人，企业文化、行政事务视情况配置 1 人。

6. 信息部

可配置 2 ～ 3 名信息管理人员，1 ～ 2 名设施设备管理人员。

随着科技的进步、信息化管理手段应用越来越广泛，各业务管理岗位对人员数量和专业能力的要求也不断变化。

（二）连锁分店人员编制

不同的连锁分店，其规模不同、经营管理水平不同、店址的位置不同，人员的需要量就不同。连锁分店可以根据自身的经营状况选择合理的编制方法。一般人力编制可分为可量化人力编制、非量化人力编制和弹性编制三种方式。

1. 可量化人力编制

可量化人力编制是指可用营业额、来客数、平均客单价、店数、营业面积等量化数据，以数学方程式表示的人力编制衡量方法，又称为生产力分析法。

（1）以每人目标营业额或每人目标服务顾客数为衡量标准，公式如下。

$$\text{编制人数}=\frac{\text{目标营业额}}{\text{每人目标营业额}}\text{或}\frac{\text{目标来客数}}{\text{每人目标服务客数}}$$

该法适用于与营业额、来客数有关联的人力编制。每人目标营业额或每人目标服务顾客数，须事先以工作分析法或经验法定出可衡量指标。

（2）以各项作业工时为衡量标准，公式如下。

$$\text{编制工时}=\text{固定常数工时}+\text{营业额}\times\text{变动工时 A}+\text{来客数}\times\text{变动工时 B}$$

此方法是将分店所有各项工作所需花费时间以作业研究方式计算出来，再以回归分析方法得出方程式。该法能较好地反映出节假日营业的特点对人力的需求。其中，固定常数工时是指不论营业额高低均须使用的固定工时，如商场的清洁、机器设备的清洗等；变动工时受营业额及来客数的影响，因为一般门市商场的需求工时会随着营业额及来客数的增加而增加。

（3）以可用薪水费用额度为衡量标准，公式如下。

$$编制人数=\frac{目标营业额\times目标人事费用率}{平均个人薪水标准额}$$

此方法从成本费用及预算控制考虑，在可用的薪水额度内进行人力编制。但是在连锁企业运作中，即使营业额未达标准，也必须有最基本的人力编制。

（4）以店数作为衡量标准，公式如下。

$$编制人数=\frac{总目标店数}{每人目标店数}$$

该法适用于开店人员、设备维修人员、商品盘点人员，以及物流配送人员等以店数作为生产力指数衡量标准的人力编制。

（5）以卖场面积作为衡量标准，公式如下。

$$编制人数=\frac{卖场面积}{每人服务面积}$$

例如，某连锁分店的卖场面积为1000平方米，每人服务面积如定为20平方米，则所需人员数量为50人。总人数确定后，还必须根据季节、日期、高峰或低谷时间等因素来决定每一班次的人数。

2. 非量化人力编制

此方法又称为工作分析法，适用于无法直接以营业额、店数等数量化标准衡量的人力编制。企划人员只能以其职位的工作内容进行工时分析，或是参考相关同行的标准。此方法具有主观性，容易受组织功能需求、作业流程资讯化程度等因素的影响，是最不易控制的人力编制。

3. 弹性编制

弹性编制是运用量化编制的方法来规划维持连锁分店正常经营的基本人数，再根据经营的需要，通过雇用临时工的方式满足连锁分店经营的弹性需要，即人力的总体规划是具有弹性的。每天的高峰期、节假日，连锁分店对服务人员的需求增多，需要增加的人数因需要的不同而不同，可以按工时的需要来聘用临时工，如每日高峰期2小时的临时工、节假日8小时的临时工。

三、人员素质

在现代商业领域，随着市场竞争的加剧和商业发展的加速，高素质人才已成为企业生存和发展的关键。连锁化经营模式作为一种高度专业化和社会化的管理方式，其技术密集度高，发展迅猛，对从业人员的素质提出了更高的要求。

（一）连锁企业员工的基本素质

1. 总部员工

连锁企业总部是集多种职能于一体的综合性管理部门，涵盖商品、财务、人力、培训、行政、营销、运营、物流和战略发展等。因此，对总部员工的素质要求较高，具体包括如下几点。

（1）文化与知识。具备深厚的专业背景和广泛的行业知识，能够理解并执行企业的战略目标。

（2）综合能力。拥有较强的分析、决策和管理能力，能够在复杂环境中作出科学合理的判断。

（3）沟通与协作。擅长跨部门沟通，能够协调各方资源，推动项目顺利进行。

（4）创新与学习。保持持续学习的态度，关注行业动态，具备创新能力，推动企业不断进步。

2. 店长

店长作为店铺的全面负责人，虽然不是最终决策者，但需要具备以下特殊素质。

（1）标准化管理。精通连锁公司的标准化、规范化管理流程，确保店铺运营符合公司要求。

（2）管理经验。拥有丰富的零售管理经验，能够应对各种日常管理和突发事件。

（3）实干技能。具备实际操作能力，能够在一线工作中解决问题，带领团队高效运作。

（4）身体素质。良好的身体条件，能够承受高强度的工作压力和长时间的工作。

（5）核心能力。具备系统思考、沟通协调、组织规划和数据分析四大基本能力，确保店铺运营顺畅。

3. 现场服务人员

现场服务人员的学历和专业能力要求相对较低，但对服务态度、仪容仪表和服务技巧有较高要求。

（1）服务态度。热情、耐心、细心，能够提供优质的服务体验，增强顾客满意度。

（2）仪容仪表。保持整洁、专业的形象，给顾客留下良好的第一印象。

（3）服务技巧。掌握基本的服务礼仪和沟通技巧，能够有效处理顾客需求和投诉。

（4）操作技能。熟练掌握店内设备和工具的使用，能够快速、准确地完成各项任务。

（5）技术处理。具备处理现场突发情况的能力，如商品陈列、库存管理、收银操作等。

（二）连锁企业员工的文化素质

为了提高经营管理水平，连锁企业的员工必须具备较高的文化素质，具体包括以下几个方面。

1. 文化基础知识

（1）普通员工。需掌握一定的文化基础知识，如语言表达和文字能力，以确保基本的沟通和工作记录。

（2）管理者。需要具备较强的语言表达和文字写作能力，能够学习和应用现代管理方法和技术。

2. 经济理论知识

掌握一定的宏观经济理论知识，有助于理解宏观环境对微观管理的制约和影响，从而更好地进行企业内部的决策和管理。

3. 企业经营管理知识

管理者需系统掌握连锁企业经营管理的知识，熟悉企业的经营过程，精通现代科学管理方法和多种学科内容（如市场营销、财务管理、人力资源管理等）。这是衡量管理者是否称职的重要标准，也是制定企业发展战略的基础。

4. 政策和法律知识

员工必须认真学习并掌握相关政策和法律法规，如 ISO 22000 质量体系、国家消防法律法规等，确保经营活动合法合规，接受政策和法律的管理和保护。

5. 社会学和心理学知识

（1）社会学。帮助管理者协调企业内部的社会关系，促进团队协作和组织和谐。

（2）心理学。掌握消费者行为心理学和人际沟通技巧，有助于提高员工的工作效率和客户服务质量，增强企业的市场竞争力。

连锁企业员工的文化素质要求涵盖了从基础的文化知识到专业的经济、管理、法律和社会心理学等多个领域。通过全面提升员工的文化素质，企业可以更好地应对复杂的市场环境，提高管理水平和运营效率，确保可持续发展。

（三）连锁企业员工的心理素质

员工的心理素质在连锁企业的经营管理中起着至关重要的作用，具体体现在以下几个方面。

1. 达标精神

员工应具备不惜一切代价实现分店目标的精神和毅力，确保个人目标与企业目标相协调。管理者需善于制定目标，并围绕目标开展工作，展现出比他人更强烈的达标精神，带动团队共同进步。

2. 自信心

员工在明确职责和奋斗目标后，必须具备自信心，相信自己能够出色地完成任务。这种自信心应建立在对工作任务的充分了解和个人能力的准确评估之上，避免盲目自信。

3. 创新精神

在复杂多变的市场环境中，员工和管理者应不断更新观念，探索解决经营管理问题的新方法，推动企业创新发展。创新是企业在竞争中保持优势的关键，鼓励员工提出新思路、尝试新方法。

4. 弹性意识

管理者应具备应对内外部环境变化的能力，保持管理观念和方法的灵活性。及时调整策略，灵活应对市场变化和内部挑战，确保企业在动态环境中保持竞争力。

连锁企业员工的心理素质不仅影响个人的工作表现，也直接关系企业的整体运营效率和市场竞争力。通过培养达标精神、自信心、创新精神和弹性意识，员工能够在复杂的商业环境中更好地适应和应对各种挑战，推动企业持续发展。

（四）连锁企业员工的能力素质

对连锁企业总部的管理者而言，能力素质至关重要，具体包括以下几个关键要素。

1. 综合分析能力

对大量原始资料和数据进行全面分析判断，确保决策的准确性。正确分析第一手资料是科学领导和决策的基础，直接影响着企业的战略方向和运营效率。

2. 预见决断能力

对未来趋势作出准确预测，对复杂现象作出科学决断。及时发现问题并作出科学决策，引导企业持续发展。管理者应具备全局视野，能够在关键时刻果断决策。

3. 选人用人能力

识别、选拔和任用合适的人才，确保人尽其才。树立“尊重知识、尊重人才”的观念，大胆起用开拓型人才，建立科学的考评制度，将选拔与考核有机结合，确保团队成员各展所长。

4. 组织协调能力

协调门店内部、总部与成员店之间、成员店与成员店之间的关系，确保经营管理统一协调。对重要岗位和特殊岗位进行重点设计，出现问题时充分协商、合理调解，促进各成员店之间的合作，形成向心力，降低“负效应”。

5. 交际沟通能力

提高交往沟通能力，处理好涉及企业形象的各种事宜。每一位员工都代表着公司的形象，管理者应注重提升沟通技巧，树立企业的良好形象，增强客户信任感。

6. 身体素质

具备良好的身体素质，能够承受高强度的工作压力。无论是管理者还是一线员工，都需要有健全的体魄和充沛的精力，以胜任复杂的脑力和体力工作。

连锁企业管理者的综合能力素质直接关系到企业的运营效率和市场竞争力。通过培养和提升这些关键能力，管理者能够更好地应对复杂的商业环境，带领团队实现企业的战略目标。

第二节 连锁企业员工招聘与培训

我国连锁企业发展迅速，而企业能否迅速发展的关键是人员的数量和质量能否满足企业发展的需要。人员招聘和培训是提高企业经营管理水平、保证企业不断发展的基础工作。

一、人员招聘

连锁企业人员招聘就是从本企业人员缺乏的实际情况出发，从本单位或社会“择优”聘用所需的经营管理人员、技术人员或熟练的一线人员的人事活动。

（一）人员招聘的原则（见表 8-1）

表 8-1 人员招聘原则表

原则	内容
择优原则	采用“公开考试招聘，择优聘用”的方法；企业通过这种方式获得一流人才，保证人员任用质量；促进工作人员发挥积极性和创造性
任人唯贤、能上能下的原则	注重内部人才培养；根据个人的业务水平、工作能力和精神状态，通过公平竞争，实现能上能下；形成内部人才的合理流动，激发员工的积极性和潜力
量才适用原则	明确各个职位的要求和条件；根据每个人的专长、能力、志向和条件，做到才以致用、各得其所、人尽其才；确保每个员工都能在最适合自己的岗位上发挥作用

（二）招聘的程序和方法

招聘是进行人才调剂的有效手段，也是解决连锁企业急缺人才的重要途径。招聘应按下述程序和方法进行。

1. 编制招聘计划

编制招聘计划就是根据连锁企业经营管理活动对人员的需求情况制订计划。招聘计划内容主要有以下几点。

（1）招聘人数。根据企业发展规划对人力的基本需求和弹性需求确定招聘人员数量。

（2）招聘岗位对人员要求的基本条件。基本条件包括工作经历、学历、专业、年龄、专长等，可依不同职位确定。如商场的柜台人员或服务人员，对于仪容及应对技巧应特别要求；收银人员的数字观念应清晰；电脑操作人员应具备基本电脑操作技巧；等等。

（3）符合法令规定要求。按照法令规定担任某项工作须具备国家的认证资格，如驾驶执照、药剂师执照等，或从事该行业的身体要求等。

（4）其他要求。如工作经验、性格、工作与生活态度等，这些要求一般公司未诉诸文字，且不同的公司这类要求不同，常常是企业决定录用与否的潜在因素。

2. 制订工作计划

招聘计划经批准后，就要开始进行招聘的具体工作。为保证招聘工作的顺利进行，应事先拟订出一个工作计划，主要内容包括：组织招聘工作小组并确定人选；制定招聘章程、考核方案；估算招聘工作的费用并确定资金来源；规定工作进度；等等。

3. 确定招募工具

连锁企业经营的最大效益就是资源可以共用，尤其是招募工具的运用，通过连锁企业总部的综合运用，可获得最大的效益，也可根据单店需要进行个别招募，使招募工具的运用更具弹性。连锁企业常用的招募工具有以下几种。

（1）媒体广告。以报纸、杂志、电视、广播、微信、微博、钉钉为主，涵盖层面较广，适合各店联合招募，资源共享，只是费用支出较多。

（2）店头 POP。门市橱窗张贴招募广告，立竿见影，效果明显，适合单店招募，这样最节省费用，但招募范围不广泛。

（3）夹报传单。采取夹报或在商场柜台置放招募传单方式，可针对特定区域或人员招募，适合单店或在共同区域内的连锁企业使用。

4. 确定招募方式

连锁企业常用的招募方式有以下几种。

（1）店内招募。有店头 POP、夹报传单或直接游说门店内适合的顾客成为招募对象等方式，所招募对象一般以门店兼职人员及门店的基层人员为主。

（2）公众号招聘。连锁企业的人力微信公众号、钉钉，不定期会发布招聘信息。

（3）员工介绍。此方式所招募对象一般稳定性较高。

（4）校园招聘。每年学生毕业期间，企业会选择相关学校或相关专业进行校园征才，活动方式可搭配公司参观、学校说明会、演讲等形式。

（5）广告刊登。在各种媒体上刊登招募广告，此方式运用最为普遍，但需花费较多时间，且较为被动。

（6）就业服务站及辅导机构。通过人才专刊刊出求才信息，但时效性较慢。

（7）校企合作。与学校采取实习合作方式，可获得稳定的人力来源，学生毕业后转为正式员工。一般在合作期间可提供奖学金、助学金或补助学杂费用，以增加吸引力。

（8）其他方式。如通过人才中介公司招聘，多用于招聘主管或专业人才。连锁分店的基层人员流动率较高，采用此方式成本较高。

5. 应聘者的来信、来访和报名登记

在接待应聘者来访、报名过程中，要向应聘者介绍连锁企业对专业人才的需求情况，并宣传本企业的发展前景，以激发应聘者的积极性，同时也在交谈或接触中对应聘者进行初步考察。

6. 面试甄选

当招募完成后，接下来的工作就是面试甄选的安排。连锁企业发展初期，连锁分店基层人员尚可由总部集中面试，随着店数的扩张，门店基层人员的面试应该逐渐授权门店店长或经理处理。一般连锁企业对于加盟店人员的招募任用，均由加盟店店主决定，直营店多授权店长面试任用兼职人员，门市正职人员则由店长或经理面试任用。

7. 考试筛选

当应聘人员较多，超过招聘计划时，应通过专业知识考核，淘汰一批不符合要求的人选，以保证留下有较强竞争能力的人选。

8. 重点面谈和人员确定

对考试合格人员进一步进行全面考核，一方面通过审查档案和有关资料，考察其政治表现和健康状况；另一方面安排技术、业务干部与应聘者面谈，了解其专业技术水平，并进行必要的心理测

验。然后，将两方面的材料进行综合，由招聘小组集体讨论，确定招聘名单。入选人员经过职前培训，就可以试用了。

二、人员培训

连锁企业的经营形态不尽相同，有直营连锁、特许连锁和自由连锁等差异，需通过人员培训来获得整体的良好服务品质和企业形象的一致。因此，在培训规划上，应该充分掌握连锁企业经营的特点，才能运用有限的培训资源，培育优秀的连锁企业经营管理人才，提高员工的整体素质。

（一）培训特色

1. 标准化设计

不管连锁企业为何种经营形态，培训的是具有何种背景的学习者，都应通过标准化的教学设计，学习标准化的作业流程，提供一致性的服务品质，使顾客在任何地点、任何时间、任何服务人员身上都能获得一致性的服务，进而对企业产生信任感与忠诚感。

2. 在岗培训

由于连锁企业门店众多，分布区域分散；或因轮班调度，全职人员、兼职人员上班时段和时数不一；或因加盟形态不一，经营者对经营成本考虑有所差异等，宜采用在岗培训方式进行。在岗培训对象以业务或营业人员为主。

3. 便利性

对训练一线人员的期望是，现学现用，好学好用。因此，教学过程应尽可能做到以下几点。

（1）时间便利。在任何时段都可以获取训练的机会，以适应轮班制的情况。

（2）地点便利。尽可能在接近营业场所的地点训练，以减少人员的移动。

（3）教学多媒体便利。无论是使用工作手册，还是使用教学录像带，甚至用微信公众号、千聊、QQ 直播、钉钉、企业线上大学等辅助教学，最好都能让学习者操作简单、方便使用，以达到降低学习焦虑与抗拒的目的。

4. 创造价值

培训规划必须能对连锁企业创造价值。

5. 专业性

连锁企业的服务特色，最具体的表现在于一线服务人员与顾客的接触上，专业化的服务才能创造服务性商品的特色。

6. 实际操作性

提供给一线人员的训练，必须能快速简易地转化于工作中，最适当的训练规划是通过实践操作、情景模拟，使学习者学到可立即运用于工作现场的技能与经验。

7. 流程化

连锁企业总部通常以制作标准化作业手册来统一各店的作业流程与服务品质。因此，在训练规划中，应该结合标准化作业手册来确定教学主题与内容，以利于学习者今后的工作。

（二）培训方法

在进行连锁企业内外环境分析、岗位分析、训练对象分析的基础上，依据训练对象背景、训练主题、成本、效果等因素，可采用不同的培训方法（见表 8–2）。

表 8–2　培训主要方法一览表

培训形式	培训方法
工作岗位上训练	现场教导分为四个步骤： 说给他听：解释作业方法、标准及重要性； 做给他看：示范正确动作； 让他做做看：请他实际操作； 检查看看：修正错误之处并给予回馈
课堂教授法	适合学员人数众多、利用各种媒体辅助的集中上课法，师资质量对教授效果影响很大
讨论法	以开放式问题引导学员进行讨论
个案研究	以实际发生的案例为素材，分析背景、原因、发生过程，作出诊断，找出理论依据或研究解决办法
角色扮演	以预先设计的剧本或主题，交由学员扮演剧本角色，通过体验学习改变行为
模拟训练法	用模拟器模拟与现场相同的条件、状态，让参加者体验这些条件，练习在实际条件下运用学到的知识
行为示范法	通过表演者的示范，使其他参加者看到事态发展的多种可能的倾向，并根据各种倾向考虑对策
体验式培训	通过亲身实践来获取经验的一个训练过程

（三）培训层次

由于不同层次人员在组织中扮演不同的角色，担负不同的功能职责，其训练需求、训练目的、训练内容呈现出巨大差异。培训应该具有训练、教育、发展三个层次以满足不同的需求。

1. 训练

现在学现在用，出发点以工作为主，而且多倾向于技术性的工作，对象大多数为基层人员，如收银机操作训练。

2. 教育

现在学未来用，以个人及公司均衡发展为出发点，属于知识及观念的吸收，对象以中高层人员为主，如策略规划、行销管理、流通管理等方面的教育。

3. 发展

现在学未来可能用，是以个人发展为出发点，带有提升企业形象的意味，属于个人全方位的培育以及潜能的培养与开发，对象通常限定在高层主管及特定关键人员，如艺术欣赏等。

第三节　连锁企业员工考核与激励

考核是连锁企业人力资源管理的重要环节，是发现、选拔优秀人才和开发人才的重要手段。而以考核为基础的晋升与奖励制度，可以激励员工努力上进，充分发挥员工的专长和才智，形成良好的组织气氛，最终有利于提高工作效率和企业整体经济效益。

一、员工考核

连锁企业员工的考核是指按照一定的标准，采用科学的方法对员工的思想品德、工作能力、工作态度、工作成绩，以及性格、身体健康状况等进行的考察和评价。

（一）员工考核的种类

1. 按考核主体分

按考核主体可分为主管考核、自我考核和相互考核。

（1）主管考核。即上级对下属的考核，这是最常见的一种考核方式。这种方式考核的主体是主管、领导，所以被考核者心理上没有压力。但是，考核结果往往受领导主观因素的影响，会产生考核偏差。

（2）自我考核。即被考核者本人对自己的工作表现进行反省和评估。这种方式考核的主体是被考核者本人，这就等于公开了考核所注重的范围，增加了透明度，对员工产生较强的激励作用。

（3）相互考核。即同事之间互相考核。这种考核方法体现了考核中的群众性和民主作风，但考评效果与组织内部实事求是和民主的氛围有关。

2. 按考核的时间分

按考核的时间可分为平时考核、定期考核和专案考核。

（1）平时考核。即考核者对考核对象所进行的日常考核，包括有形考核和无形考核两种方式。有形考核如根据缺勤记录考核出勤情况，根据工作日表现考核工作表现等；无形考核主要是通过观察而得到一种印象，如对责任心、处事能力、积极性、工作态度等的考核。

（2）定期考核。这是指按照一定的固定周期所进行的考核，如月考核、季考核、年终考核等。

由于定期考核是隔期进行的，因而要注意考核结果的真实性。

（3）专案考核。这是指对平时考核中发现的偶发性重大事件进行的特别考核，如对平时表现特别突出、作出重大贡献的个人进行的特别考核等。

（二）员工的考核指标体系

对连锁企业员工的考核，主要是从“德、能、勤、绩、体”五个方面进行。

1. 德

（1）事业心。对工作的热情和投入程度。

（2）奉献精神。愿意为企业发展付出额外的努力。

（3）整体意识。能够从全局出发，考虑企业的整体利益。

（4）协作精神。善于与团队成员合作，共同完成任务。

（5）原则性。坚持原则，不轻易妥协。

（6）组织纪律性。遵守组织的规章制度，维护组织秩序。

（7）职业道德。具备高尚的职业道德，诚信正直。

（8）团结精神。注重团队合作，促进团队和谐。

2. 能

（1）知识总量。掌握的知识广度和深度。

（2）分析能力。对大量原始资料和数据进行全面分析判断的能力。

（3）决策能力。对未来事物作出准确估计并作出科学决断的能力。

（4）组织能力。协调和管理团队的能力。

（5）公关能力。处理公共关系的能力，包括对外沟通和形象维护。

（6）开拓能力。创新思维和开拓新项目的能力。

（7）演讲能力。在公开场合进行有效沟通和演讲的能力。

3. 勤

（1）出勤率。按时上班的频率。

（2）责任心。对工作负责的态度。

（3）工作情况。日常工作的表现和效率。

（4）兼职服务情况。参与额外工作任务的情况。

（5）对他人的关心情况。对同事和下属的关心和支持。

4. 绩

（1）完成工作的数量指标。完成工作任务的数量。

（2）完成工作的质量指标。完成工作任务的质量。

（3）开拓项目情况。新项目的开发和进展情况。

（4）立功、受奖情况。获得的表彰和奖励。

（5）创造精神和贡献大小。创新精神和对企业的贡献程度。

5. 体

（1）身体的健康状况。身体健康状况良好。

（2）身体的忍耐力。身体的耐力和抗压能力。

（3）对环境的适应能力。适应不同工作环境的能力。

（4）对重压的承受能力。承受高强度工作压力的能力。

（5）精神健康状况。心理健康状况良好。

（6）意志力、坚韧性。面对困难时的意志力和坚韧不拔的精神。

连锁企业管理者的考核指标涵盖了道德品质、能力素质、工作态度、工作成果和身体素质五个方面。通过全面评估这些指标，可以确保管理者具备良好的综合素质，从而更好地应对复杂的商业环境，推动企业持续发展。

（三）连锁企业的考核方法

1. 个人判断法

个人判断法即凭领导者个人的判断来评定下属员工。该方法虽然简便易行，但考核缺乏客观性，很难达到公平合理。

2. 因素评价法

在考核前将需要考核的内容分解为若干因素，形成评价体系，对被考核人逐项评定，最后决定优劣。

3. 考试评议法

考试评议法即将考试和评议结合在一起进行人事考核。考试主要用于考核被考核者文化、专业理论和技术知识的水平。评议就是采用多种形式征求有关人员对被考核者的看法，经有关领导分析、讨论，最后作出公平正确的评价。

4. 自我鉴定法

被考核人对工作进行自我总结，对自己的业务水平、思想品质及工作实际作出评估。

5. 人员素质测评

人员素质测评是指对连锁企业各类人员的德、智、能、绩、体等素质，采用定性和定量相结合的方法所进行的测量与评定。企业人员素质测评是一种较科学的人员考核方式，它对于合理地考核、使用、培养和选拔连锁企业人才有重要的作用，应该引起连锁企业的重视。

连锁企业员工考核的最后一项工作，就是将考核结果以书面的形式记录下来，填写考核鉴定表，以便对被考核者进行激励和鞭策，并将考核结果与奖励挂钩，使考核成为奖勤罚懒，奖优罚劣，充分调动员工工作积极性、主动性和创造性的有力手段。

二、员工奖励

（一）奖励措施

在任何一个组织中，每一个成员都希望得到社会和集体的公正评价，得到合理的荣誉和物质利益。而组织本身也希望有严明的纪律，以维护各项工作的顺利开展。

连锁企业奖励的方式可分为如下两类。

1. 经济奖励

经济奖励主要指直接的货币形式给付或间接的福利制度，如加薪、改善工作条件或个人生活环境等。

2. 非经济奖励

非经济奖励包括成就、受人重视、升迁和个人发展的可能性等。

这两种奖励措施一般要结合使用，既要考虑到员工的个人需要，也要考虑到每个销售组、成员店的团体需要，只有两者兼顾，才能达到预期的效果。

（二）晋升制度

晋升是指干部的行政职务、专业技术职务和员工的技术等级由低层次向高层次的变动。它包括晋级调资和升职两个方面的内容。从广义上说，晋升也是一种奖励。它兼有物质奖励和精神奖励两方面的内容。晋升制度的建立对连锁企业员工素质的提高和经济效益的增长起到了积极的保障作用。

1. 晋升的种类

晋升从不同的角度看，有着不同的种类。

（1）从晋升的幅度看。表现为常规晋升和破格晋升。常规晋升就是按一定的标准和条件以及晋升路线，定期进行的晋升。例如，会计师晋升为高级会计师、商品部主任晋升为业务经理等。破格晋升就是用人单位对于具有特殊才能和贡献的人员，不受年资、学历、经历等条件的限制，越级加以晋升。

（2）从晋升者的职务与工资等级之间的关系看。晋升表现为职务与工资等级同时晋升、职务晋升而工资等级不变、职务不变而工资等级晋升。

（3）从影响晋升的主要因素看。

①年资晋升制，又称自然晋升制，把工作年限的长短和资格的深浅作为晋升的主要依据。

②功绩晋升制，即把职工实际工作成绩的大小作为晋升的主要依据。

③综合晋升制，即兼顾年资、功绩和能力等多方面因素，把它们都作为晋升的依据。综合晋升制集中上述几种晋升制度的优点，是一种比较合理的晋升制度。

（4）从晋升者的来源看。

①内部晋升制，即连锁企业的职位空缺由本连锁企业在职人员升任。

②外部升补制，即连锁企业的职位空缺由外单位的人员补任。

一般来说，内部晋升制有利于促进本企业员工努力工作，奋发向上，但容易造成“近亲繁殖”；而外部升补制更有利于因事求才、收集人才。两者各有利弊，应灵活运用。

2. 晋升的依据

连锁企业员工的晋升要以规范化考核的结果作为依据。同时，晋升的类型不同，这些依据也应有所区别。

（1）干部职务晋升的依据。在连锁企业中，从事党、政、工、团工作的员工应该并入这一系列。他们的晋升应根据德才兼备的原则，通过对其领导能力及政绩的考核来确定。这里特别需要强调的是政绩。

（2）专业人员晋升的依据。专业人员主要指连锁企业中专门从事经营管理活动的人员。他们的晋升应从业务能力、工作业绩、资历、学历和报酬等几个方面综合考核评定。

（3）员工工资等级晋升的依据。员工工资等级的晋升应贯彻按劳分配的原则。当然，也要以上述的晋升为依据，当职务、职称和技术等级升迁之后，工资也应相应地提高，使“职、级、资”相符。

3. 晋升的方法和程序

由于晋升的类型不同，连锁企业员工晋升的方法和程序也不相同。随着企业经营自主权的扩大，许多连锁企业都可自行制定本企业员工晋升条例，对有特殊贡献或一贯表现突出的员工以晋升作为嘉奖。

第四节 连锁企业文化建设

连锁企业要实现不仅“形锁”而且“神锁”的目标，单靠制度和标准是不够的。企业职工需要具备共同的价值观念，认同企业的经营理念和管理措施。相较于单体企业，连锁企业更加依赖企业文化建设来确保各分店在精神层面的一致性。

企业文化是指从事经济活动的组织内部所认可的价值观念、行为准则、思维方式和行为习惯，它渗透于企业各个方面和层次，成为组织风气的一部分。广义上，企业文化涵盖物质文化、行为文化、精神文化和制度文化；狭义上，则以企业价值观为核心，形成独特的意识形态。

企业文化不仅是组织运转的润滑剂，还能创造良好的工作氛围和环境，从观念和信仰层面调动员工的积极性和忠诚度。企业文化是其他管理手段无法替代的，能够有效凝聚人心，激发员工的归属感和使命感。开展企业文化管理，实质上是转向对人的管理。一个成功的企业必须有自己独特的指导思想、经营宗旨和哲学，明确的价值准则、道德规范和文化传统。通过这些核心要素，企业可以用一种崇高的力量说服人、凝聚人和激励人，使员工形成共同的目标感、方向感和使命感，从而在复杂的市场环境中保持一致性和竞争力。通过加强企业文化建设，连锁企业不仅能提升内部凝聚力，还能增强对外的品牌形象和市场影响力，最终实现可持续发展。

一、文化要素

企业文化蕴含着深刻的内涵，涵盖了诸多基本构成要素，这些要素构成了企业文化的基础。各连锁企业可根据自身特色，培育并构建具有独特性的企业文化。通常而言，企业文化的构成要素可概括为以下五个主要方面。

（一）企业环境

企业环境是塑造企业文化最重要的因素。连锁企业环境包括工作环境和生活环境两部分。良好的工作环境会提高工作效率；生活环境包括连锁企业员工的居住条件、休息娱乐条件和服务设施等，加强连锁企业生活环境的建设是增强员工自豪感和凝聚力的重要方式。

（二）价值观念

价值观念是企业及全体员工一致赞同的，关于客观事物对于企业是否具有价值，以及价值大小的共同认识或看法。它体现了一个企业的基本概念和信仰，反映了企业内部衡量事物重要程度及是非优劣的根本标准，因而是企业文化的核心和基石。

企业最高目标、企业宗旨是企业价值观念的集中反映。对企业具有价值的客观对象往往有许多个，如人才、顾客、利润、社会责任等，各种价值的重要程度也有所不同。将多种价值按照其重要程度加以排序组合，就构成了企业价值观念体系。具有稳定性、为全体员工共享的价值观念体系是企业文化发育成熟的重要标志。

（三）英雄式人物

英雄式人物把企业组织的价值观“人格化”了，因此，使其成为企业员工效法的实际典型是企业文化的重要组成部分。英雄式人物是指企业中具有超出一般职工的思想境界和行为表现，能够成为榜样和表率的先进个人或群体。他们可以是企业的缔造者、领导者，也可以是职工中的模范代表。英雄式人物具有榜样的作用，通过对英雄式人物的仿效和追随，广大职工会形象具体地接受企业的价值观体系，领悟企业精神的精髓，进而积极遵从本企业文化的各种准则和规范，从而使职工群体的文化素养得到普遍提高。

（四）企业精神

企业精神是指企业及全体员工共同具有的精神状态和思想境界。应该说，任何一个企业，在生产物质产品或提供某种服务的同时，也必然向外传播和扩散着企业的某些精神，使得顾客在得到企业的产品的同时也能感受到从企业的产品或服务中焕发出的那种精神。企业提供的产品和服务不同，企业精神也不同。企业精神的作用侧重于激发职工的主观能动性，鼓舞士气，在企业中形成一种高昂的、充满进取精神与活力的精神氛围，增强企业的凝聚力和职工行为的一致性。

（五）制度规范

企业制度虽然规范的是企业的日常例行事务，但也是企业动态文化的重要组成部分，它能保证企业文化健康地发展。如道德规范、行为规范等，是企业价值观、道德观和行为准则的具体化和条例化，是企业文化的组织保障系统。它把企业职工的价值共识以及在分工合作、协调相互关系、保持行为一致性等方面的共同要求，以条文的形式确定下来，从而对职工的行为形成有形或无形的约束。

知识之窗

连锁企业文化建设：凝聚力量，驱动发展

连锁企业文化建设是企业长期发展的核心动力，它不仅塑造了企业的内部氛围，还直接影响着员工的行为和顾客的体验。一个强大的企业文化能够增强员工的归属感和忠诚度，提高团队协作效率，进而推动企业的市场竞争力和品牌影响力。

在连锁企业中，文化建设需从顶层战略出发，贯穿于日常运营的每一个环节。企业应明确其核心价值观和使命，这些理念不仅是行为指南，也是吸引和留住优秀人才的关键。

为了将企业文化落到实处，管理层必须以身作则，成为文化的践行者和推广者。通过日常沟通、培训和激励机制，管理层可以将文化理念传递给每一位员工。企业还可以利用内部刊物、社交媒体平台和员工活动等形式，营造积极向上的工作氛围，鼓励员工之间的交流与合作。定期举办的文化节、表彰大会等活动，不仅能展示企业的文化特色，还能增强员工的荣誉感和参与感。

此外，连锁企业需要关注不同区域和门店的文化差异，确保在全球或全国范围内保持文化的统一性和适应性。通过本地化调整，企业可以在尊重地方特色的基础上，传递一致的品牌形象和价值观。

最后，文化建设是一个持续的过程，企业应不断评估和优化文化实践，确保其符合企业发展需求和市场变化。通过建立反馈机制，企业可以及时了解员工和顾客的意见，发现问题并加以改进。一个灵活且富有弹性的企业文化，能够帮助企业更好地应对挑战，抓住机遇，实现可持续发展。同时，企业文化建设也有助于形成独特的企业标识，增强品牌的市场辨识度，为企业的长远发展奠定坚实基础。

参考部分资料，自行撰写。

二、培育文化

在培育企业文化时，将塑造良好的企业形象作为一项重要的战略性措施至关重要。塑造企业形象与培育企业文化密切相关，两者相辅相成。确立卓越的价值观和企业精神、培养优良的价值取向、提升员工素质、完善制度规范、加强礼仪建设等，都是塑造良好企业形象的关键内容。

（一）确立优良的企业精神和价值观念

企业精神和价值观念是企业文化的核心，也是文化建设的首要任务。通过明确并弘扬卓越的价值观和企业精神，可以为员工提供行为准则和行动指南，确保企业在发展中始终保持正确的方向和一致的目标。

（二）坚持以人为中心，全面提高员工素质

企业的主体是人，而人是最积极、最活跃的生产力因素。企业文化建设必须围绕尊重人、关心人、培养人、教育人这一主线展开。要重视从文化角度研究员工的各种需求，特别是精神层面的需求，通过奖励、表扬、情感交流、人际沟通、群体活动、参与管理等多种形式，为员工创造良好的文化氛围，满足他们的交往、归属、尊重和自我实现等高层次的精神需求。

（三）提倡先进的管理制度和行为规范

管理制度和管理方式是企业文化的重要组成部分，也是维持和传承企业文化的基本保证。在文化建设中，应以共有的价值观念体系和企业精神为指导，制定先进的管理制度和标准的行为规范，确保企业运作有序、高效。

（四）加强礼仪建设，促进文化的习俗化

礼仪建设的实质是使企业的价值观念、道德准则和行为规范进一步习俗化，成为每个员工的自然要求和自觉行动。要将礼仪建设渗透到企业经营管理的各个环节，如工作风格、会议形式、待人接客、信息沟通方式以及内部公文格式等方面，充分体现本企业特有的习俗礼仪。这些习俗礼仪不仅反映了企业的优良传统和文化特点，也是企业文化个性或独特性的具体表现。

（五）采用多样化、趣味化、娱乐化的表现形式

企业文化应当尽量采用多样化、趣味化、娱乐化的表现形式，使广大员工乐于参与。通过丰富多彩的活动和创新的形式，增强员工的参与感和认同感，使企业文化更加生动、有趣，更具吸引力。

（六）平衡“软”文化和“硬”文化建设

在从事“软”文化建设的同时，连锁企业必须加强“硬”文化建设，不断提高产品质量和服务水平，改进物质技术水平，改善工作环境，提供良好的福利设施和待遇，提高企业的经济效益。坚实的物质基础不仅为企业文化建设提供了保障，也增强了员工的归属感和自豪感。

塑造良好的企业形象与培育企业文化是相辅相成的过程。通过确立优良的企业精神和价值观念、坚持以人为中心、提倡先进的管理制度和行为规范、加强礼仪建设、采用多样化的表现形式，并平衡“软”文化和“硬”文化建设，连锁企业可以在提升内部凝聚力的同时，增强对外的品牌形象和市场竞争力，最终实现可持续发展。

本章小结

本章系统介绍了连锁企业的人力资源管理，涵盖了人力资源配置、员工招聘与培训、员工考核与激励，以及企业文化建设的关键内容。详细分析了岗位工作分析、人员编制方法、招聘流程、培训特色、考核指标体系及晋升制度，并探讨了企业文化的构成要素和培育策略。这些内容为学生未来的职业发展提供了坚实的理论基础和实践经验，使他们能够在复杂的市场环境中制定和执行有效的人力资源管理策略，提高企业的运营效率和服务质量，增强市场竞争力。

【思考练习】

1. 连锁企业对人员素质有何要求？
2. 连锁企业员工考核的种类有哪些？请分别解释其含义。
3. 企业文化建设的重要性和构成要素有哪些？

【拓展训练】

1. 如果你负责一家连锁企业的企业文化建设，请制定一份年度企业文化推广方案，包括活动策划、宣传渠道、预期效果等内容。

2. 结合连锁企业员工考核的实际操作，设计一份员工考核表，明确考核指标、评分标准和考核周期，并说明如何将考核结果与奖励机制挂钩。

9

第九章 连锁企业信息管理系统

本章概述

本章全面介绍了连锁企业总部、配送中心及分店管理信息系统的构成与功能，强调了这些系统在提高运营效率、优化供应链管理和增强客户服务中的关键作用。通过集成化的管理信息系统，连锁企业能够实现从采购、库存、销售到财务和人力资源的全流程数字化管理，确保数据的实时性和准确性。特别是POS系统的应用，不仅提高了收银效率，还为企业提供了丰富的经营数据分析工具，支持科学决策。此外，办公自动化和数据仓库的建设进一步提升了企业的内部协作和数据利用能力，而高效率消费者响应（ECR）和顾客关系管理（CRM）则帮助企业更好地满足消费者需求，增强市场竞争力。整体而言，信息化建设是连锁企业实现可持续发展的核心驱动力，推动了零售行业的现代化和智能化转型。

学习目标

知识目标

（1）理解连锁企业管理信息系统的构成与功能。

（2）熟悉POS系统的应用与优势。

（3）掌握办公自动化系统和企业内部系统整合的重要性。

（4）了解高效率消费者响应（ECR）和顾客关系管理（CRM）的概念。

能力目标

（1）能够设计和实施连锁企业的管理信息系统。

（2）具备数据分析和决策支持的能力。

（3）能够应用现代信息技术提升客户服务。

（4）具备信息化建设的实践能力。

素质目标

（1）鼓励学生在实践中发现问题、提出解决方案，培养创新意识和解决问题的能力。

（2）帮助学生学会与不同部门的人员协作，有效沟通，共同完成任务，提升团队合作精神。

（3）理解企业在信息化建设中应遵循的法律法规，尊重顾客隐私，保护数据安全，培养学生的社会责任感和职业道德。

（4）培养学生持续学习的态度，及时更新知识和技能，适应行业变化，保持竞争力。

思政目标

（1）引导学生树立诚信、敬业、责任的职业操守，培养对工作的热爱和责任感。

（2）强调企业在信息化建设中必须遵守相关法律法规，如数据保护法、消费者权益保护法等，培养学生依法经营的意识。

（3）在信息化建设过程中，倡导公平竞争、诚信服务、顾客至上等社会主义核心价值观，促进企业健康发展。

（4）通过学习国际先进的管理信息系统和技术，拓宽学生的全球视野，增强其在全球化背景下的竞争力，为国家经济建设贡献力量。

思维导图

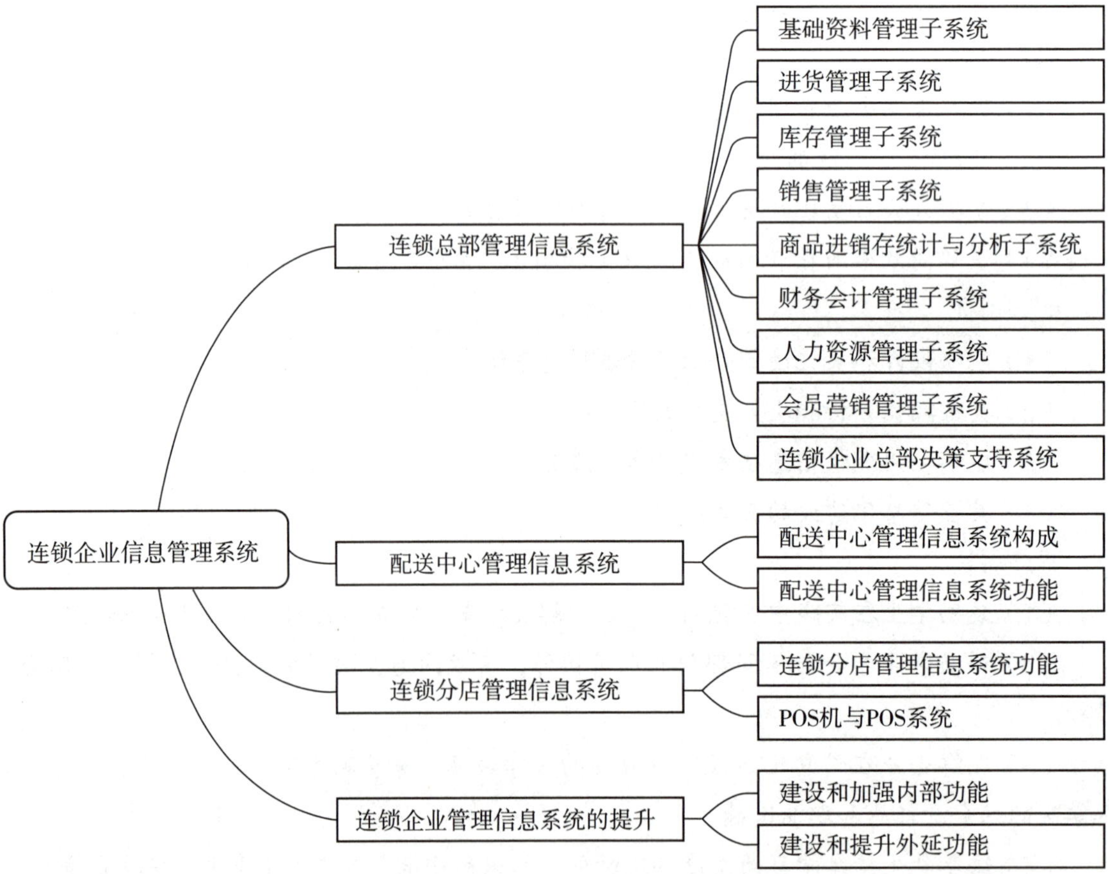

第一节 连锁企业总部管理信息系统

连锁企业总部管理信息系统按功能划分为基础资料管理子系统、进货管理子系统、库存管理子系统、销售管理子系统、商品进销存统计与分析子系统、财务会计管理子系统、人力资源管理子系统、会员营销管理子系统和连锁企业总部决策支持系统。

一、基础资料管理子系统

确保系统基础资料的准确建立与持续维护，对于保障整个系统稳定运行及数据精确性至关重要。系统基础资料主要包括品牌类别、商品信息以及供应商与客户资料。资料的创建、更新或移除，必须由商品部门负责人填写纸质资料变更申请单，并经过签字确认。随后，信息中心的资料维护专员将执行相应的系统资料操作。系统应详细记录资料操作的事项、时间及操作人员信息。

二、进货管理子系统

连锁企业通过连锁总部统一采购商品，以达成规模经济。进货管理业务涵盖：整合各连锁分店的订货需求，依据配送中心的库存状况及市场供应状况，制订采购计划，并统一向供应商采购商品。因此，进货管理子系统应当包含制订采购计划、管理市场价格信息、维护供应商信息、处理购货合同以及管理到货等环节。

三、库存管理子系统

库存管理涉及对仓库中商品的实物进行有效的控制和监督。在连锁经营体系中，总部负责统一采购并将货物集中储存，以达到规模经济效益。随后，依据各分店的需求，通过配送中心将商品合理分配并运输到各个门店。此外，对于入库的商品，必须执行严格的验收程序，确保其种类、规格、品牌、质量、数量以及包装均符合既定标准。

库存管理子系统的核心功能涵盖以下几个方面。

（一）到货记录与更新

登记新到达的商品信息，并能够对其进行查询和修改。

（二）仓储管理

管理商品的物理存储，包括指定存放位置，保证物品有序摆放。

（三）物流操作

处理商品在仓库内部的移动（移库）、客户提货请求、定期盘点（盘存），以及处理串号（如不同批次商品混淆）和损耗或溢余的情况。

（四）库存优化

监控库存结构，实施成本控制策略（如保本保利分析），同时确保商品的质量不受影响。

（五）分配调度

记录调配给分店的商品种类和数量，确保每个门店都能得到适当的商品供应。

这些功能共同作用，确保了从采购到销售整个流程中的商品流畅通无阻，同时也提高了运营效率和服务水平。

四、销售管理子系统

连锁企业需对相同商品实施统一的销售价格策略，因此连锁总部必须对采购的商品进行统一的定价，并对各分店的销售数据进行深入分析，以确保定价的合理性。销售管理子系统的功能如下所示。

（一）价格管理

价格管理的内容见表 9–1。

表 9–1　价格管理表

价格管理	功能
定价生成	按不同定价方法（如成本加成、市场导向等）自动生成建议价格，辅助定价决策
市场查询	提供市场价格信息查询，帮助了解当前市场价格水平
价格设定	确定商品的最终销售价格，并提供价格查询、修改功能；制作调进价单和调零售价单
促销计划	根据各门店的 DM 促销计划，创建促销计划单、零售特价单、固定时间特价单等促销文档

（二）销售信息管理

对各分店的商品零售与批发情况进行监督与管理，其功能见表 9–2。

表 9–2　销售信息管理表

销售信息管理	功能
单品 / 品类汇总	查询单品或品类的日销售数量、金额、毛利、优惠、折扣等信息，以评估销售表现
部门 / 类别汇总	按部门或商品类别汇总销售数据，以便分析不同部门或类别的销售趋势
促销效果分析	汇总并分析各种促销手段对销售的影响，为未来的促销策略提供参考
规格 / 花色统计	按商品规格和花色统计销售情况，有助于理解消费者偏好和产品线的表现

五、商品进销存统计与分析子系统

商品进销存统计与分析子系统包含两项核心内容：首先，通过多角度和多样化的方法，对商品进销存等关键流转环节的各项指标进行深入分析与比较，以便连锁企业总部的管理人员能够及时发现潜在问题，识别差异及其成因；其次，对销售趋势进行预测，实现事前的控制管理，这将有助于提升经营与管理的效能。统计分析的主要内容见表 9–3。

表 9–3 商品进销存统计与分析子系统内容表

分类	分析 / 预测内容
计划完成情况	分析商品购进、销售、库存等各环节的计划执行情况，评估实际完成度与目标之间的差异
进货合同执行	检查商品进货合同的履行情况，包括交货时间、数量、质量等方面是否符合合同规定
进货来源与销售	分析商品进货的供应商分布及销售市场的地理分布和销售渠道，了解采购和销售模式的变化
库存状况	评估库存水平，分析库存周转率、滞销品比例等指标，识别库存管理中的潜在问题
销售品种	分析不同商品的销售表现，确定畅销品和滞销品，为产品组合优化提供依据
销售构成变化	研究销售构成随时间的变化，如新品上市对整体销售结构的影响，以及季节性或市场趋势的变化
费用分析	分析进货和仓储管理费用，评估成本效益，寻找降低运营成本的机会
利润完成情况	对比利润计划的实际完成情况，分析影响销售利润的因素，如价格调整、促销活动的效果等
销售预测	基于历史数据和市场趋势，预测未来的销售量和销售额，提前制定营销策略和库存准备
事前控制	根据预测结果进行事前控制，如调整采购计划、优化库存水平、规划促销活动等，以应对可能的市场变化

六、财务会计管理子系统

财务会计管理子系统包括商品核算、会计核算、财务管理三部分。

（一）商品核算

商品核算主要是商品进价成本核算和库存商品的实际成本及其变动的核算，可实时准确地对单品进行核算。

（二）会计核算

会计核算主要包括账务处理、应收应付管理和内部往来核算。

（三）财务管理

财务管理包括利润的计算与分配、公积金提取、资金分析、财务报表以及各项财务指标的计算与评价。

七、人力资源管理子系统

连锁企业总部的人力资源管理包括对整个企业人员的录用、培训、考核、奖惩、薪酬福利进行计划、组织、监督、协调等一系列功能。人力资源管理子系统所负责的业务见表 9–4。

表 9-4 人力资源管理子系统功能表

总分类	明细分类	具体功能
人事制度管理	人员结构及编制	管理企业的组织架构和人员编制，确保各部门人员配置合理，满足企业运营需求
制度管理	用工制度	制定和管理劳动合同、工作时间、休息休假等用工政策，确保符合法律法规要求
	奖惩制度	设立明确的奖惩机制，激励员工积极工作，维护良好的工作秩序
	晋升制度	规范员工晋升流程，提供公平透明的晋升机会，促进员工职业发展
	培训制度	制订和实施培训计划，提升员工技能和综合素质，增强企业竞争力
职工档案管理	录入与存储	负责职工个人信息的录入、更新和安全存储，确保档案资料完整、准确
	查询与检索	提供便捷的职工档案查询功能，方便管理人员获取所需信息
业绩考核管理	绩效评估	定期对员工的工作表现进行考核，设定合理的绩效指标，评估员工的工作成果和贡献
	反馈与发展	根据考核结果提供反馈，帮助员工识别改进点，并制订个人发展计划
奖惩管理	奖励措施	对表现优秀的员工给予奖励，如奖金、荣誉证书、晋升机会等，激发员工积极性
	惩戒措施	对违反公司规定或工作失误的员工进行适当惩戒，如警告、罚款、降职等，维护企业纪律
培训管理	培训计划	制订年度培训计划，包括内部培训和外部培训，确保员工持续学习和成长
	培训记录	记录员工参加培训的情况，评估培训效果，为后续培训提供参考
	技能认证	对员工的专业技能进行认证，颁发相关证书，提升员工的职业资格
薪酬管理	薪酬体系	设计合理的薪酬结构，包括基本工资、绩效工资、津贴等，吸引和留住优秀人才
	福利管理	管理员工福利项目，如社会保险、住房公积金、带薪休假、健康体检等，提高员工满意度
	薪酬调整	根据市场情况和员工绩效，适时调整薪酬水平，保持企业薪酬的竞争力

八、会员营销管理子系统

在系统端，会员营销主要通过实施各种优惠措施，如积分兑换、积分返现以及价格优惠等，旨在提升客户的忠诚度和活跃度，进而延长客户的生命周期。通过对客户消费数据的深入分析，可以掌握个人或家庭的消费购物习惯，进一步挖掘客户的潜在需求，从而实现精准的广告投放和针对性的价格促销策略。

随着 O2O、B2C 等新兴商业模式的日益成熟，以及支付宝、微信支付、云闪付等新型支付方式的普及，传统零售企业也需不断升级其信息系统，以适应客户需求的变化。同时，云端会员管理也逐渐成为信息管理的重要组成部分。

九、连锁企业总部决策支持系统

连锁企业总部是企业的主要经营决策机构，总部管理信息系统应具备决策支持系统。其主要功能见表 9-5。

表 9–5　总部决策支持系统功能表

总分类	明细分类	具体功能
数据管理	数据收集与存储	收集来自各个业务部门和分店的数据，并安全、高效地进行存储，确保数据的完整性和准确性
	数据处理与分析	对收集的数据进行清洗、转换、汇总等处理，并运用统计分析、预测建模等技术进行深度分析
	数据检索	提供强大的数据检索功能，使用户能够快速找到所需信息，支持多种查询条件和高级搜索选项
决策模型管理	模型建立	开发和集成各种决策模型，如销售预测模型、库存优化模型、市场响应模型等，辅助管理层作出科学决策
	模型存取与求解	提供对已有决策模型的访问接口，允许用户选择适用模型并输入相关参数，系统自动求解并输出结果
数据分析工具	常用分析方法	集成多种数据分析方法，如回归分析、聚类分析、时间序列分析等，帮助用户深入挖掘数据价值
系统管理	数据与模型管理	方便地对数据、模型和计算方法进行管理，包括更新、删除、修改和链接，确保系统的灵活性和适应性
人机交互	人机对话接口	提供直观易用的人机对话界面，使决策者能够在决策过程中拥有主动权，设定目标、评估方案，系统实时响应
系统维护	日常维护	定期检查和维护系统硬件和软件，确保系统的稳定性和安全性，预防潜在问题的发生
	数据更新	定期更新系统中的数据，保证数据的时效性和准确性，支持业务决策的最新需求
	局部修改与调整	根据业务变化和技术发展，对系统进行必要的局部修改和调整，以适应新的需求和挑战
	故障排除	快速响应并解决系统运行中出现的各种故障，恢复系统的正常运行，减少停机时间
	安全管理	实施严格的安全措施，保护系统免受外部攻击和内部误操作，确保数据的安全性和隐私保护
	用户培训	提供定期的用户培训，帮助员工掌握系统的使用方法，提高工作效率和系统利用率

第二节　配送中心管理信息系统

一、配送中心管理信息系统构成

配送中心管理信息系统负责对配送中心的商品入出库、保管、组配、流通、加工及配送等信息进行综合管理。配送中心的物流操作作业是在配送中心的计算机管理系统的指导下进行的，必须与总部和各分店系统保持协调一致，以确保其功能的顺利实现。配送中心管理信息系统主要由以下子系统提供支持。

（一）入库系统

入库系统的主要职责是对入库货品进行核对和入库操作，涵盖货品的补货处理。该系统需利用网络技术及时更新预订货品的入库信息，并能迅速反映入库时的商品库存状态及商品更新情况。

（二）智能配送管理系统

智能配送管理系统基于各分店的补货数据，通过设定相关商品的上下限安全库存指标及优先级，进行库存商品对照，生成合理的配货单。该系统包括库存寻找和货品集中核对系统，通过定义货区来限定寻找范围，并及时输出库存寻找清单，确认配货单的可配数量，力求寻找过程迅速且错误率低。对于配送中心现有库存能够满足的，生成相应的调拨单；若无法满足，则按供应商生成预制采购订单。对于此次配货未能满足的要货门店，实现自动二次配货管理。

（三）库存货区管理系统

配送中心的核心功能之一是掌握商品的种类、式样、规格、存放位置等信息，并实时管理各种商品。这需要依靠合理的、科学化的货区管理以及装载、配送分析和物流服务成本管理等支持。

库存管理是配送中心系统的核心，它为订货系统提供数据支持，负责每种货品的库存管理，与货区管理相衔接，在库存清单上用货区号指示库存货品的位置，它也与配送系统相连，指示不同配送货车的装载箱数和装载品种明细。

库存货区管理系统的目标在于提升库存精度，合理地进行补货，减少损耗和库存余额。

（四）运输配送系统

运输配送系统的职责是完成供货商与配送中心之间、配送中心与各分店之间的商品运输配送业务，应能适应多品种、多次小批量配送的需求。

配送的配车问题传统上依赖于主管人员或运输员的经验和目测来确定配送载重量和配送车数。在少量多品种多次配送的情况下，应根据分店要求的品种、数量、规格、时间等进行配组，然后进行分送。

二、配送中心管理信息系统功能

（一）业务管理功能

业务管理功能的内容见表 9–6。

表 9–6　业务管理功能表

功能类别	具体操作	输出文档
入库管理	输入入库商品的数量，记录商品的详细信息（如品名、规格、供应商等）	商品入库单
	系统自动生成入库单号，确保每笔入库都有唯一标识	
	打印商品入库单，提供给仓管人员进行实物核对和确认	
出库管理	输入出库商品的数量，记录商品的详细信息（如品名、规格、去向等）	商品出库单
	系统自动生成出库单号，确保每笔出库都有唯一标识	
	打印商品出库单，提供给仓管人员进行实物核对和确认	

续表

功能类别	具体操作	输出文档
返库管理	输入返库商品的数量，记录商品的详细信息（如品名、规格、原出库单号等）	商品返库单
	系统自动生成返库单号，确保每笔返库都有唯一标识	
	打印商品返库单，提供给仓管人员进行实物核对和确认	
退货管理	输入退货商品的数量，记录商品的详细信息（如品名、规格、退货原因等）	商品退货单
	系统自动生成退货单号，确保每笔退货都有唯一标识	
	打印商品退货单，提供给仓管人员进行实物核对和确认	
残损管理	输入残损商品的数量，记录商品的详细信息（如品名、规格、残损原因等）	商品残损单
	系统自动生成残损单号，确保每笔残损记录都有唯一标识	
	打印商品残损单，提供给仓管人员进行实物核对和确认	

（二）查询统计功能

业务查询统计功能的内容见表 9–7。

表 9–7　业务查询统计功能表

类别	查询条件	统计内容
入库信息	入库单号	按入库单号查询或统计特定入库记录，包括商品详情、数量、供应商等
出库信息	出库单号	按出库单号查询或统计特定出库记录，包括商品详情、数量、收货分店等
返库信息	返库单号	按返库单号查询或统计特定返库记录，包括商品详情、数量、退货分店等
退货信息	退货单号	按退货单号查询或统计特定退货记录，包括商品详情、数量、供应商等
残损信息	入库单号	按入库单号查询或统计特定入库时发现的残损商品记录，包括商品详情、数量等
库存信息	单品	按单品名称或编号查询或统计该商品的当前库存情况，包括库存数量、存放位置等

（三）盘点管理功能

盘点管理功能的内容见表 9–8。

表 9–8　盘点管理功能表

类别	具体操作
盘点清单生成	自动生成商品盘点信息，包括商品编号、名称、规格、账面数量等，确保所有库存商品都被纳入盘点范围
盘点清单打印	打印出包含所有待盘点商品信息的清单，供盘点人员进行实物核对和统计
盘点数量输入	盘点人员根据实际在架商品数量填写盘点清单，并将这些数据录入系统，更新至计算机中的临时盘点记录
盘点商品确认	系统自动对比实际在架商品数量与账面商品数量，计算损溢情况；管理人员需填写损溢原因说明
盘点损溢统计	对本次盘点确认过的商品进行损溢统计，分析盈余或亏损的原因，生成详细的损溢统计报告
损溢商品查询	提供历次盘点中有损溢记录的商品查询功能，用户可以浏览并统计这些商品的历史损溢情况，辅助问题分析

（四）库存结构分析功能

库存结构分析功能的内容见表 9–9。

表 9–9　库存结构分析功能表

类别	具体操作
库存总账分析	对库存商品的入库、出库、返库、退货、残损进行统计
库存分类分析	对库存商品按类进行统计

（五）在库商品管理功能

在库商品管理功能的内容见表 9–10。

表 9–10　在库商品管理功能表

类别	具体操作
库存商品上限报警	对库存商品数量高于库存上限的商品进行信息提示
库存商品下限报警	对库存商品数量低于库存下限的商品进行信息提示
库存商品负数报警	对库存商品数量为负数的商品进行信息提示
库存停滞商品报警	对在某一段时间内有入库但没有出库的商品进行信息提示
商品及时出库报警	对在入库时库存商品数量为零但又未及时出库的商品进行信息提示

（六）保质期报警功能

保质期报警功能的内容见表 9–11。

表 9–11　保质期报警功能表

类别	具体操作
已逾保质期商品报警	对库存商品的保质截止期已早于本日的商品进行信息提示
将逾保质期商品报警	对库存商品的保质截止期在本日后某一时间段内到期的商品进行信息提示
商品保质期查询	对库存商品的保质截止期在某一时间段内在期的商品进行查询

（七）货位调整功能

货位调整功能的内容见表 9–12。

表 9–12　货位调整功能表

类别	具体操作
库存货位维护	对库存商品的货位号进行调整
货位调整查询	对库存商品调整过的货位号按时间段进行查询
库存货位统计	对库存商品按货位进行统计

（八）账目管理功能

账目管理功能主要是统计某一时间段内的单一商品明细账。

（九）条码打印功能

条码打印功能主要是打印商品的条码，储存商品有关信息。

第三节 连锁分店管理信息系统

连锁分店管理信息系统构成了整个连锁企业管理信息系统的核心部分。根据连锁分店的运营状况，小型连锁分店通常配备 4 ～ 5 台收款机，而中型连锁分店则一般配置 20 ～ 30 台收款机。条码扫描设备的选择包括手持式扫描枪和激光平台式条码阅读器。

一、连锁分店管理信息系统功能

连锁分店的计算机管理系统是一个综合性的信息平台，旨在通过 POS 机进行销售管理，并实时掌握商品和顾客信息，提供详细、准确、迅速的数据分析。这一系统支持从补货、到货、在架管理到盘点、仓库管理和数据统计等全方位的商品流转管理，同时包括会员管理、价签打印、生鲜管理、行政领用、批发和促销管理等功能。

连锁分店的计算机系统对消费者需要多样化、个性化所对应的最新信息的实时管理以及商品流转的综合管理主要包括以下内容。

1. 销售与 POS 机管理

（1）POS 机状态监测。实时监控 POS 机运行状态，直观展示收款情况。

（2）销售数据分析。对任意时段的销售数据进行统计、比较和打印，支持明细、分类、实时分析、销售排行、收款员业绩、收款机销售情况等多种形式。

2. 补货与到货管理

（1）补货管理。支持人工和自动补货，提供补货确认和查询功能。

（2）到货管理。处理供应商送货和配送中心送货的到货输入、确认和查询。

3. 在架商品管理

（1）在架统计。按单品和分类统计在架商品数量，设置上下限报警，防止库存过多或不足。

（2）调价管理。支持在架商品的价格调整，按供应商统计商品信息。

4. 盘点管理

（1）盘点流程。生成盘点清单，打印清单，输入盘点数量，支持手持设备读入和数据导入，确保数据准确性。

（2）损溢统计。对比实际库存与账面库存，统计损溢情况，提供详细的损溢原因记录。

5. 仓库管理

仓库操作。处理仓库商品的输入、确认和查询，确保库存数据的准确性。

6. 数据统计与分析

（1）多维度统计。对商品到货、调拨、销售、毛利率、畅滞销商品、ABC 法分析、库存周转率、交叉贡献率等进行统计分析。

（2）供应商分析。比较不同供应商的销售情况，提供决策支持。

7. 会员管理

会员服务。管理会员卡的销售、修改、查询、挂失、恢复、更换和延长，提供会员消费统计。

8. 价签与条码打印

（1）价签打印。支持普通价签和特价签的打印。

（2）条码打印。打印店内码和商品原有条码，确保商品标识清晰。

9. 生鲜管理

（1）精确控制。对生鲜类商品的成本和库存进行精细化管理，提供准确的销售分析报表。

（2）电子秤对接。与电子秤无缝对接，实现自动转秤，及时更新生鲜商品价格。

10. 其他出入库管理

行政领用。管理行政领用、销售领用、报损商品等出入库操作，确保账实相符。

11. 批发与促销管理

（1）批发管理。定义客户价格关系，管理团购和批发客户的销售。

（2）促销管理。通过零售特价单、固定时间特价单、促销赠品设置，灵活应对促销活动。

12. 商品拆分与组合管理

包装管理。对多种包装规格的商品进行精确管理，支持拆包销售，确保库存准确无误。

13. 系统管理

（1）数据传输。开店前接收总部信息，闭店后处理数据并上传至总部，确保数据同步。

（2）系统维护。定期维护系统，保证其稳定运行。

14. 货位管理

货位分配。合理分配在架商品的货位，提供货位统计功能，优化货架空间利用。

连锁分店的计算机管理系统通过集成 POS 机销售、补货、到货、在架、盘点、仓库、数据统计、会员管理、价签打印、生鲜管理、出入库、批发、促销、商品拆分组合以及系统维护等多个功能模块，实现了对商品流转的全面管理和顾客信息的实时掌握。这一系统不仅提高了运营效率，还为管理层提供了强大的数据分析工具，支持科学决策。

二、POS 机与 POS 系统

商品前台销售是连锁分店经营管理的重要环节，也是企业信息的主要来源。随着科技的发展，连锁企业普遍使用收款机和 POS 机，建立了 POS 系统，实现了销售信息的全面、准确采集。POS 系统的应用不仅提高了收银效率，支持多种支付方式，还为企业提供了丰富的经营数据，推动了信息化管理的发展。

（一）收款机的主要分类及特点

收款机经历了机械式、电子式和 POS 机三个发展阶段，现代收款机主要分为三类。

1. 一类机（基础型收款机）

一类机仅具备基本记账、简单汇总、金额管理和重点商品管理的功能，无通信能力，主要适用于小型个体专卖店、餐馆、杂货店等。其特点为使用方便、价格低廉，但无法作为信息管理系统的数据采集终端。

2. 二类机（联网型收款机）

二类机具备商品管理能力和联网通信能力，支持条形码扫描、读卡机等外接设备，存储量大，支持多种付款方式，具有较强的报表功能，主要适用于中小型连锁企业、超市、多门市商场等。其特点为多台机器联网工作，通过专用网络与主机连接，可作为数据采集终端，但通信通常为批量处理方式，不能实现实时处理。

3. 三类机（智能 POS 机）

三类机是基于 PC 技术的高级智能收款机，具备强大的销售、管理和统计功能，支持实时数据传输和多种支付方式，广泛应用于大型连锁企业、购物中心、百货公司等。其特点为功能完善，支持灵活的商品销售、打折权限设置、快速键销售、多种结算方式，并具备友好的操作界面和丰富的管理功能。

（二）三类机的主要功能及特点

1. 完善的销售功能

（1）支持按商品类码、部门、柜组、营业员等多种方式进行销售，允许非整数数量销售（如布匹、散装货物）。

（2）支持数十万条 PLU（价格查找表），具备生鲜条码销售功能。

（3）提供打折销售功能，设有打折权限设置，并对打折商品进行备案。

（4）支持多种支付方式（现金、支票、信用卡、会员卡、礼券等），并提供价格查询功能。

（5）具备销售辅助功能，如存取备用金、更新操作、顾客显示屏显示销售数据或广告信息等。

2. 友好的操作界面

（1）采用显示器作为操作屏，显示时间、收款员信息、销售信息和提示信息，所有信息均为中文。

（2）键盘使用中文标识，支持中文录入，部分高档键盘还具备磁卡阅读功能。

3. 丰富的管理功能

（1）实现实时传送销售信息，提供各种实时报告，及时反映商品动态变化，支持定质定量分析。

（2）支持多层级的操作员管理，区分普通收银员、收银主管、经理等不同权限等级。

4. 多种类的统计报表

（1）收银汇总统计表。查询收银员的应交金额和各种付款方式的收款金额。

（2）部门汇总统计表。统计各部门的销售和结存数量。

（3）收款汇总统计表。统计各种付款方式的收款金额。

（4）收款机销售明细表。统计各收款机的销售明细。

（5）销售明细统计表。统计每种商品的销售数量和金额。

（6）日交易折扣表。统计当日的销售折扣情况。

（7）退货明细统计表。统计每种商品的退货数量和金额。

5. 多种分析报告

（1）营业分析报告。统计当日交易的平均交易额。

（2）区段时间统计报告。统计任意时段的收款、销售、折扣和营业情况。

（3）时间段交易统计报告。统计营业时间内每一时段的交易次数、数量和金额。

（4）历史数据统计报告。统计任意时段的销售情况，支持日、月、年段报告。

（5）商品库存统计报告。统计当前商品的库存明细和分类库存。

（6）畅销和滞销商品分析报告。分析商品的销售表现，识别畅销和滞销商品。

知识之窗

自助收银机

自助收银机（SCT）是一种自动化设备，允许顾客自行完成购物结账过程，无须人工收银员的介入。它广泛应用于超市、便利店、药店等零售场所，旨在提高结账效率、减少排队时间，并为顾客提供更加便捷和自主的购物体验。自助收银机通常配备有条码扫描器、电子秤、触摸屏显示器、支付终端（如刷卡机、扫码枪、NFC 读卡器）以及打印小票的热敏打印机。

在使用过程中，顾客可以将商品逐一放置在扫描台上，通过条码扫描或手动输入商品代码来识别商品。对于没有条码的商品，如生鲜食品，顾客可以通过电子秤称重并选择相应的商品类别。系统会自动计算总价，并显示在屏幕上。顾客可以选择多种支付方式，包括现金、信用卡、借记卡、移动支付（如微信支付、支付宝）等。支付完成后，自助收银机会自动打印出购物小票，顾客即可取走商品离开。

除了基本的结账功能，自助收银机还具备一些智能化特性。例如，它可以与商店的库存管理系统实时连接，确保每笔交易后库存数据的更新；通过与会员系统集成，顾客可以在结账时享受积分、折扣等优惠；部分高级型号还配备了人脸识别或指纹识别功能，进一步提升了支付的安全性和便利性。

此外，自助收银机还可以帮助零售商降低人力成本，优化人力资源配置。尤其是在高峰时段，自助收银机能够有效分流顾客，减轻人工收银的压力。同时，它也为那些希望快速结账、避免排队的顾客提供了更多的选择。随着技术的不断进步，未来的自助收银机可能会更加智能化，结合物联网、人工智能等技术，实现更高效的运营和更好的用户体验。

参考部分资料，自行撰写。

（三）POS 系统

POS 系统是将 POS 机与计算机网络结合形成的商业销售终端系统，借助微电脑、网络、数据库和条形码等技术，具备强大的网上实时处理能力和信息管理功能。POS 系统可以与 EDI（电子数据交换）、EOS（电子订货系统）、SIS（供应链信息系统）等系统集成，形成完整的商业营销管理系统，实现营销自动化与现代化。

POS 系统的基本构成如下。

1. 主机

作为 POS 系统的核心，负责后台管理、数据库管理、通信管理和软件开发等任务。

2. 数据库服务器

专门负责整个商店营销系统的数据管理，确保数据的安全性和完整性。

3. 前台销售终端

前台销售人员与 POS 系统的接口，负责销售和数据采集，具备简单的数据分析能力。

4. 后台管理工作站

供财务、采购、营运、库管等业务人员进行业务处理，或供管理层查询使用，是后台管理人员介入 POS 系统的界面。

5. 通信设备

包括调制解调器、交换机、集线器、网关、路由器等，用于 POS 系统与银行或其他远程 POS 系统的通信，支持转账业务和其他商业往来。

6. 内部网

POS 系统的通信基础，通常采用局域网（LAN）形式，确保店内各终端之间的高效通信。

7. 公用网

连接 POS 系统与远程门市、银行和其他商家的通信媒介，支持 Internet 通信，便于发布商品广告、扩张市场。

（四）POS 系统的应用优势

1. 实时数据处理

POS 系统能够实时处理销售数据，提供即时的销售报告和分析，帮助企业管理层作出快速决策。

2. 多渠道支付支持

支持现金、信用卡、会员卡、电子支付等多种支付方式，提升顾客购物体验。

3. 库存管理优化

通过实时库存更新，帮助企业更好地管理库存，减少积压和缺货现象。

4. 营销分析与决策支持

提供丰富的销售数据分析工具，帮助企业了解市场需求，优化商品组合和促销策略。

5. 跨店管理与协同

通过网络连接，总部可以实时监控各分店的销售情况，实现统一管理和资源调配。

连锁分店的 POS 系统不仅是销售终端，更是企业信息化管理的重要工具。它通过先进的技术支持，实现了销售、库存、财务、营销等多方面的综合管理，极大地提高了企业的运营效率和管理水平。特别是随着网络技术和云计算的发展，POS 系统正朝着更加智能化、互联化的方向发展，为企业提供了更广阔的应用前景。

第四节 连锁企业管理信息系统的提升

连锁企业管理信息系统的提升可分为内部功能和外延功能两部分。

一、建设和加强内部功能

（一）建设和加强办公自动化系统

办公自动化系统是解决连锁企业异地拓展过程中分散办公、财务核算、人员考核和行政事务协调问题的关键工具。通过这一系统，企业可以实现四类信息的高效共享与交流。

1. 业务型数据共享

确保各种业务操作、单据和凭证的实时交流、审核和跟进。

2. 销售分析型数据共享

提供指导经营管理的业绩性数据，如销售分析报表，帮助管理层作出数据驱动的决策。

3. 文档型数据共享

管理各类行政文件和审批文件，确保非结构化数据的有序存储和访问。

4. 多媒体型数据共享

支持语音、图像等多媒体数据的交流，如远程会议和业务沟通，提高协作效率。

通过办公自动化系统，企业可以避免因异地拓展导致的业务流程脱节和监控、考核不及时等问题，确保各分支机构之间的协同运作。

（二）整合企业内部相关系统

为了实现财务、人事、业务等系统的无缝对接，连锁企业需要建立一个统一的内部平台。常见的解决方案包括 EIP（企业信息门户系统）或企业知识管理系统。具体实现方式如下。

1. 基于 Intranet 和 Internet 的结构

通过 IE 浏览器作为客户端工具，模拟出一个虚拟的办公环境，员工可以通过个人网页界面完成日常办公任务。

2. 自动记录与跟踪

系统自动记录和跟踪所有操作内容，将各类信息整合成有价值的企业知识。

3. 数据接口

其他业务系统可以与该平台建立数据接口，相关人员可以通过平台提取和操作业务数据，实现信息的高效流通。

国际大型软件商推出的中间平台为应用软件商提供了二次开发的基础，推动了企业知识管理的进程。这种整合不仅提高了工作效率，还增强了企业的数据管理和决策能力。

（三）数据整理与挖掘

随着连锁企业的发展，业务产生的数据量日益庞大，这些数据对优化企业经营管理具有重要意义。然而，当前国内连锁企业对数据的重视程度不够，往往只进行简单的处理，缺乏系统性和深度的挖掘分析。因此，建立企业数据仓库已成为必然趋势，其主要作用包括以下几点。

1. 提高决策质量

通过对数据的深入分析，帮助企业更好地理解市场动态，优化资源配置，提升竞争力。

2. 促进社会资源合理流动

企业数据不仅是核心资产，也是社会生产资源合理分配的重要依据，对企业和社会都具有不可估量的价值。

3. 数据社会化

充分利用数据仓库中的宝贵资源，推动数据的社会化应用，为企业和社会带来丰厚回报。

连锁企业的信息化建设不仅需要构建高效的办公自动化系统，还要整合内部各业务系统，实现数据的全面共享与交流。更重要的是，企业应加强对内部数据的整理和挖掘，建立数据仓库，充分挖掘数据的潜在价值，提升企业的核心竞争力。通过这些措施，连锁企业可以更好地应对市场变化，实现可持续发展。

二、建设和提升外延功能

（一）高效率消费者响应（ECR）

高效率消费者响应（ECR）是连锁企业满足顾客需求的核心技术，旨在通过供应链上各企业的紧密合作，快速响应消费者多样化的需求，提升整个供应链的运作效率和竞争力。ECR 的目标是提高消费者价值、降低系统成本，从而增强企业的市场竞争力。随着零售行业的发展，ECR 促进了行业内各方的合作，推动了行业标准的制定和高效发展。

1. ECR 的三大战略重点

（1）顾客导向的零售模式（消费者价值模型）。通过商圈购买者调查、竞争对手分析和市场趋势研究，确定目标顾客群，了解自身优势和机会，构建核心竞争力。围绕顾客需求选择商品组合和经营品类，明确品类的角色和定位；制定定价、促销、新品引进、补货等经营策略；设定业务指标和衡量标准，确保业务发展的连贯性和有效性。

（2）品类管理。将品类作为战略业务单位进行精细化管理，以数据为依据，不断满足消费者需求，提升经营效果。实施高效的商品组合、货架管理、新品引进、定价和促销、补货等战术，确保品类管理的科学性和灵活性。

（3）供应链管理。通过信息共享和交流，缩短商品在途时间，加快商品流转速度，降低库存、缺货率和物流成本。建立全程供应链管理流程和规范，利用信息技术和物流技术提高供应链的可靠性和快速反应能力；与供应商共同管理供应链，实现数据交换和协同工作。

2. ECR 的信息技术支持

（1）顾客导向的零售模式。POS 系统、市场 / 顾客调查数据库、会员数据库、团购数据库、购物篮分析。

（2）品类管理。跨品类分析、决策数据仓库、货架管理 / 商店布局管理、商品组合优化、定价和促销分析、新品引进评估、利润 / 成本核算。

（3）供应链管理。自动建议订单系统、供应商管理库存（VMI）、联合管理库存（JMI）、仓库 /

运输扫描技术、电子数据交换（EDI）、电子商务等。

（二）顾客关系管理（CRM）系统

顾客关系管理（CRM）在金融、保险等领域应用广泛，但在零售业中面临一些挑战。由于零售业顾客流动性大、特征不明显，CRM 系统的实施难度较大。然而，通过会员卡、触摸屏导购系统、电视导播系统、售后服务系统等方式，连锁企业可以记录与顾客的互动信息，提供个性化服务，如生日贺卡、定期回访等，增强顾客忠诚度。

（三）配送中心管理系统

配送中心管理系统是连锁企业实现高效运营的关键。该系统不仅提高了内部仓储和配送的自动化程度，降低了仓储成本，还为企业提供了新的利润来源。具体来说表现为以下两方面。

1. 内部优化

提高仓储量，加强卖场补货的主动权，解决商品陈列成本过高的问题，实现跨地区商品调配，最大化商品利润。

2. 外部服务

提供第三方物流配送，使企业在供应链中占据有利位置，从“销售终端角色”向“品牌商品分销角色”转变。

目前大部分连锁企业只部分实现了配送中心的自动化，主要原因是销售规模有限和企业实力不足。小规模配送中心主要面向内部服务，未来需进一步扩展功能，提升自动化水平。

（四）前台售卖系统与金融、税务的数据交换

过去，连锁企业使用各金融机构独立的银行 POS 系统，导致操作复杂、收银时间长、数据不稳定。为了改善这一状况，企业应建立统一的银行卡消费系统，与金融结算机构的前置机连接，实现快速、准确的刷卡消费。此外，随着移动支付的普及，微信支付、支付宝等新兴支付方式已成为主流，极大地提高了收银效率，降低了交易成本。

1. 金融数据交换

通过专线连接到金融结算机构的服务器，所有前台收银机可以直接处理银行卡消费，实现数据自动核对，减轻财务对账工作量。

2. 税务数据交换

随着税务征收系统的完善，收银系统将与税务单位实现部分数据交换，使税务申报在销售过程中自动完成，简化税务处理流程。

随着“互联网 + 零售”和 O2O 模式的推动，移动支付（如微信支付、支付宝）在连锁企业中的应用越来越广泛。扫码支付不仅节省了结账时间，还降低了交易成本。商家无须安装额外设备，仅需支付少量交易费，即可享受便捷的支付服务。移动支付特别适用于小额现场购买行为，提升了顾

客的购物体验。

连锁企业的信息化建设需要综合考虑高效率消费者响应（ECR）、顾客关系管理（CRM）、配送中心管理和前台售卖系统的优化。通过这些措施，企业可以更好地满足消费者需求，提高供应链效率，降低运营成本，增强市场竞争力。特别是在移动支付和大数据分析的支持下，连锁企业能够实现更高效的运营和更个性化的客户服务，推动行业的持续发展。

本章小结

本章介绍了连锁企业总部、配送中心及分店管理信息系统的构成与功能，涵盖采购、库存、销售、财务、人力资源、会员营销和决策支持等模块。通过本章的学习，学生学会了设计和实施这些系统，掌握了 POS 应用、数据分析、供应链管理和客户服务优化技能，能够在未来的工作中提高信息化建设和运营效率。

【思考练习】

1. 连锁总部管理信息系统是如何划分的？
2. 配送中心管理信息系统主要由哪些子系统来提供支持？
3. 简述 POS 系统的基本构成。

【拓展训练】

1. 如果你是某连锁企业的信息主管，你会如何设计和实施一个全新的管理信息系统？请详细描述你的规划步骤和关键考虑因素。

2. 随着人工智能和物联网技术的发展，连锁企业在供应链管理和客户服务方面可能会出现哪些新的应用场景？你认为这些技术将如何改变行业的竞争格局？

10

第十章 连锁经营企业发展展望

本章概述

本章主要介绍了连锁企业在大型化与便利化趋势下的发展策略，以及全渠道经营和数据化经营的转型实践。通过分析连锁企业如何应对市场变化和消费者需求的转变，探讨了其在大型购物中心建设和便利店网络扩展方面的举措，帮助学生全面理解连锁企业在现代商业环境中的运营核心和管理实践。

学习目标

知识目标

（1）理解连锁企业的发展趋势。

（2）熟悉全渠道经营模式。

（3）掌握数据化经营的核心内容。

能力目标

（1）能够分析连锁企业在不同市场环境下的经营策略，评估其在大型化、便利化和全渠道经营方面的优势和挑战。

（2）掌握数据分析的基本方法，能够从海量数据中提取有价值的信息，为连锁企业的商品管理、人员配置和场景营销提供科学依据。

（3）学会使用各种全渠道营销工具和技术，如电商平台、移动应用和O2O平台，设计并实施有效的营销方案。

素质目标

（1）鼓励学生在连锁企业的发展和转型过程中，积极探索新的商业模式和服务方式，培养创新意识和创新能力。

（2）引导学生面对连锁企业运营中的实际问题，运用所学知识和技能，提出切实可行的解决方案，培养独立思考和解决问题的能力。

（3）强调以消费者为中心的经营理念，培养学生关注客户需求、提供优质服务的职业素养。

思政目标

（1）结合我国连锁企业在全球经济中的地位和发展，增强学生的民族自豪感和国家认同感，激发爱国情怀。

（2）在教学过程中融入社会主义核心价值观，培养学生爱岗敬业、诚实守信、创新进取的良好品质。

（3）引导学生关注连锁企业在可持续发展中的责任，鼓励他们在未来的工作中践行绿色发展理念，推动环保和社会责任。

思维导图

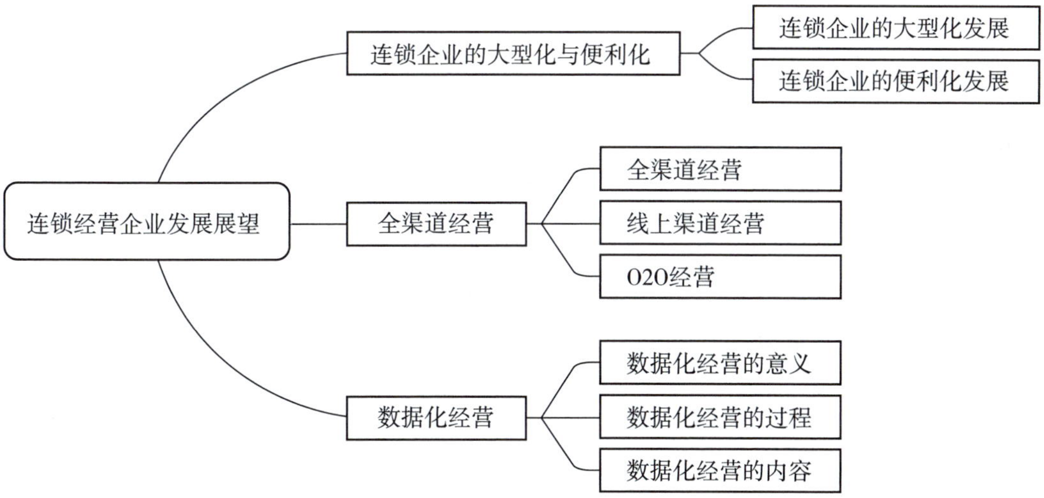

第一节 连锁企业的大型化与便利化

在全球经济增速放缓的背景下，中国也面临着经济增长的压力。尽管消费增速有所下滑，但中国正加快构建以国内大循环为主体、国内国际双循环相互促进的新发展格局，为世界经济注入新的动力。党的二十大报告指出，我国社会主要矛盾是人民日益增长的美好生活需要和不平衡不充分的发展之间的矛盾。这标志着中国经济增长的动力正逐步从投资和出口驱动转向消费驱动，为以满足居民消费需求为目标的连锁行业带来了新的发展机遇。然而，连锁企业也面临着诸多挑战，房价持续上涨导致房租成本增加，劳动力短缺和员工薪酬上涨进一步推高了经营成本，给企业带来了较大的经营压力。与此同时，电子商务的快速发展对传统连锁企业造成了巨大冲击，许多企业的销售和利润双双下滑。面对这些挑战，连锁企业采取了积极的应对措施，以适应消费者需求的变化。它们调整了经营策略，向大型化和便利化方向发展，并实施了线上线下融合的全渠道经营布局。此外，连锁企业还利用新技术推动了数据化经营的转型。

一、连锁企业的大型化发展

连锁企业的规模化发展趋势，旨在适应城市持续扩张的趋势以及消费者行为日益个性化、情感化和直接参与的偏好变化。在此基础上，连锁企业不仅销售商品，还提供综合性服务，以满足现代消费者对体验性消费的需求。商业经营面积随之扩大，典型的代表为 Mall，即超大规模购物中心。这种购物中心是当前世界上大型商业地产的最高形态，它伴随着家庭汽车化和住宅郊区化的趋势而产生，是现代工业文明和商业文明发展的产物，属于一种新型的复合型零售商业形态。真正的超大规模购物中心具有三大特征：首先是规模庞大，包括占地面积、建筑面积和停车面积；其次是多样性，涵盖多个行业、多家店铺和多种功能；最后是高标准，体现在购物环境、档次以及顾客群的购买力。

（一）大型化发展的原因

首先，随着城市扩张、郊区化和卫星城的兴起，大型购物中心成为满足居民购物、休闲和娱乐需求的重要设施。20 世纪 50 年代，美国率先在市郊高速公路附近建立了封闭式超大规模购物中心，以简洁设计和巨大规模为特征，主要服务于郊区人口。随后，欧洲在借鉴美国模式的基础上，对旧城市商业中心进行改造，并通过复古建筑的人文设计，赋予购物中心新的文化内涵和发展内容。自 20 世纪 70 年代起，日本和东南亚大量涌现大型购物中心，尤其是“大型仓储式超市”逐渐替代传统百货店，成为主力店。这类购物中心不仅强调商品的成本优势，还注重休闲娱乐功能。一个有效商圈达 200 ～ 300 千米的大型购物中心，能够带动人流、物流、信息流和资金流的全面汇集，对区域经济产生显著的促进作用。它不仅是消费中心，更是推动地方经济发展的关键节点。

其次，随着人们越来越注重生活质量的提升，休闲消费市场迅速扩大。现代消费者不仅满足于传统的购物需求，更倾向于在店内享受美食、休闲健身、文化娱乐和美容保健等体验性服务。如果用“吃、喝、玩、乐、购”来形容日常消费的话，商店购物的地位逐渐下降，体验性消费则快速增长。

再次，随着消费者对体验性和情感性需求的大幅提升，网上购物无法完全取代实体店的一个重要原因在于，实体商场能够更好地满足人们追求感性和情境的诉求，以及对娱乐和社交等体验式消费的需求。商场逐渐成为消费者的休闲娱乐目的地和聚集地，购物不再仅仅是购买商品，而是一种综合性的娱乐化体验。

为了增加“逛”的附加价值，越来越多的购物中心不惜重金打造美轮美奂的环境，融入艺术性、娱乐性和互动性元素，使“逛商场”成为一种愉悦的体验。零售企业不仅销售有形商品，还通过扩容体验业态来聚拢人气，提供无形的体验服务。如北京华贸中心通过国际名品与美食体验，在短短 4 年内建成了全新的 CBD 核心；万达在全国的新项目均以体验业态为主；北京朝阳大悦城、悠唐购物中心、蓝色港湾等购物中心的体验业态配比也达到了 80% 以上。这些实例充分说明，体验性消费的重要性已被越来越多的商家所认可，并成为吸引顾客的关键策略。然而，企业要认识到，引入影院、餐饮和游乐项目虽然是娱乐体验的基础，但优秀的娱乐化购物中心必须有明确的主题。从建设设计之初就应围绕这一主题进行打造，如城堡卡通式、地域特色公园式、水主题或后现代创意设计等独特风格的购物中心。通过形成明显特色的建筑，再围绕核心创意定位商品和服务，这样的购物中心不仅能提供休闲娱乐和购物，更成为城市的文化地标，呈现独特的文化体验。这不仅吸引了更多顾客，还提升了商业价值和地方魅力。

最后，交换的出发点从“成就感”到“娱乐感”。商业的本质始终是交换，但不同时代的交换动机和出发点有所不同。在物质匮乏的时代，人们为了满足基本的生存需求而交换。随着社会的发展，消费逐渐成为展示品位和地位的方式，追求“荣誉感”和“成就感”成为主要动机。如购买奢侈品不仅是为了使用，更是为了彰显身份。然而，随着社会的进步，尤其是在互联网的影响下，年青一代的价值观发生了显著变化。他们不再追求一本正经的“端着”，而是更倾向于戏谑、乐趣和生动的体验。卡通、抽象、搞怪风、印象派等个性化和娱乐化的元素备受青睐，这一代的消费者更注重“娱乐感”而非“成就感”。因此，未来的商业企业需要重新思考交换的出发点，不再是首先考虑如何卖出商品，而是如何让顾客快乐。新的商业价值网应从“购物”转变为“娱乐”，通过提供娱乐和互动体验，在愉悦顾客的过程中顺带销售商品。这种转变不仅能满足消费者的情感需求，还能增强品牌忠诚度和市场竞争力。

因此，现代连锁业向着超大规模购物中心的业态方向发展，使得具有体验式消费功能的大型购物中心成为连锁行业的一大发展趋势。

（二）超大规模购物中心的特征

1. 高标准、专业完善的硬件配套

超大规模购物中心占地面积广阔，相当于数个普通商业及购物中心面积之和。相较于传统商业建筑，超大规模购物中心在外观设计、建筑规模、楼层高度、柱间距、电梯与消防设施布局、室内步行街宽度、装修标准以及停车位配比等硬件设施方面，均须遵循更为严格的标准。其设计复杂，建筑施工要求极高，体现了现代文明与智慧的精华。

2. 极具引导性的内部动线系统

动线规划是购物中心设计中的关键环节，旨在通过优化人流路径，实现商业形态的总体平衡，最大化承租户的人流通行量，提升整体人气。在超大规模购物中心中，通常采用主力店引导人流的策略，将主力店的出入口安排在动线的起始端和终端，延长顾客在场内的停留时间和距离，从而增加消费机会。如北京金源购物中心东西跨度大，在东侧规划了新燕莎购物中心，在西侧规划了贵友和居然之家，以均衡并提升两侧的人气。此外，为了实现垂直方向上的人流共享，购物中心常在地下层设置超市，在顶层设置餐厅，吸引顾客上下流动。这种布局不仅提升了各个楼层的商业价值，还使整个购物中心的人流成为“流动的资源”，确保商场持续繁荣。

3. 室内布局合理的空间形式

传统商业和小型购物中心的室内空间布局往往以最大化商铺利用率为目的，过道宽度一般在1.5～2米之间。这种狭窄的走道设计虽然有助于聚集人气，但仅能满足纯粹的购物需求，适用于小规模的购物中心，如上海的大洋百货和汇金百货。然而，随着超大规模购物中心的兴起，这些“巨无霸”不仅满足购物需求，更注重提供休闲和娱乐体验。因此，它们的过道设计更为宽敞，宽度常超过12米，甚至达到16米。如北京金源购物中心和上海港汇广场的主干道过道宽达16米，广州正佳广场的主干道为13米。这种宽阔的过道设计类似于室内步行街，不仅方便消费者的购物、休闲和交流，还营造出现代高档次的商业氛围，提升了整体的购物体验，同时也更有利于购物中心的管理和运营。

超大规模购物中心不仅以其庞大规模、丰富的商品吸纳了都市的大部分人群，其独特、高标准化的室内外建筑风格与设计，也成为人们观光旅游的胜地。它作为城市的名片，像一道亮丽的风景线，成为城市名副其实的标志性建筑。

二、连锁企业的便利化发展

尽管消费者越来越倾向于网上购物和体验式消费，但日常的小宗购物行为依然具有就近和突发的特征，消费者对这类购物的主要要求是便利和快捷。网上商店和超大规模购物中心往往难以满足这些需求，因此便利店模式仍有广阔的生存和发展空间。便利化发展趋势主要体现在两个方面：一是经营结构调整，如增加早餐、快餐、半成品菜品等；二是提供新型服务，如配合网上销售的到店自取功能，允许顾客在网上下单后在下班时到社区便利店取货，以及提供物流快递的代收件或自助取件设施等便利服务。近年来，便利店行业增速达13%，开店数量和同店销售均实现增长，显示出强劲的发展势头。

（一）便利化发展的原因

在生活节奏不断加快的形势下，大部分人追求方便、快捷的生活方式，每天下班时从门口的便利店或社区超市购买必需品，不需要再去大卖场绕行、排长队，曾经的“大而全”逐渐被如今的“小而精”所替代。

随着消费者消费习惯和需求的变化，其购物行为也变得更加“挑剔”，原来的一站式购物魅力正逐渐减弱。面对这一变化，小业态店铺通过专业化、精细化、差异化和便捷性经营，更好地满足了消费者的多样化需求。尽管小业态连锁店的占地面积远小于大卖场，但在单品选择上，它们往往做得更为精细和齐全。小业态店铺专注于特定品类，提供更专业的产品和服务，能够更精准地满足消费者的特定需求。例如，小型生鲜超市、精品便利店和特色专卖店等，不仅在商品质量和服务体验上优于大卖场，还能提供更加个性化的购物环境和便利的服务。这种精细化的经营模式使得小业态连锁店在竞争中脱颖而出，赢得了越来越多消费者的青睐。

尽管大型超市和大卖场能够满足消费者一站式购齐的需求，但也带来了诸多购物不便。如大型超市的商圈较大，离消费者较远，增加了出行时间和成本；购物时需要寄存包，增加了额外的麻烦；卖场面积过大，消费者常常难以找到所需商品；收银处经常需要排队，浪费时间；此外，虽然商品价格较低，但包装规格大或要求批量购买，导致消费者不得不超出家庭预算进行多购多吃多用。因此，消费者的日常购买、小宗购买和就近消费的特征不仅没有改变，反而更加明显。他们更倾向于选择便捷、快速的购物方式，以节省时间和精力。

不可忽视的是，大型超市对中小型超市的挤压客观上加速了便利店的发展。由于我国目前尚未出台针对大型超市商业布局的政策，大部分地区的大中小型超市布局重叠，导致大型超市的发展在一定程度上挤压了中小型超市的生存空间，为便利店的崛起腾出了市场机会。随着国内社会经济的发展和消费者收入水平的提高，特别是在经济发达地区，便利店这种零售业态得到了迅速发展，满足了消费者对便捷性和灵活性的需求。

（二）便利店的发展趋势

随着电子商务时代的兴起，近年来，众多传统社区便利店开始寻求与互联网的融合，以探索新的发展模式。目前，超过 60% 的便利店已经涉足网络零售业务。其中，一些便利店选择通过自建网站来开展业务，而大多数便利店则利用其实体店的规模优势，与电商的流量资源进行有效整合，并选择与淘宝、天猫、京东、美团等知名电商平台合作，通过 O2O 模式实现双方的互利共赢。此外，随着“互联网 +”趋势的不断推进，智能无人便利店如雨后春笋般涌现，逐渐成为公众关注的焦点（如图 10-1 所示）。

图 10-1　智能无人便利店

所谓的无人便利店，即指无须店员即可运营的便利店，消费者可以自行完成购物过程。首先，在顾客离店时，系统会自动从其银行卡扣除费用或通过移动支付方式结算。这种新颖的智能高科技模式自然吸引了众多投资者的关注。其次，无人便利店主要依托于人工智能、大数据等先进技术，如动作识别防盗系统、自动结算系统、人脸识别系统以及动态货架系统，这些高度智能化的服务同样构成了其显著特色。无人便利店具备以下几项显著优势。

1. 智能云店的高效运营

便利店——“E+ 智能云店”已经通过人工智能技术实现了摄像头自动识别商品，大幅降低了人工成本。这使得便利店能够提供与大型商超相媲美的价格优势，对消费者极具吸引力。

2. 大数据驱动的个性化购物体验

无人便利店利用大数据优势，能够根据区域消费者的消费习惯和消费能力，精准匹配适合的商品，实现“千店千面”。相比在品类繁多的传统商店中寻找所需商品，智能无人便利店提供了更加便捷、个性化的购物体验。

3. 灵活的开店模式

无人便利店的形式丰富多样，开店更加灵活，可以在社区、学校、写字楼、景区等场所快速投放。这种灵活性不仅补充了传统便利店无法覆盖的区域，还使购物变得更加触手可及，真正做到了“便利”。

4. 优化的支付方式

尽管当前大多数无人便利店的购物结算依赖手机，这对小孩和老人来说可能是一种限制。一些便利店引入了掌纹识别技术，消费者只需将手机与掌纹绑定一次，之后即可通过扫描掌纹进店，人工智能全程识别购物过程，并通过掌纹支付后自动开门。这种无感支付体验使购物对所有年龄段的消费者都变得毫无压力，进一步提升了“便利”性。

通过这些创新，无人便利店不仅提高了运营效率，还为消费者提供了更加便捷、个性化的购物体验。值得一提的是，无人便利店还实现了人工成本的节约。部分无人便利店的商品价格甚至低于传统便利店，同时消除了结账排队的必要性。

在持续展现出积极发展势头的同时，我国便利店行业也面临若干挑战，包括企业商品开发能力的不足、服务功能的不全面以及跨界整合资源能力的相对薄弱，这些问题导致便利店业态在服务方面尚未能与邻近业态形成有效的互补。因此，便利店行业的发展应更加聚焦于经营的本质，致力于提升商品与服务的便捷性。通过增强商品开发与物流配送能力，不断深化内部管理，提高整体运营效能，从而为顾客提供更优质、全面、便捷的服务。

第二节 全渠道经营

全渠道通常被解释为涵盖所有分销或销售途径，这一概念是由单渠道、多渠道、跨渠道逐步发展演变而来的。然而，在“互联网 +”的时代背景下，全渠道不仅应包含所有商品所有权转移的途径，还应涵盖连锁经营企业的所有信息传递渠道、生产流程渠道、资金（支付）流转渠道、物流配送渠道、顾客移动渠道等各个方面。

一、全渠道经营

随着信息技术的快速发展，特别是移动互联网的快速发展，消费者的生活方式、信息沟通方式和购买行为方式发生了巨大变化，零售企业开始进入线下到移动端或线上到移动端的时代。

（一）全渠道经营的含义

信息技术的迅猛发展使得消费者能够实现从定时购物向全天候购物的转变，从固定地点购物向全空间（任何地点）购物的转变，从被动参与购物向主动参与购物的转变，从大众化购物向个性化购物的转变，以及从被动接受商家单向信息向主动搜寻商家多维度立体信息的转变。消费者对单一购物渠道的忠诚度逐渐减弱，转而频繁地在地面实体店、PC 网店、社交商店和移动商店等不同渠道间切换，他们期望这些渠道能够无缝对接，并在各个渠道中获得一致的购物体验。面对这样的市场变化，传统连锁企业不断调整自身以适应环境的演进，通过重新整合资源，逐步发展出全渠道经营模式。

全渠道经营是指企业采取尽可能多的零售渠道类型进行组合和整合（跨渠道）销售行为，以满足顾客购物、娱乐和社交的综合体验需求，这些渠道类型包括有形店铺（实体店铺、服务网点）和无形店铺（上门直销、直邮和目录、电话购物、电视商场、网店、手机商店），以及信息媒体（网站、呼叫中心、社交媒体、E-mail、微博、微信）等。

（二）全渠道经营的过程

传统的消费者购物过程可划分为七个环节：产生购买需求；收集寻找相关产品信息；对信息进行比较之后选择产品和零售商；决定购买后下单；支付；收货；使用中得到服务支持。

消费者在全渠道购物过程中，还应注意与零售企业的深度互动和个性化信息接收。换言之，消费者在购物的每一个环节以及购物的每一类渠道中都能得到零售企业有针对性的信息推送，并与之进行深度互动。

与购物过程相对应，传统的零售行为过程也可划分为七个环节：通过各种营销手段将具有购买需求的顾客吸引到零售商的渠道中，即客流导入；向顾客展示商品；说服、建议与鼓励顾客购买；顾客决定购买后的订单处理；收款；送货；提供使用支持服务。

在全渠道零售中，增加全渠道数字客户关系管理也至关重要。通过这一过程，顾客在每个购物环节形成的数据将被上传到后台，构建出全方位的数字化资源。零售企业借助数字客户管理系统，能够为每个购物环节提供针对性信息，并与顾客进行深度互动。

与传统的单向、粗放式客户关系管理不同，全渠道数字客户关系管理是深度互动的。传统模式仅限于简单的问候、促销信息推送和基于年龄、性别、地域等模糊数据的收集，互动性和针对性较差，建立的是弱黏性客户关系。全渠道数字客户关系管理则是通过整合不同渠道的消费者数据，绘制出客户的全方位数字肖像，实现跨渠道信息共享。利用移动端的会员管理系统，企业可以实现与客户的充分互动，进行一对一精准营销，建立起强黏性关系。全渠道数字客户关系管理不仅能够提升顾客体验，还优化了企业的营销效果。它使企业能够从弱黏性关系转变为强黏性关系，从而增强客户忠诚度和品牌黏性。因此，实施全渠道营销管理对企业至关重要，直接影响其全渠道营销的具体方式和效果。

二、线上渠道经营

（一）PC 电商

电子商务是指在全球范围内，通过互联网的开放网络环境，基于浏览器 / 服务器应用方式，买卖双方无须见面即可进行的各种商贸活动。它涵盖了消费者的网上购物、商户之间的在线交易、电子支付以及相关的金融和综合服务。传统的电子商务主要通过个人计算机（PC）端进行，因此被称为 PC 电商。随着移动技术的发展，基于智能手机和平板电脑的电子商务称为移动商务。在电子商务发展初期，由于大多数活动是通过 PC 端进行的，PC 电商成为主流。如今，随着移动端的普及，移动商务迅速崛起，但 PC 电商仍然是重要的商业运营模式之一。两者共同构成了现代电子商务的两大支柱。

1. 电子商务的含义

电子商务是指利用信息网络技术，以商品交换为中心的商务活动。它通过互联网（Internet）、企业内部网（Intranet）和增值网（VAN）进行电子交易及相关服务，实现了传统商业活动各环节的电子化、网络化和信息化。电子商务的主要模式包括 B2B（企业对企业）、B2C（企业对消费者）、C2C（消费者对消费者）和 C2B（消费者对企业）。

广义的电子商务涵盖了使用各种电子工具从事的商务活动，而狭义的电子商务则特指利用互联网进行的商务活动。无论是广义还是狭义，电子商务的核心特征是依赖互联网平台，并通过该平台完成各种商务活动。没有互联网，就无法称之为电子商务；而通过互联网进行的交易和服务，构成了现代电子商务的基础。

2. 电子商务的特征（见表 10–1）

表 10–1　电子商务特征表

特征	具体内容
普遍性	电子商务将生产企业、流通企业、消费者和政府带入一个网络经济、数字化生存的新天地，打破了传统商业的地域和时间限制，使各方能够在全球范围内进行高效互动和交易
方便性	人们不再受地域限制，能以非常简捷的方式完成较为繁杂的商业活动。如通过网络银行可全天候存取账户资金、查询信息等，大大提高了企业和客户的服务质量。此外，电子商务还能开发和积累大量人脉资源，从业时间灵活，利于企业任务的完成
整体性	能够规范事务处理的工作流程，将人工操作和电子信息处理集成为一个不可分割的整体，提高了人力和物力的利用率，增强了系统运行的严密性，确保各个环节无缝衔接，提高整体效率
安全性	网络提供端到端的安全解决方案，包括加密机制、签名机制、安全管理、存取控制、防火墙、防病毒保护等，这些安全措施确保了交易的安全性和数据的保密性
协调性	商业活动需要客户与公司内部、生产商、批发商、零售商之间的紧密协作，电子商务的全过程往往是贯通的，确保了各个环节的顺畅运作

（二）移动电商

1. 移动电商的含义

移动电子商务是从电子商务衍生而来的一种新型商务模式。传统电子商务主要通过 PC 机进行，是“有线的电子商务”，而移动电子商务则利用手机、个人数字助理（PDA）等移动设备，使用户可以随时随地进行 B2B 或 B2C 交易。与传统的通过计算机开展的电子商务相比，移动电子商务拥有更广泛的用户基础。据统计，在连锁百强企业中，已有 58% 的企业移动端销售占网络销售额的 30% 以上，这表明移动电子商务正迅速成为主流，为企业带来新的增长机会。

2. 移动电商的特征（见表 10–2）

表 10–2　移动电商特征表

特征	具体内容
方便性	移动终端既是通信工具，又是移动 POS 机和银行 ATM 机。用户可随时随地进行电子商务交易和办理银行业务，包括支付
不受时空限制	从有线通信延伸到无线通信，从固定地点的商务形式变为随时随地的商务形式，用户可在任何时间、地点获取所需的服务、应用、信息和娱乐，灵活查找、选择及购买商品或服务
安全性	移动银行业务通过大容量 SIM 卡和可靠的密钥加密技术，确保信息传输过程的安全性和可靠性，所有数据传输均使用密文，保障用户的隐私和资金安全
开放性与包容性	由于无线接入方式的便利性，移动电子商务使更多人能够轻松进入网络世界，扩展了网络的覆盖范围和用户群体，使虚拟功能更贴近现实生活，增强了网络的包容性
潜在用户规模大	中国的移动电话用户已接近 4 亿户，居世界首位。移动端的普及程度远超 PC 端，且手机用户中包含大量消费能力强的中高端用户，使移动电子商务在用户规模和消费能力上优于传统电子商务

续表

特征	具体内容
易于推广使用	移动通信的灵活性和便捷性使其更适合大众化的个人消费领域。应用场景广泛，包括自动支付系统（如自动售货机、停车场计时器）、半自动支付系统（如商店收银柜机、出租车计费器）、日常费用收缴系统（如水、电、煤气费用）以及移动互联网接入支付系统（如 WAP 站点购物）
迅速灵活	用户可根据需要灵活选择访问和支付方式，并设置个性化的信息格式

3. PC 电商与移动电商的优缺点

（1）PC 电子商务的优点（见表 10–3）。

表 10–3　PC 电子商务的优点表

优点	具体内容
购买流程成熟	计算机购物的流程正不断简化，提高了购物效率
用户体验好	从进入网站、查看商品到完成购买，整个过程的产品展示、高清图片、直接的线上咨询服务等，均能提供更好的购物体验
选择对比平台更多	网上慢慢挑选，货比三家，找到最合适的产品
推广更为方便	只要有网络和技术平台支撑，网购平台的推广更加便捷，且针对性强，任何上网的人都有可能成为潜在客户

（2）PC 电子商务的缺点（见表 10–4）。

表 10–4　PC 电子商务的缺点表

缺点	具体内容
需要固定的网络	没有网络或在没有无线网络覆盖的区域无法上网，且网络费用较高，即使使用无线上网卡也需要随身携带
计算机体积大，电力持续不足	计算机体积较大，出门携带不便，尤其是台式机没有电池，不接电无法使用；笔记本电脑的电池续航时间通常只有 2 小时左右
价格相对较高	计算机的价格相对手机较高，一些经济条件有限的用户难以负担，限制了其使用范围

（3）移动电子商务的优点（见表 10–5）。

表 10–5　移动电子商务的优点表

优点	描述
小巧方便，随时随地	智能手机等移动设备体积小、便于携带，用户可随时随地上网购物；条码技术和二维码技术的应用进一步提升了用户的购物体验
网络支持广泛	只要有信号的地方就可联网，移动平台不受固定网络限制，提供了更大的灵活性和便利性
普及程度高	国内使用手机上网的人数快速增长，移动电子商务拥有庞大的用户基础

（4）移动电子商务的缺点（见表 10-6）。

表 10-6　移动电子商务的缺点表

缺点	具体内容
视觉局限与决策压力	小屏幕可能导致视觉体验不佳，快速决策可能让消费者感到不踏实，影响消费意愿。便捷过度并不总是好事，有时反而会降低用户的信任感
安全性问题	移动电子商务的安全性仍受质疑，尤其是在支付和数据传输方面。安全问题是消费者使用移动电商的基础，必须优先解决
推广与销售针对性弱	手机用户的范围较广，兴趣和需求差异大，导致推广和销售活动难以精准定位目标客户，增加了营销难度

三、O2O 经营

O2O 代表了一种全渠道经营的新型商业模式。这一模式最初在我国的引入形式表现为从线上交易过渡至线下消费体验，随后衍生出的线下营销与线上交易、线下体验与线上交易等模式，都是在线上交易至线下消费体验的基础上发展而来的。O2O 模式体现了对传统商业模式的创新性变革，这种变革是商业活动对互联网技术应用的直接体现。在某种程度上，O2O 模式的引入可视为我国电商企业在寻求营销技术突破方面所取得的成果。

（一）O2O 模式构成要素

1. 目标市场与销售策略

相对于传统销售，电子商务的最大区别在于通过互联网拓展了线上销售渠道。O2O 模式则进一步整合了企业的线上和线下资源，使消费者能够在线上平台及时获取全面的商品信息，包括价格、性能、质量以及用户评价。这种模式吸引的流量往往具有较强的购买意向，成为 O2O 企业的目标市场。

O2O 模式通过设立线下实体店，为消费者提供实际体验的场所。企业在推广产品时，可以通过专业化的产品介绍和优质的顾客体验来增强消费者对产品的认知，提升产品与消费者需求的匹配度，从而提高消费体验的满意度。良好的消费体验不仅促使消费者返回线上继续参与互动，还鼓励他们分享自己的体验，成为企业的自发宣传者。这不仅为企业带来了潜在的新顾客，也使现有消费者持续关注企业和其商品，形成良性循环。

通过这种方式，O2O 模式不仅提升了消费者的购物体验，还增强了品牌忠诚度，推动了线上线下业务的协同发展。

2. 物流配送

相较于实体商业，电子商务的消费过程更为漫长，消费者因此对消费行为的时效性表现出高度关注。物流配送成为影响电商企业发展的关键因素之一。线上交易与商品的时空分离特性是无法改变的客观现实。在传统电商交易中，追求物流配送的时效性始终是一个重要议题。在 O2O 模式下，顾客对优质服务的期待自然涵盖了对高效物流配送的需求，而高效的物流配送已成为连锁企业创造价值和获取竞争优势的关键策略。

3. 顾客服务

在商业交易活动中，服务涵盖销售过程中的服务以及后续的售后支持。鉴于电子商务交易是对网络虚拟空间的拓展，因此商业交易过程需要积极利用网络空间，为商业的顺利推进提供最大限度的便利性。在线交易过程中，消费者对于企业商品的浏览界面是否便捷、美观，对产品有效信息的获取是否顺畅，在线咨询是否能及时获得满意的答复，购物是否有清晰的导购，支付方式是否多样化，能否满足不同类型的消费者的不同支付需求，货品退货是否有保障等，成为消费者消费满意度的重要指标。连锁企业在营销过程中就需要根据顾客的这些实际需求，尽可能创造条件提升自身的服务质量，从而促成并巩固消费行为。

4. 采购与前向一体化协作

技术水平的迅速提升使得商品生命周期快速缩短，连锁企业在生产企业和消费者之间扮演的衔接角色也越来越突出。由于消费者越来越倾向于个性化消费，以往连锁企业规模化的采购行为随着消费市场的变化逐渐发生改变。连锁企业在生产企业与消费者之间不仅扮演着采购与销售的角色，更成为消费市场与生产企业信息有效互通的传递者。O2O 企业可以用好线上与线下交易数据，更有针对性地服务于商贸流通活动。连锁企业的市场经济活动变成了一种消费导向。这也体现在现有经济环境下 O2O 企业对商贸价值链的挖掘。

（二）我国实体零售行业不同 O2O 模式

我国的实体连锁零售行业主要涵盖了百货商场、超市、专卖店等多种零售业态。由于各业态在商品组合及资源培育方面存在差异，这导致了不同业态的实体零售商在涉足线上销售时采取了不同的策略。实体零售商扩展线上渠道的主要方式包括自主建设平台、利用第三方平台，以及两种方式的结合，基于此，我国的实体零售行业 O2O 实施模式归为以下三类。

1. 自建模式

自建模式是指企业凭借自身实力进行自主研发设计或外包建设个性化网上商城和移动 APP。根据资源条件的不同，企业自建平台的侧重点有所不同，主要包括线上平台配合实体门店、线上线下并重以及线上平台突破实体门店三种方式。例如，大润发超市自建了大润发优鲜。

自建模式的优势在于企业对线上平台有较强的把控能力，有利于品牌建设和满足个性化需求。企业在会员管理、商品展示、营销活动、支付等方面掌握主动权，便于线上线下业务的无缝对接。然而，自建平台也要求企业在人力、财力和物力上投入较大成本，增加了运营的复杂性和风险。

2. 借用模式

借用模式是指企业因不具备自建平台的能力或自建效果不佳，选择借助现有平台开展线上业务。一些企业为节约时间成本，甚至直接并购已有的网上零售企业，如永辉超市入驻京东到家、物美超市与多点合作等。

借用模式的优势在于资金和时间成本较低，且能迅速获得充足的线上流量。然而，劣势在于企业对电商平台的控制力较弱，在会员管理、商品展示、营销活动、支付和物流等方面缺乏主动权。

3. 自建 + 借用模式

自建 + 借用模式是指实体零售商既有能力自建平台，又选择与第三方电商平台合作，多渠道发展线上业务。

自建 + 借用模式的优势在于，自建平台能够满足企业的个性化需求并掌握线上业务的主动权，而借用平台则以较低成本获得充足流量和便捷服务，推动线上业务快速发展。这一模式的劣势在于，如果企业不能有效整合第三方平台的资源，自建平台与借用平台之间可能无法实现无缝连接，导致电商运营成本增加，线上与线下协同困难。因此，成功实施这一模式需要企业在资源整合和运营管理上具备较强的协调能力。

（三）实体连锁零售商 O2O 融合

实体连锁零售商的线上与线下融合不仅是物理性的叠加，而且是对原有系统功能的重塑。基于协同理论的供应链整合管理体系，O2O 融合的核心在于通过战略资源重组、功能重组、过程重组、信息整合、组织整合和文化整合等多方面的工作，实现线上与线下的无缝衔接，提供全渠道购物场景，吸引更多消费者到店消费，从而提升经营业绩。

1. 战略资源重组

增加线上渠道后，企业需要合理配置人力、资金、物质等资源，平衡线上与线下利益，避免资源争夺。通过共享双方的优势资源，如线下门店的库存控制、会员发展和配送服务，以及线上平台的商品展示、销售服务和会员管理，可以提高资源利用效率，降低管理成本，增强市场竞争力。

2. 功能重组

在 O2O 协同经营中，实体门店的功能不再局限于销售商品，还包括库存管理、会员发展和配送服务；而线上平台的功能也不仅仅限于商品展示和信息推送，还包括销售服务、会员管理和商品营销。这种功能重组使线上线下相互补充，形成完整的服务体系。

3. 过程重组

企业需调整运行机制与营销策略，涉及采购管理、库存管理、商品定价、营销活动、会员管理、物流配送和客户服务等内容。通过优化供应链管理，确保线上线下业务的顺畅衔接，提高整体运营效率。

4. 信息整合

打通线上线下系统，实现信息共享是 O2O 融合的关键。实体零售商应大力发展单品管理（SKU）、库存、会员、支付等管理系统，或通过与第三方系统合作，快速获取大数据，支持企业经营决策。大数据不仅能够提高运营效率，还能为个性化营销和服务提供依据。

5. 组织架构整合

调整企业原有的组织结构，重新制定合理的管理制度与考核机制，确保互联网人才和线下经营人才的有效融合。复合型的运营团队能够保证电商业务的顺利开展，形成合力推动企业发展。

6. 文化整合

线上与线下工作理念和方式存在差异，实体门店强调纪律和执行力，电商人员则崇尚自由和创新。企业需要创造一种复合型企业文化，融合两种不同的工作方式和理念，避免内部冲突，确保O2O战略的顺利推进。

（四）实体连锁零售商O2O经营建议

尽管实体零售商的融合方式各异，线上与线下融合的核心始终是对供应链体系的升级改造。通过统一采购、库存、订单、支付和配送等管理体系，实现资源共享，提高工作效率，降低经营成本，缩短零售商、供应商和消费者之间的距离。在精准满足消费者需求的同时，促进零售商与供应商之间的互利协作，最大化拓展电商业务，提升企业绩效。然而，企业必须认识到，不同O2O模式的融合关键点既有共性，也有独特之处，要区别对待。统一的供应链管理是基础，但具体实施时应根据各模式的特点进行调整，确保线上线下无缝衔接，真正实现协同效应。

1. 对实体零售商选择适合自己的O2O融合模式的建议

实体零售商的O2O融合方式取决于其自身条件、战略目标以及高层管理人员的决策。规模较大、实力雄厚的零售商可以采用自建+借用模式，基于原有门店业务进行线上与线下融合。这种方式不仅能使企业掌握O2O融合的主动权，还能借助第三方平台为线上线下引流，提供便利条件。相比之下，规模较小的零售商更适合采用借用模式，通过与现有电商平台合作开展线上业务。尽管如此，这些零售商仍需增强实体门店的竞争优势，为线上线下融合奠定基础。对于那些在线上渠道经营其他业务的零售商，合理利用线上与线下的优势资源，实现资源共享，是实现O2O融合的关键。通过整合双方资源，这些零售商可以进一步优化运营，提升整体竞争力。总而言之，不同规模和类型的实体零售商应根据自身情况选择合适的O2O融合策略，确保线上线下协同发展的最大化效果。

2. 对实体零售商采用自建或自建+借用模式的建议

在O2O融合模式下，企业需有效整合供应链资源，提高对商品的把控权。对于采用自建+借用或借用模式的百货类零售商，企业应提高自营比例，通过直接与制造商合作开发自有品牌，创造独特品牌，增加自营商品种类，提升经营业绩。同时，充分利用百货商场的空闲场地进行销售，进一步丰富商品选择。此外，企业应加强与品牌供应商的深度联营，改变传统的表层管理联营模式。供应商不仅应对零售商的商品销售情况进行分析，还应提供货品上架建议、合理化建仓指导和库存管理支持。双方还应在大数据、营销促销、线上线下运营等多个层面进行资源共享，优化资源配置，提高整体运营效率。通过这些措施，企业不仅能增强对供应链的掌控，还能提升消费者体验，实现线上线下业务的协同发展。

3. 对采用借用模式的建议

采取自建＋借用模式的连锁零售企业在条件成熟时应逐步转向自建模式，以实现更深入的线上线下融合。在合作初期，企业应充分利用第三方电商平台庞大的客户资源和完善的物流配送体系，结合自身线下优质资源，为消费者提供便捷高效的服务。通过借用平台的巨大流量进行营销推广，吸引消费者适应线上与线下融合的购物模式。随着消费者逐渐熟悉这种模式，企业应逐步将重点转向自建平台的建设，确保自建平台与借用平台的有效连接。这样可以在保持现有流量的基础上，增强对线上业务的控制力，更好地实现线上线下协同。在与第三方平台合作的过程中，企业可以借鉴其成功经验，培养专业人才，为自建平台的发展奠定基础。同时，企业还应增强实体门店的实力，树立良好的品牌形象，提升消费者黏性，避免因第三方平台中止合作而导致客户流失。通过这些措施，企业不仅能充分利用第三方平台的优势，还能逐步建立自身的线上竞争力，确保长期稳定的业务发展。

知识之窗

直播带货：即时互动与销售的完美结合

直播带货通过主播的实时演示和讲解，结合即时互动和商品销售，迅速成为消费者购物的新宠。它不仅改变了传统购物方式，还为企业提供了全新的营销渠道。其核心优势在于即时性和互动性，观众可以在观看过程中直接提问、获取解答，并立即下单购买，缩短了从“种草”到“拔草”的时间。这种模式特别适合展示体验性强的商品，如美妆、服饰和食品，主播可以通过试用、试穿等方式直观展示产品效果。

成功的直播带货依赖于优质的主播。优秀的主播不仅要有良好的口才和表现力，还要对产品有深入了解，传递真实信息，建立消费者信任。顶级主播凭借庞大的粉丝基础，能直接影响购买决策。供应链管理至关重要，企业需与供应商紧密合作，确保库存充足和物流顺畅，特别是在限时优惠和秒杀活动中，供应链的响应速度和灵活性尤为关键。

数据化运营在直播带货中扮演着重要角色，通过分析观看人数、互动频率、转化率等数据，企业可以优化直播内容和选品策略，提升主播表现，选择合适的品牌代言人。直播不仅是销售工具，也是品牌传播的有效途径，企业通过直播直接与消费者沟通，传递品牌故事和价值观，增强社会责任形象，同时作为新品发布的平台，扩大品牌影响力。

尽管直播带货带来诸多机遇，但也面临挑战，如产品质量问题、虚假宣传和售后服务不足。企业和平台需加强自律，遵守法律法规，确保内容真实透明。消费者应保持理性，选择可信的主播和平台，避免盲目跟风消费。未来，随着技术进步和市场成熟，直播带货有望进一步发展，成为更多品牌和商家的重要营销手段。

参考部分资料，自行撰写。

第三节 数据化经营

在经营过程中，连锁企业会积累大量数据和资料。通过对这些庞大信息进行深入研究，所获得的数据分析结果对于企业的经营和管理具有极其重要的意义。尽管我国连锁企业在数据化经营转型的道路上面临诸多挑战，但它们正积极应对，目前正经历从初始阶段向优化阶段的转变。

一、数据化经营的意义

（一）完整客观地反映企业情况

企业常规的数据报表和调查资料通常只能反映某一方面的情况，即使数据全面，若未经深入研究和分析，也难以揭示企业的整体状况。为了真实、完整地反映企业情况，必须遵循“实事求是”的原则，不仅收集全面的数据，还要进行严格的研究分析。通过科学规范的分析报告，管理者可以获得更全面、系统和集中的信息，为决策提供有力依据。这样的分析报告相比常规数据报表，更能准确反映企业的客观实际。

（二）实行监督管理工作

监督属于数据分析在企业经营管理中的一项十分重要的工作。数据分析部门在对企业数据、资料进行收集的过程中，能够相对较为全面、如实地知晓行业经济动态及本企业运行发展状况，了解相关数据、资料的来龙去脉及口径范围，因此数据分析部门可有效地担负起对企业多方面的监督管理工作。例如，现在很多零售企业或分店每天公布日销售目标达成情况排行榜，这是一种无声的竞争，对销售额最大化很有效果。数据分析可促进企业有效实施监督管理，为企业管理者、相关部门作决策及制订企业发展计划提供参考依据。

（三）参与科学化决策

要获取经济行为的客观规律并非易事，往往需要通过持续的分析、探索和实践逐步形成认识。例如，如果上个月门店亏损了10%，需要深入分析其具体原因：是某类商品被更新替代品取代，还是竞争对手的价格优势所致？是整个行业经营状况下滑，还是本区域对该商品的需求饱和？只有找到问题的根源，才能制定有效的对策和调整方向。

数据分析部门应充分发挥其数据详尽、资料丰富的优势，进行有针对性的研究，深入剖析数据和资料中的潜在含义，由理性认识代替感性判断，实现对经济规律的深刻理解。这不仅有助于企业管理者全面、客观地了解企业的经济行为和发展现状，提升管理水平，还能使决策和计划更具针对性，确保数据分析在企业经营管理中发挥科学决策的支持作用。通过这种深度分析，企业能够更好地把握内部关联和发展趋势，优化经营策略。

（四）有助于提升员工素质

在数据和资料收集的基础上，数据分析工作应采用多种分析方法，针对实际情况进行深入研究。不仅要找出潜在问题，还要分析问题的根源并制定解决方案。为了完成这一复杂而重要的任务，数据分析部门的员工需要掌握数据分析的基础知识、政策分析能力和经济理论，熟悉数据分析的方法和关键步骤。了解相关的经济技术要点，具备数据和资料归纳分析的能力。此外，还要具备撰写高质量分析报告的写作技巧。

通过这些要求，数据分析工作能够激发员工的学习积极性，提升他们的综合素质，使他们成为既能编写分析报告又能从经济层面进行数据统计的综合型人才。这不仅增强了数据分析在企业经营管理中的作用，还提升了数据分析工作的地位，促进了工作条件的持续改善。

二、数据化经营的过程

连锁企业数据化经营可划分为六个阶段。

（一）明确分析目的和思路

在开展数据分析工作之初，连锁零售企业必须明确本次分析旨在解决的具体问题，并评估其对经营决策者是否具有指导价值。分析工作不应仅限于表面的数据处理，而应深入挖掘数据背后的真实情况和事实。只有具备了明确的目标和合理的分析思路，才能进行有效的数据分析。确定分析目标后，需要对分析的逻辑框架进行细致规划。分析框架的构建必须基于实际的业务状况，以确保分析结果的实用性和准确性。为了达成这一目标，可以运用一系列经典的营销理论，如 4P 理论、STP 理论、SWOT 分析以及管理学中的理论模型，如 PEST、5W2H、时间管理等。这些理论模型需要在日常的门店运营实践中不断应用和验证，从而深刻理解其在实际工作中的重要价值。

（二）零售数据收集

对连锁企业而言，高效且有目的地搜集、处理和利用各类信息是其经营职能的关键所在。信息建立在数据之上，数据是经营活动的直接记录，而信息则是基于数据的人为解读和判断，它构成了企业决策制定的基础。连锁企业能够通过内部和外部两种途径来收集数据。内部途径涵盖了顾客购买记录、内部员工的报告、客户调查以及专家和客户的访谈等。外部途径则包括互联网、报刊、宣传册、展会以及市场调研公司等。因此，通过多渠道、有计划且有针对性地搜集原始数据，将为后续的数据处理和分析工作提供坚实的支持。

（三）零售数据处理

在数据收集过程结束后，所获得的数据往往呈现无序状态，这些原始数据必须经过系统化处理，才能转化为对企业具有实际价值的信息。因此，零售数据的处理是数据分析流程中至关重要的一步。零售数据处理的主要方法涵盖了数据抽取、数据清洗、数据转换和数据加载等环节。这些操作通常由计算机自动执行，而非人工完成。

（四）零售数据分析

在明确分析目的和思路的阶段，应确定采用何种手段对数据进行分析，这样才能确保最终分析结果的有效性。通常情况下，数据分析可通过计算机软件，如 Excel 或数据库统计等方式来实现。当然，大数据分析可采用非常专业的分析软件进行，如数据分析工具 SPSS 等。

（五）数据结果展现

数据处理和分析阶段面对的是海量的数据，而数据展现阶段则直接面对最终的决策者。在这个阶段，一般将数据分析的最终结果通过各种图形、表格的方式进行归纳总结。如数据饼图、柱状图表或者各种 K 线、折线等。总之，如何能更加方便决策者了解，就如何进行制作。

（六）提出解决方案

在完成了一系列前置步骤后，数据在经营中应用的整个流程基本完成。最终，也是至关重要的环节，就是把分析成果凝练成一套行之有效的解决方案，这就要求将分析过程中识别的问题和得出的结论转化为具体的解决措施。同时，数据分析人员必须对经营业务有深入理解，这样才能提出切实可行的方案来供决策者参考。

三、数据化经营的内容

在连锁企业的数据化经营过程中，除了对技术领域的信息化手段进行必要的升级改造外，对业务部门而言，最关键的是对数据进行分析和应用，从而从大量看似杂乱无章的数据中提炼出真正关键的经营数据。首要任务是识别这些关键数据，即明确需要分析和应用的数据。连锁企业对实体门店进行数据分析的内容主要包括以下五个方面。

（一）“人”分析

对人的理解主要包括：一是选对目标购物者；二是选对优秀的运营管理人员。

购物者分析涉及针对购物者的研究，涵盖商圈调查、购物趋势、渠道选择、销售要素（如商品组合、货架陈列、促销、定价、分销和购买决策）等。研究可以是门店或品类层面，战略或战术层面。实行会员卡制的企业可通过会员收入数据区分顾客群体，而未推行会员卡的企业则可以通过每单小票金额预测顾客特征。此外，还需分析商圈的客单量、购物高峰时间和假日经济的影响。

运营管理方面，店长每天或每周需关注人员排班和销售业绩两部分。排班时要特别注意节假日、特殊天气日和普通工作日的销售人员安排，确保不流失销售机会。跟进个人销售业绩时，既要考查近期销售状态，也要根据实际情况调整培训内容和职务，确保合适的人在合适的岗位上进行销售。这有助于提升整体销售效率和顾客满意度。

（二）“货”分析

优秀的运营管理人员应当熟悉并能独立制作与货品相关的报表，这些报表是运营决策的重要依据。货品分析的主要数据来自商品基础数据和销售数据，分析思路以结构为主线，涵盖商品结构的广度、深度、市场覆盖度、类别结构、价格结构、关联度及库存结构等指标。通过这些分析，可以指导企业调整商品结构，提升竞争力，并进行合理配置。

“进销存”和“人货场”是运营中常用的术语，但当前系统多侧重于销售后的统计汇总，较少提供销售前的预测和预警。因此，仅依赖计算机系统的数据和报表是不够的。运营管理人员需要有针对性地关注关键报表，如库存预警、畅平滞分类库存预警和货品价格管控等，以确保货品在不同区域和门店间的合理调配及库存控制。这有助于优化资源配置，避免库存积压或短缺，提高整体运营效率。

（三）“场”分析

所谓“场”，过去指卖场，通过规划和氛围营造刺激消费者购买；现在则主要指场景，即特定的消费环境和情境。场景化营销要求不仅找到正确的目标顾客，还要在正确的时间、触点环境中进行精准触发。

实施场景化营销需要三个关键支撑。

1. 数据支撑

多渠道收集用户信息，包括会员资料、消费记录、行为数据、交易信息和运营商数据等，作为后台保障。

2. 分析支撑

通过数据分析挖掘不同场景和客户群体，实现精准定位。

3. 触点支撑

把控各个触点，确保在最适合的环境下为顾客推荐最合适的产品和服务。

通过这些支撑，企业能够在恰当的时机和环境中触发消费者的购买欲望，提升营销效果。

（四）“财务”分析

财务分析在评价企业业绩中起着不可或缺的作用，通过报表数据的计算和模型建立，从多个角度分析经营成果并预测未来。基础阶段涵盖现金流量、资产流动性、负债水平和偿还能力的分析；较高阶段则关注资金周转、商品盈利能力及周边经营环境和发展方向。

对于常规门店运营管理者，虽然他们不是专职财务人员，但需要从运营角度关注与业务紧密相关的指标，如销售额、成本、毛利润、净利润、库存、盈亏平衡点、销售数量、销售金额和市场占有率等。

有效的财务评价体系不仅应分析财务数据，还应重视非财务信息，如行业环境、政策环境和宏观经济环境。这种综合分析能站在战略高度全面评估企业，提供更准确的决策依据。

（五）“线上数据”分析

线上数据与线下数据虽然都围绕人、货、场、财展开，但网店运营方式的不同使得线上数据在人的行为和场景营造上有独特之处。以下是网店运营中的关键指标分析。

1. 流量来源分析

了解哪些流量来源能带来实际收益，帮助优化流量渠道。

2. 付费流量分析

单独分析广告带来的流量，跟踪不同推广渠道的效果，提高广告投资回报率。

3. 时段分析

监测各时段的流量和销售转化情况，确定销售高峰时间，合理安排运营人员的工作时间，提高效率。

4. 关键词分析

分析通过搜索引擎关键字进入网店的流量，为搜索引擎营销提供数据支持，优化关键词策略。

5. 访客分析

跟踪访客的地区分布，识别主要客源地，针对订单量少但流量高的地区推出免邮等促销活动；区分新老顾客，利用老顾客的回访行为提升邮件营销效果。

6. 页面分布分析

评估流量在网店中的分布情况，了解热门页面，优化网站结构。

7. 入口分析

评估登录页面的质量，确保用户首次访问时有良好的体验。

8. 出口分析

结合退出率和访客离开的页面，发现顾客流失的原因，及时改进问题页面，提升用户体验。

这些分析有助于网店运营者更精准地了解用户行为，优化营销策略，提高整体运营效率。

本章小结

本章主要介绍了连锁企业在大型化与便利化趋势下的发展策略，以及全渠道经营和数据化经营的转型实践。通过本章的学习，学生不仅全面掌握了连锁企业的运作机制，还提升了综合素养，包括创新思维、团队合作精神、问题解决能力和客户导向意识，有助于学生在未来的职业生涯中灵活应对不断变化的市场环境，运用所学知识和技能，为企业的发展作出积极贡献。

【思考练习】

1. 简述连锁企业向大型化发展的原因及其对消费者的影响。

2. 为什么说无人便利店是未来零售业的一个重要发展方向？请列举其主要优势。

3. O2O 模式的核心是什么？它如何提升消费者的购物体验？

【拓展训练】

1. 某大型连锁超市近年来面临着线上购物的竞争压力，销售额和利润双双下滑。为了应对这一挑战，该超市决定实施全渠道经营战略，整合线上线下资源，提升消费者的购物体验。

请分析该超市实施全渠道经营的具体措施。

这些措施如何帮助超市应对线上购物的竞争？

在实施过程中，超市可能会遇到哪些挑战？如何解决？

2. 某连锁便利店推出了无人便利店模式，但在实际运营中遇到了一些问题，如顾客对新技术的接受度不高、支付系统的稳定性不足等。

请分析无人便利店在实际运营中可能遇到的问题。

针对这些问题，便利店应采取哪些改进措施？

无人便利店的未来发展潜力如何？请结合实际情况进行分析。

参考文献

[1] 居长志，操阳．连锁经营管理原理 [M]．北京：高等教育出版社，2021．

[2] 施玉梅．连锁经营管理原理与实务 [M]．3 版．北京：科学出版社，2019．

[3] 郭伟．连锁经营管理原理 [M]．2 版．北京：电子工业出版社，2017．

[4] 汤伟伟．现代连锁经营与管理 [M]．北京：清华大学出版社，2020．

[5] 李新剑．连锁经营管理实务 [M]．2 版．北京：中国人民大学出版社，2018．

[6] 陈玲，郝书俊，温晶媛．连锁经营管理原理与实务 [M]．2 版．北京：清华大学出版社，2021．

[7] 杨刚，陈晓健，赵丽，等．连锁门店营运管理 [M]．北京：清华大学出版社，2021．

[8] 张荣齐．企业连锁经营与管理 [M]．2 版．北京：科学出版社，2022．

[9] 窦志铭，杨叶飞．连锁经营管理理论与实务 [M]．5 版．北京：中国人民大学出版社，2023．

[10] 王吉方．连锁经营管理——理论・实务・案例 [M]．5 版．北京：首都经济贸易大学出版社，2020．